A REVOLUÇÃO SOCIAL: LENIN E A AMÉRICA LATINA

MARTA HARNECKER

A REVOLUÇÃO SOCIAL:
LENIN E A AMÉRICA LATINA

Tradução:
Maria Almeida

1ª edição
Expressão Popular
São Paulo – 2024

Copyright © 2023, by Editora Expressão Popular Ltda.

Traduzido de *La revolución social: Lenin y América Latina*. México/España: Siglo XXI Editores, 1985.

Produção editorial: Lia Urbini
Tradução: Maria Almeida
Revisão de tradução e preparação: Lia Urbini
Revisão: Miguel Yoshida e Letícia Bergamini
Projeto gráfico e diagramação: Zap Design
Capa: Felipe Canova

Dados Internacionais de Catalogação na Publicação (CIP)

H289r	Harnecker, Marta
	A revolução social: Lenin e a América Latina / Marta Harnecker. – São Paulo : Expressão Popular, 2024.
	335 p.
	ISBN: 978-65-5891-126-5
	1. Revolução social – América Latina. I. Título.
	CDD: 321
	CDU: 327.3

André Queiroz – CRB-4/2242

Todos os direitos reservados.
Nenhuma parte deste livro pode ser utilizada ou reproduzida sem a autorização da editora.

1ª edição: janeiro de 2024

EDITORA EXPRESSÃO POPULAR
Alameda Nothmann, 806
CEP 01216-001 – Campos Elíseos-SP
livraria@expressaopopular.com.br
www.expressaopopular.com.br
🅕 ed.expressaopopular
🅞 editoraexpressaopopular

SUMÁRIO

APRESENTAÇÃO 7
Miguel Enrique Stedile

INTRODUÇÃO 17

A REVOLUÇÃO E SUAS FASES 21
A revolução social: uma necessidade objetiva
e um problema complexo 21
Fases do desenvolvimento histórico 29
Período pré-revolucionário, revolucionário e
contrarrevolucionário na Primeira Revolução Russa 42

REVOLUÇÃO E SITUAÇÃO REVOLUCIONÁRIA 55
O conceito leninista de situação revolucionária e as
condições para que esta se transforme em revolução 55
O conceito leninista da situação revolucionária e sua aplicação
à América Latina 87

CONDIÇÕES PARA O TRIUNFO DA REVOLUÇÃO 119
Condições do triunfo das revoluções russas
de fevereiro e outubro de 1917 119
Condições para o assalto ao poder ou revolução madura 130
Condições para o triunfo da revolução e a América Latina 135
Fatores que permitiram o triunfo da Revolução Nicaraguense 140
Da abertura de uma época de revolução social
ao triunfo da revolução 158

A DEFESA DA REVOLUÇÃO TRIUNFANTE 161
A resistência contrarrevolucionária exige a ditadura
das classes oprimidas 161
A defesa: tarefa prioritária da Revolução
Cubana durante os dez primeiros anos 170

O CARÁTER DA REVOLUÇÃO 183
  A caracterização da revolução: um problema complexo........................183
  Critérios utilizados por Lenin para caracterizar a revolução.................235
  O caráter proletário e socialista da Revolução Cubana.........................251

PROGRAMA E OBJETIVOS REVOLUCIONÁRIOS...........................277
  Programa máximo e programa mínimo 277
  O Programa Moncada e a consciência política do povo cubano.............288
  O programa na Revolução Nicaraguense 294
  Programa: desvios à esquerda e à direita...303

REVOLUÇÃO: PECULIARIDADES E CONTEXTO MUNDIAL 305
  A revolução: nem sucessão mecânica de etapas,
  nem salto direto ao socialismo..305
  A revolução socialista em um só país e suas limitações.........................310
  Teoria geral e estratégias particulares da revolução 327

REFERÊNCIAS..335

APRESENTAÇÃO

Miguel Enrique Stedile[1]

Quando Marta Harnecker publicou *A revolução social – Lenin e a América Latina* pela primeira vez, em 1985, era possível prever que o modelo político da União Soviética e do Leste Europeu encontrava-se perto da exaustão e que provavelmente tomaria o caminho que levara à queda do Muro de Berlim, quatro anos depois, e finalmente à dissolução da URSS, em 1991.

Mas o mesmo não poderia ser aplicado à América Latina. É verdade que as últimas ditaduras militares ainda ocupavam os palácios presidenciais, mas é verdade também que elas fracassavam tanto pela combinação de sua subordinação aos interesses estrangeiros e suas armadilhas econômicas quanto pela resistência civil e popular em suas distintas formas. No Brasil, por exemplo, o poderoso movimento grevista do final dos anos 1970 deu origem a uma central sindical (CUT) e a um Partido de Trabalhadores, o PT, enquanto milhares iam às ruas exigir eleições diretas para presidente.

E, especialmente, desde a América Central, onde já se produzira a Revolução Cubana, a Nicarágua sandinista e a possibilidade de

---

[1] Coordenador do Instituto de Educação Josué de Castro e do Instituto Tricontinental de Pesquisa Social.

APRESENTAÇÃO

uma vitória popular na Guerra Civil de El Salvador inspiravam as organizações populares de todo o continente.

Nenhum destes processos reivindicavam-se, em sua origem, como marxista-leninista ou socialistas. Eram, em princípio, movimentos de libertação nacional e reivindicavam sua origem, tradição e inspiração em seus antecessores como José Martí ou Augusto César Sandino.[2] Os seus instrumentos políticos também não obedeciam aos modelos dos partidos comunistas das décadas anteriores. E, entretanto, na prática, foram muito mais bem-sucedidos nos quesitos da *luta de classes* e da *transformação social* dos que quaisquer seguidores de fórmulas e manuais esquemáticos.

Marta Harnecker conhecera muito bem, na prática e pessoalmente, as originalidades dos processos revolucionários latino-americanos. Chilena, fora colaboradora do governo de Salvador Allende, o primeiro a reivindicar a construção do socialismo a partir de uma vitória eleitoral. E a forma trágica como esta experiência se encerrou só comprova que, longe de uma opção reformista, Salvador Allende e milhares de lutadores e lutadoras foram mortos justamente porque confrontaram todos os interesses do capital em seu país.[3] Exilada em Cuba, vivenciou as contradições e conquistas deste processo. Como educadora popular, jornalista e pesquisadora, Marta conheceu, registrou, entrevistou lideranças e sistematizou dezenas de processos de organização e mobilização popular. E assim o fez, durante toda a

---

[2] Sobre os processos revolucionários na América Latina no século XX e seus inspiradores, a Expressão Popular possui uma série de publicações recomendadas para os que quiserem se aprofundar no tema. Sobre Cuba, *José Martí – Antologia*; *A história me absolverá e o Movimento 26 de Julho*, de Fidel Castro, Marta Rojas e Haydée Santa Maria; sobre a Nicarágua, *Sandino: vida e obra*; *Carlos Fonseca e a Revolução Nicaraguense*, de Matilde Zimmerman, e *A montanha é mais do que uma imensa estepe verde* e *Canção de amor aos homens*, ambos de Omar Cabezas.

[3] Sobre o processo chileno, a Expressão Popular publicou livros como *Allende e o governo popular*, organizado por Ronaldo Pagotto, *Reformismo e a contrarrevolução – Estudos sobre o Chile*, de Ruy Mauro Marini, e *Victor – uma canção inacabada*, de Joan Jara.

sua vida: desde as experiências de luta armada às prefeituras dos partidos de esquerda, passando pelo Movimento Sem Terra e o processo bolivariano na Venezuela conduzido por Hugo Chávez.[4]

E mesmo que não se enquadrassem nas regras e exigências dogmáticas, as experiências latino-americanas – e o pensamento socialista latino-americano – não seguiram um caminho de distorções ou sectarismo. Como sugere Michael Löwy, em *O marxismo na América Latina,* entre as vertentes que defendiam algum tipo de excepcionalidade latina e aqueles que defendiam um dogmatismo eurocêntrico, foram mais bem-sucedidos aqueles que, como Mariátegui e Che Guevara, perceberam que a Revolução na América Latina ou será socialista ou não será. Ou na sentença precisa de Carlos Amador Fonseca, líder sandinista: pensar a América Latina como marxistas; pensar o marxismo como latino-americanos.

O exercício que Marta Harnecker produziu em *A revolução social* foi exatamente esse. Ao promover o encontro entre o pensamento de Vladimir Lenin e as revoluções latino-americanas, Marta não pretendia enquadrá-las, ajustá-las para caber na teoria, tampouco idealizá-las. Ao contrário, demonstra que também o pensamento de Lenin não pertencia a um museu, nem a um manual. E que justamente estava vivo e pulsante nestas revoluções.

Desde a sua publicação original, passaram-se quatro décadas. Em El Salvador, o bloqueio do instrumento político pelas forças do Estado, como descrito por Marta, permaneceram até o fim do conflito sem um desfecho mais favorável às forças revolucionárias. Na Nicarágua, uma dolorosa derrota em 1989 anunciaria a chegada da onda contrarrevolucionária e neoliberal à América Latina. As mudanças de estratégia e tática da FSLN, evidentemente, também transformaram a natureza de sua organização, distanciando-se da

---

[4] Sobre a sua trajetória política, recomenda-se *Marta Harnecker – Vida e pensamento*, de Isabel Rauber, publicado em 2022 pela Expressão Popular.

APRESENTAÇÃO

organização aqui retratada neste livro. Em relação à Cuba, ao contrário, tem enfrentado tormenta após tormenta, com mudanças significativas em sua política econômica, mas sem jamais abandonar a centralidade que as políticas sociais ocupam no país.

Certamente há os que se perguntarão: qual o sentido de republicar esta obra, com nova tradução no Brasil? Afinal, a onda neoliberal e financeira que já crescia há quatro décadas tornou-se um tsunami que arrasou as economias latinas e deixou ao mesmo tempo um deserto ideológico e uma perda de horizonte. A política, como sempre criticou Marta, se tornou a arte do possível.

As consequências mais nefastas desta onda não são a miséria e pobreza, que afinal sempre estiveram aqui, mas ter produzido uma geração que se convenceu que era mais possível – e até desejável – que o mundo acabasse do que o sistema capitalista.

Como uma intelectual orgânica da classe trabalhadora, na conceituação de Antonio Gramsci, Marta Harnecker estudou, sistematizou e produziu uma teoria viva e "quente", destinada aos militantes e organizações populares. Porém, durante o tsunami neoliberal, não faltaram afobados a acusá-la de "manualesca", ou seja, de estabelecer uma leitura fechada e quadrada da realidade e da ação política. Este livro – e toda a obra de Marta – não pode ser lido assim. Não há receitas, não há fórmulas, não há previsões. Há, sim, como dito, o encontro entre a teoria e a prática.

Então, a quem se destina este livro? Certamente, não aos museus. Ele é publicado por pessoas e organizações que acreditam – assim como Marta, Fidel, Che e Mariátegui – que a revolução latino-americana ou será socialista ou não será. E ele se destina a pessoas que acreditam que as transformações estruturais não apenas são desejadas, como são possíveis. Portanto, seu destino não é o da esquerda melancólica. Seu destino são aqueles e aquelas que lutam por estas transformações e que sabem que não basta a ação: é necessário o estudo para realizar estas transformações.

Este livro cumprirá seu destino se, mais uma vez em quatro décadas, encontrar as mãos, os olhos e ouvidos de leitores e leitoras que se apropriem da teoria para transformá-la em prática e que, com esta prática, realimentem a teoria. Assim como o pensamento de Lenin só faz sentido lido a partir da prática, e demonstra sua vitalidade nos processos aqui reflexionados, a contribuição de Marta Harnecker só faz sentido para aqueles que acreditam que o socialismo é possível, é legítimo e – mais do que nunca neste alvorecer do século XXI – necessário.

Para Camila,
Que mudou minha vida

Para Manuel,
Cuja confiança e carinho
tornaram possível este trabalho.

Não admitam que ninguém acredite em algo que não entenda. Assim que são produzidos fanáticos, são desenvolvidas inteligências místicas, dogmáticas, fanáticas.

E quando alguém não entende alguma coisa, não deixem de discutir com ele até que entenda, e se ele não entender hoje, entenderá amanhã, entenderá depois de amanhã, porque as verdades da realidade histórica são tão claras, e são tão evidentes e tão palpáveis que, mais cedo ou mais tarde, toda inteligência honesta as compreende. Quer dizer que não se trata de doutrinação.

Ninguém vai a nenhuma escola revolucionária para ser doutrinado. Ninguém se deixa doutrinar, ninguém aceita absolutamente nada que não entenda. Vai para ser educado, ensinado a pensar, ensinado a analisar, a receber os elementos de julgamento para que compreenda.

Fidel Castro, 1º dez. 1961.

INTRODUÇÃO

MARTA HARNECKER

"Sem luta não há revolução [...]
o marxismo-leninismo nos dá a teoria;
a luta nos dá a vitória"
Fidel Castro

Ninguém contesta que Lenin tenha sido o principal condutor da primeira revolução proletária mundial e o grande arquiteto do partido bolchevique. Entretanto, apesar de suas inestimáveis reflexões e contribuições teóricas ao pensamento revolucionário, em seus escritos, que abrangem um período de 28 anos e ultrapassam os 50 volumes na 5ª edição russa,[1] não encontramos uma exposição sistemática da teoria da revolução social nem dos conceitos teóricos que comporiam o que poderíamos denominar "a ciência da direção política revolucionária".

Em contrapartida, a forma como seu pensamento costuma ser estudado padece de um grave defeito que influiu negativamente na formação de não poucos militantes revolucionários de nosso continente. O Lenin antidogmático e dialético por excelência foi reduzido à categoria de dogma. De seu pensamento foram excluídas as contradições, as mudanças, as retificações. Sua obra tem sido estudada à margem da história concreta e de sua prática política. É assim que as citações do autor, descoladas de seu contexto, servem para funda-

---

[1] Referimo-nos à 5ª edição preparada pelo Instituto de Marxismo Leninismo vinculado ao Comitê Central do Partido Comunista da União Soviética que, no fundamental, aparece traduzida na segunda edição corrigida e ampliada da editora argentina "Cartago", publicada entre os anos 1969 e 1971. É essa edição das *Obras completas* que é citada ao longo do nosso livro.

INTRODUÇÃO

mentar tanto as exposições da mais extrema direita quanto as da mais extrema esquerda.

Até que ponto o antileninismo que existe em alguns setores políticos de esquerda é, em parte, resultado de uma rejeição natural e justificada de uma caricatura de seus postulados?

Neste livro buscamos recuperar o pensamento vivo, dialético e antidogmático do máximo dirigente da Revolução Russa no que se refere, especificamente, às fases pelas quais o processo revolucionário transita e ao caráter da revolução social. Trabalho árduo que implicou um estudo de toda a sua obra, tendo sempre presente o contexto ideológico e político em que emergem as suas reflexões e formulações teóricas.

Queremos que o leitor – que em geral não tem fácil acesso às obras completas de Lenin – percorra este caminho conosco. Por isso recorro ao máximo de citações textuais, à explicação do contexto polêmico em que aparecem e à utilização do diagnóstico que o próprio autor faz da conjuntura que motiva suas análises políticas e reflexões teóricas.

O complexo problema da revolução social é talvez o tema que nos permite compreender melhor o caráter dialético de seu pensamento. As interpretações sobre o caráter da revolução de 1905 não são as mesmas para 1917; a descrição das fases pelas quais transita a revolução social e dos fatores que intervêm em sua gestação e em seu triunfo vai se enriquecendo por meio das novas experiências que a própria Revolução Russa proporciona e da necessidade de polemizar, primeiro, contra os desvios da direita, e, depois, contra os desvios de esquerda que surgem dentro do movimento revolucionário.

Não é assim que as obras de Lenin costumam ser estudadas. Muitas vezes ele é citado sem ao menos haver indicação sobre o ano e o contexto nos quais essas ideias se situam. Suas análises são muitas vezes mecanicamente transplantadas para realidades muito diferentes. Mais de um dirigente revolucionário da América Latina usou acriticamente seu conceito de situação revolucionária, esquecendo-se de que foi elaborado em função de uma estratégia de tipo insurrecional urbana, e não de uma estratégia de guerra popular. E não poucos usaram seu esquema de 1905 para caracterizar a revolução em seu país, ignorando suas novas proposições que surgiram durante a Primeira Guerra Mundial Imperialista e foram repetidas sem cessar, desde então, contra aqueles que se apegam às velhas teses bolcheviques.

Este livro aborda a questão da revolução social por meio de vários capítulos: a revolução e suas fases, revolução e situação revolucionária, condições para o triunfo da revolução, defesa da revolução triunfante, caráter da revolução, programa e objetivos revolucionários e revolução: peculiaridades e contexto mundial. E é complementado por outro, atualmente em preparação, cujo objetivo central é a exposição sistemática dos instrumentos conceituais para uma direção política revolucionária: estratégia, tática, inimigos estratégicos e imediatos, alianças e frente política, o problema dos caminhos da revolução, formas e métodos de luta, mudanças táticas e estrutura orgânica da vanguarda e bandeiras políticas.

Inicialmente, ambas as obras seriam um único livro, que por sua vez se limitaria exclusivamente a uma exposição do pensamento de Lenin. Mas, a pedido de vários companheiros que leram o projeto original, decidimos fazer um esforço para aplicar sua metodologia de análise à América Latina. Isso nos obrigou, por um lado, a tornar a exposição de cada capítulo mais extensa; e, por outro, a adiar sua publicação para incorporar os novos materiais. Daí a nossa decisão de fazer dois livros que, embora se complementem, constituem duas unidades temáticas claramente diferenciadas.

E como não temos conhecimento exaustivo dos processos revolucionários de nosso continente, preferimos nos limitar, na maioria dos casos, a examinar como os conceitos leninistas são aplicados e reajustados nas duas revoluções latino-americanas vitoriosas: a cubana e a nicaraguense, cujos resultados práticos são a melhor prova da correta condução de suas vanguardas políticas: o Movimento 26 de Julho e a Frente Sandinista de Libertação Nacional. E para isso temos

INTRODUÇÃO

utilizado principalmente as análises e reflexões que seus principais dirigentes têm feito sobre esses temas, por meio de discursos, escritos e entrevistas.[2]

Trata-se de uma obra destinada a quadros revolucionários e estudantes universitários. Posteriormente realizaremos um esforço de sistematização pedagógica para a educação popular.

Nossos leitores devem saber desde o início que o que pretendemos entregar aqui é apenas uma *metodologia de análise* leninista, e não *respostas concretas* para a situação concreta de cada país. Esta resposta só pode ser elaborada por cada vanguarda revolucionária a partir de um profundo conhecimento de sua realidade nacional e das tradições de luta de seu povo.

Agradecemos os valiosos comentários e sugestões que recebemos de vários companheiros que, apesar de seu pouco tempo, leram nosso projeto original e contribuíram para que ele adotasse a sua forma atual.

Agradecemos também a todos aqueles que, de uma forma ou de outra, colaborando conosco na resolução dos problemas da vida cotidiana, datilografando, fotocopiando ou revisando provas, tornaram possível a sua execução prática.

Este livro faz parte de uma dívida antiga que tenho como autora com todos aqueles estudantes e militantes revolucionários que conheceram o marxismo por meio de *Conceitos elementares do materialismo histórico*,[3] que há 15 anos percorre universidades, prisões e montanhas da América Latina. A eles dedico este esforço, a todos aqueles que deram sua vida ou estão dispostos a fazê-lo na luta por seus ideais revolucionários e, especialmente, aos trabalhadores da minha pátria.

Havana, janeiro de 1985.

---

[2] Em muitos casos, recorremos às nossas próprias entrevistas reunidas em *Pueblos en armas*, México: Era, 1984. Esta edição corrige uma série de erros contidos naquela realizada pela Universidade de Guerrero, México, 1983.

[3] Ver agora a 51ª edição, revisada e ampliada, México, Siglo XXI, 1985.

A REVOLUÇÃO E SUAS FASES

**A revolução social: uma necessidade objetiva
e um problema complexo**

Poucos dias antes do triunfo da primeira revolução proletária mundial, levando em conta as experiências das revoluções de 1905 e de fevereiro de 1917 em seu próprio país, e as lições obtidas do estudo de experiências semelhantes em outros países, Lenin afirma que uma revolução popular verdadeiramente profunda "é um processo incrivelmente complicado e doloroso, da morte da velha ordem social e do nascimento da nova ordem social, do estilo de vida de dezenas de milhões de homens. A revolução é a luta de classes e a guerra civil mais agudas, mais furiosas, mais sangrentas. Na história nunca ocorreu uma única grande revolução sem guerra civil".[1]

Marx expressou-se no mesmo sentido em 1871, após a derrota da Comuna de Paris. Segundo o autor d'*O capital*, os trabalhadores não esperam "nenhum milagre" da Comuna. "Sabe que para realizar a sua própria emancipação – e com ela essa forma superior para a qual tende irresistivelmente a sociedade presente pela sua própria

---

[1] Lenin, V. I. *Podrán los bolcheviques retener el poder?* [Os bolcheviques podem conquistar o poder?] (1 out. 1917), t. 27.

A REVOLUÇÃO E SUAS FASES

atividade econômica – terá de passar por longas lutas, por uma série de processos históricos que transformam circunstâncias e homens."[2]

Ora, embora a luta de classes seja para o marxismo "a força diretamente propulsora da história",[3] isso não significa que as revoluções possam ser realizadas de forma premeditada e arbitrária; Engels afirma que estas são "antes, em todas as partes, uma consequência necessária de circunstâncias independentes da vontade e da direção de partidos ou classes".[4]

Alguns anos mais tarde, ele dirá que "onde quer que haja convulsão revolucionária tem de haver por detrás alguma carência social, que é impedida de se satisfazer por instituições gastas".[5]

De que dependerá então que se produzam as revoluções?
Quais são suas causas mais profundas?

O marxismo afirma que suas causas mais profundas devem ser buscadas não na cabeça ou na vontade de alguns personagens, mas nas condições objetivas da vida material.

Marx afirma que "em uma certa etapa de seu desenvolvimento, as forças produtivas materiais da sociedade entram em contradição com as relações de produção existentes, ou, o que não é mais que sua expressão jurídica, com as relações de propriedade no seio das quais elas se haviam desenvolvido até então. De formas evolutivas

---

[2] Marx, K. "La Guerra Civil em Francia" (abr.-maio 1871), *Obras escogidas,* t. 2, p. 237. [A guerra civil na França. *In: A revolução antes da revolução,* v. II. São Paulo: Expressão Popular, 2010, p. 412]

[3] Marx, K-Engels, F. "De la carta circular a A. Bebel, W. Liebknecht, W. Bracke y otros (17-18 set 1879)", *Obras Escogidas,* t. 3, p. 97.

[4] Engels, "Principios del Comunismo" (finais de outubro e novembro de 1874*), Obras Escogidas,* t.1, p. 97. [Princípios do comunismo. *In:* Bogo, A. (org.) *Teoria da Organização política, I,* São Paulo: Expressão Popular, 2010, p. 54]

[5] Engels, F. "Revolución y Contrarrevolución em Alemania" (set. 1851), *Obras Escogidas,* t.1, p. 308. [Revolução e contrarrevolução na Alemanha. *In: A revolução antes da revolução,* v. I. São Paulo: Expressão Popular, 2010, p. 164]

das forças produtivas que eram, essas relações convertem-se em entraves. Abre-se, então, uma época de revolução social".

Estas palavras fazem parte do seu conhecido, mas ao mesmo tempo tão mal interpretado, prefácio à *Contribuição à crítica da Economia Política*.[6] Essa breve síntese do fio condutor que guiou as investigações de Marx durante um período de mais de dez anos prestou-se a uma compreensão evolucionista mecanicista do marxismo. É impossível não cair nela se não forem explicadas as razões de *uma ausência sintomática*: a da luta de classes.

Se Marx não a menciona neste texto, não é porque abandonou sua tese segundo a qual a luta de classes é o motor da história, substituindo esta tese por uma nova (o motor da história se encontra no desenvolvimento das forças produtivas), mas porque o texto pretende apontar para onde se deve dirigir o olhar quando se quer explicar o porquê da luta de classes.

São, como dizíamos, as condições objetivas da vida material que explicam, em última instância, os interesses profundos das classes em luta, os objetivos que perseguem, os limites dentro dos quais podem se mover etc.[7]

Ora, se o fato de que determinadas relações de produção começam a frear o desenvolvimento das forças produtivas é o que objetivamente exige a transição para um novo modo de produção e, portanto, é a causa mais profunda da revolução social, esta nunca triunfa pela mera ação dessa contradição. A melhor prova disso é que as revoluções não ocorreram em países onde a contradição entre forças produtivas/relações de produção era mais acirrada, mas em

---

[6] Marx, K., Engels, F. (jan. 1859), *Obras Escogidas*, t. 1, p. 518. [Prefácio. *In*: *Contribuição à crítica da Economia Política*. São Paulo: Expressão Popular, 2009, p. 47]

[7] Para entender melhor o que desenvolvemos aqui, ver o cap. XII, "La teoría marxista de la historia", em: Harnecker, Marta. *Los conceptos elementales del materialismo histórico*, n. 51, corrigida e ampliada, México, Siglo XXI, 1985, p. 265-291.

A REVOLUÇÃO E SUAS FASES

países onde, com essa contradição existindo em menor magnitude, devido a várias circunstâncias, a luta de classes alcançou sua máxima expressão.

A Alemanha estava muito mais bem preparada que a Rússia, do ponto de vista do desenvolvimento das forças produtivas, para o triunfo da revolução durante a Primeira Guerra Mundial Imperialista. Mas foi na Rússia, um dos países mais atrasados da Europa, que a luta de classes adquiriu expressão mais aguda.

Qual é, então, o cenário das revoluções sociais? Este não pode ser diferente das formações sociais, isto é, de países concretos historicamente determinados, pois somente neles ocorre a luta de classes.[8] As revoluções são impensáveis no âmbito dos modos de produção, conceitos históricos abstratos que não existem como tal na realidade, mas servem como instrumentos para conhecê-la.[9]

Vejamos, grosso modo, como se prepara uma revolução no âmbito de uma formação social

O que ocorre primeiramente é que, na complexa estrutura econômica da referida formação social, onde coexistem diversos modos de produção de bens materiais, ou seja, diferentes relações de produção, uma das relações de produção, até então subordinada, começa a adquirir um papel cada vez mais importante, até que se torna a relação de produção dominante no âmbito da estrutura econômica. E como a estrutura jurídico-política e ideológica dessa formação social não muda, ou muda muito lentamente, tendendo a favorecer as antigas relações de produção, é preciso que as classes que representam as relações de produção mais avançadas consigam

---

[8] Ver esse tema mais desenvolvido nas conclusões do cap. IX: "La transición", *op. cit.,* p. 215-216.

[9] Ver explicação mais detalhada desses conceitos no cap. VIII: "Modo de producción, formación social", *op. cit.,* p. 152-176.

conquistar o aparato do Estado para mudar as condições ideológicas e jurídico-políticas que retardam seu desenvolvimento.

As velhas relações de produção são defendidas pelas antigas classes dominantes que contam com o aparato de Estado e todos os meios de influência ideológica sobre as massas. Elas estão interessadas em manter sua dominação de classe e usam todos os recursos de que dispõem para resistir às forças sociais avançadas que aspiram à tomada do poder para acabar com todos os obstáculos do regime anterior que impedem o pleno desenvolvimento das forças produtivas.[10]

Somente por meio da luta de classes, por meio da revolução, é possível destruir o poder das antigas classes dominantes e suas consequências econômicas.

Desta forma, o processo não planejado de desenvolvimento social, preparado no âmbito da infraestrutura, é substituído pela atividade consciente das massas dirigidas pela classe mais interessada em romper com o antigo sistema.

Por exemplo, na França, a predominância das relações de produção feudais foi substituída pelas novas relações de produção capitalistas nascidas no seio da sociedade feudal antes da Revolução Burguesa de 1789. Ou seja, não apenas as forças produtivas, mas também as relações sociais de produção capitalistas já existem. Daí que a Revolução de 1789, uma revolução no plano jurídico-político, tenha ocorrido após a revolução no plano econômico. A tomada do poder pela burguesia apenas consolida as relações de produção capitalistas ao estimular o desenvolvimento das forças produtivas.

Na Rússia, a abolição da servidão em 1861 criou as condições para um rápido desenvolvimento do capitalismo, mas como a superestrutura jurídico-política permaneceu intacta, continuam subsis-

---

[10] Esse tema será amplamente desenvolvido adiante no capítulo "A defesa da revolução triunfante".

A REVOLUÇÃO E SUAS FASES

tindo importantes reminiscências feudais no campo com essas novas relações de produção que começam a se formar. Por isso, Lenin afirma que essa contradição entre as novas relações de produção capitalistas e o regime autocrático tsarista "torna inevitável o colapso da superestrutura".[11]

É por isso que em 1905 ele definiu a revolução como uma "ruptura violenta da antiquada superestrutura política, cujo antagonismo com as novas relações de produção provoca seu colapso em um determinado momento", "um colapso que será tanto mais forte quanto mais tempo se mantiver artificialmente esse antagonismo".[12]

E anos mais tarde afirmaria que não se trata de "uma única batalha, mas de um período que inclui uma série de batalhas por transformações econômicas e democráticas de todo tipo, batalhas que só podem culminar com a expropriação da burguesia".[13]

A revolução de 1905 fracassou, mas 12 anos depois a Revolução de Fevereiro de 1917, em apenas 8 dias, suprimiu para sempre o regime tsarista.

Ora, a característica da revolução socialista consiste no fato de que, no seio da sociedade capitalista, isto é, em uma formação social onde dominam as relações de produção capitalistas, *não podem surgir relações de produção comunistas*,[14] como aconteceu em todas as

---

[11] Lenin, V. I. *Dos táticas* (1 fev. 1905), t. 8, p. 153-155.

[12] Lenin, V. I. *Dos táticas de la socialdemocracia en la revolución democrática* (jun.--jul.), t. 9, p. 124. Aqui vemos como a contradição forças produtivas/relações de produção no âmbito da formação social se expressa como contradição entre as novas relações de produção e a superestrutura existente.

[13] Lenin, V. I. *El proletariado revolucionario y el derecho de las naciones a la autodeterminación* (antes out. 1915), t. 23, p. 40. Em suas obras posteriores ao triunfo da revolução, Lenin insistirá que a revolução só culminará quando desapareçam as relações capitalistas de produção, o que não significa uma simples expropriação dos meios de produção, mas uma socialização real destes.

[14] Falamos de relações de produção comunistas porque o modo de produção que substitui o capitalista é o modo de produção comunista, cuja fase inferior é o socialismo.

sociedades anteriores em que novas relações de produção nasciam dentro da formação social em que dominavam outras relações sociais de produção.

Dentro da sociedade capitalista surgem apenas as bases materiais das relações de produção comunistas, ou seja, o processo de socialização crescente das forças produtivas; mas as relações de produção comunistas propriamente ditas só podem ser construídas mediante uma revolução em que a classe trabalhadora, apoiada pelo povo revolucionário, conquista o poder político.

Lenin afirma que "uma das diferenças fundamentais entre a revolução burguesa e a revolução socialista[15] é que para a primeira, que surge do feudalismo, novas organizações econômicas são gradualmente criadas dentro do antigo regime, que gradualmente modificam todos os aspectos da sociedade feudal. A revolução burguesa tinha apenas uma missão: eliminar, jogar fora, romper com todas as correntes da sociedade anterior. Ao cumprir esta missão, toda revolução burguesa cumpre o que lhe é exigido: intensifica o desenvolvimento do capitalismo".

"A revolução socialista está em uma situação completamente diferente. Quanto mais atrasado for o país que, devido aos altos e baixos da história, foi o que iniciou a revolução socialista, mais difícil é para esse país passar das velhas relações capitalistas para as relações socialistas.[16] Neste caso, às tarefas destrutivas acrescentam-se outras novas, de dificuldade inaudita, as de organização".[17]

Depois de criar o novo Estado proletário e de alcançar a vitória sobre o inimigo interno, persistem ainda problemas que apresentam dificuldades gigantescas:

---

[15] Em seus textos mais teóricos, Lenin fala de "revolução proletária comunista" em vez de revolução socialista.

[16] Em seus textos mais teóricos, Lenin usa o termo "relações comunistas".

[17] Lenin, V. I. *Séptimo Congreso Extraordinario del PC(b) R* (7 mar. 1918), t. 28, p. 295-296.

Em primeiro lugar, há "o problema de organização interna que se coloca para toda revolução socialista. A diferença entre uma revolução socialista e uma revolução burguesa é que, no segundo caso, existem formas corporificadas de relações capitalistas, enquanto o poder soviético, proletário, não recebe essas relações corporificadas" [...].

"A organização da contabilidade, o controle sobre as grandes empresas, a transformação de todo o mecanismo econômico estatal em uma única grande máquina, em um organismo econômico que funciona de tal forma que centenas de milhões de seres sejam regidos por um único plano: eis aí o gigantesco problema organizacional que carregamos sobre nossos ombros."[18]

Por último, antes de passar ao próximo ponto, é necessário dizer algumas palavras sobre a relação que existe entre as crises econômicas e as revoluções.

Embora não haja crises políticas profundas sem grandes crises econômicas, não se pode deduzir mecanicamente que toda crise econômica provocará uma revolução ou, inversamente, que todo auge industrial provocará um fortalecimento da reação. Isso seria "simplificar um problema complexo",[19] afirma Lenin em 1908, no auge da crise industrial na Rússia, ao comentar um artigo de seus camaradas de Moscou sobre este assunto. O dirigente bolchevique considera muito importante estudar com mais detalhes a crise econômica que o país vive, mas afirma enfaticamente: "é inquestionável que nem mesmo os dados mais exatos sobre a crise podem realmente decidir se um levante revolucionário está se aproximando ou não porque depende de *mil outros fatores* impossíveis de calcular de antemão."[20]

De fato, a crise industrial mundial que começou em 1907, em vez de levantar as cansadas massas russas, as dispersou e as enfraqueceu ainda mais. A Guerra Russo-Japonesa e os choques da re-

---

[18] *Op. cit.*, p. 296-297.
[19] Lenin, V. I. *Apreciación del momento actual* (nov. 1918), t. 15, p. 289.
[20] *Ibid.* (O sublinhado é de M. H.).

volução de 1905 impediram o capitalismo russo de participar do renascimento industrial de todo o mundo durante o período 1903-1907, e as constantes batalhas revolucionárias seguidas de derrotas e repressões haviam esgotado a resistência das massas.

Em contrapartida, embora nos últimos cinco anos do século XIX o desenvolvimento industrial russo tenha prosperado, houve um intenso desenvolvimento do movimento grevista naquele país. E a mesma coisa aconteceu no final de 1910.

Portanto, historicamente, não há uma correspondência mecânica entre crise econômica e levante revolucionário. Para que a crise econômica resulte em uma revolução é necessária a presença de muitos outros fatores.

Em plena crise econômica, em 1902 – quando o regime tsarista se encontrava em situação muito difícil e era notável o ascenso do movimento de massas –, Lenin apontava: "A maior ou menor duração do prazo que a história concede ao nosso regime em bancarrota dependerá de muitos fatores, mas um dos mais importantes será o grau de atividade revolucionária dispendida pelos homens conscientes da falência total do atual regime".[21]

Fases do desenvolvimento histórico

Períodos revolucionários e períodos pacíficos

Na história das sociedades, devemos distinguir entre períodos de desenvolvimento pacífico e períodos revolucionários.

Os períodos revolucionários são momentos relativamente curtos[22] nos quais "vêm à tona contradições que amadureceram ao longo de

---

[21] Lenin, V. I. *Signos de bancarrota* (15 de fev. 1902), t. 6, p. 102. O estudo dos fatores que fazem com que as crises cheguem realmente a parir revoluções serão estudados adiante no capítulo "Condições para o triunfo da revolução".

[22] Lenin, V. I. "Contra el boicot" (26 de jun. 1907), t. 13, p. 17.

A REVOLUÇÃO E SUAS FASES

décadas, e até séculos",[23] e se manifestam em agudas crises econômicas e políticas, e nos quais a luta de classes amadurece até chegar à guerra civil aberta, isto é, à luta armada entre duas partes do povo.[24]

São períodos tempestuosos, de convulsões políticas em que a situação objetiva muda abrupta e rapidamente,[25] em que a humanidade abandona o "ritmo de carroça" típico dos tempos de paz para avançar com a velocidade de uma "locomotiva".[26]

A vida adquire uma riqueza sem precedentes. As massas, que sempre estiveram na sombra e, por isso, passavam despercebidas aos observadores superficiais, aparecem na cena política como combatentes ativos,[27] passando da resistência passiva à ofensiva resoluta.

A efervescência revolucionária atinge as diversas classes e setores sociais, tanto os setores populares como os setores abastados.

Novas torrentes do movimento social se unem à luta e seu número cresce sem cessar. O que caracteriza toda revolução é o "aumento de dez ou cem vezes no número de homens capazes de travar uma luta política, pertencentes à massa trabalhadora e oprimida, antes apática.[28] "Essas massas aprendem na prática, ensaiam seus primeiros passos à vista de todos, tateiam o caminho, estabelecem metas, põem à prova suas próprias forças e as teorias de todos os seus ideólogos. Empreendem esforços heroicos para elevar-se à altura das tarefas gigantescas, de envergadura universal que a história lhes impõe, e por maiores que sejam as derrotas iso-

---

[23] Lenin, V. I. "Jornadas revolucionarias" (18 jan. 1905), t. 8, p. 100.

[24] Lenin, V. I. "La guerra de guerrillas" (30 set. 1906), t. 11, p. 227.

[25] Lenin, V. I. *Cartas desde lejos* (3ª carta) (11 mar. 1917), t. 24, p. 468. [*Cartas de longe. In: Lenin e a revolução de outubro: textos no calor da hora.* São Paulo: Expressão Popular, 2017, p. 156]

[26] Lenin, V. I. "El triunfo de los kadetes y las tareas del partido obrero" (28 mar. 1906), t. 10, p. 254.

[27] Lenin, V. I. "Jornadas revolucionarias", *op. cit.*, p. 100.

[28] Lenin, V. I. *El izquierdismo, enfermedad infantil del comunismo* (27 abr. 1920), t. 33, p. 191. [*Esquerdismo: doença infantil do comunismo.* São Paulo: Expressão Popular, 2014, p. 131]

ladas, e por mais que nos comovam os rios de sangue e as milhares de vítimas, nada pode se comparar em importância ao que representa esta educação direta das massas e das classes, no transcurso da luta revolucionária direta."[29]

As convicções, estado de ânimo e excitação das massas são traduzidas em fatos. O ódio acumulado durante séculos explode e se expressa em ações, não em palavras; em ações não de indivíduos isolados, mas de massas multitudinárias do povo.[30]

Eclode uma onda de greves políticas que muitas vezes assumem um caráter nacional, insurreições camponesas e insurreições militares. O proletariado demonstra uma energia de luta muito maior do que em períodos pacíficos.

Pequenos partidos com uma linha justa passam a ser condutores de milhares de pessoas.

A velha superestrutura está rachando, a franca ação política das massas cria, por meio de suas ações, uma nova superestrutura.[31] O povo se apodera de fato da liberdade política, a coloca em prática sem nenhum tipo de direitos ou leis e sem restrição alguma (liberdade de reunião, de associação, de realização de congressos etc.); o povo exerce a violência contra seus opressores de ontem (desarma, aprisiona, julga etc.); o povo cria novos órgãos de poder em esfera local que assumem de fato as funções do antigo poder e outras novas.[32]

Esses períodos revolucionários contrastam com os períodos históricos comuns, cotidianos, de preparação,[33] nos quais não há uma ação política aberta de massas, não se produz nenhuma mudança substancial no regime político, se avança a passos de tartaruga, e as

---

[29] Lenin, V. I. *Jornadas revolucionarias* (18 jan. 1905), t. 8, p. 100-101.
[30] Lenin, V. I. *El triunfo de los kadetes y..*, *op. cit.*, p. 248-249.
[31] Lenin, V. I. *Dos tácticas de la socialdemocracia...*, *op. cit.*, p. 66.
[32] Lenin, V. I. *El triunfo de los kadetes*, *op. cit.*, p. 244-249.
[33] Lenin, V. I. *Dos tácticas de la socialdemocracia...*, *op. cit.*, p. 65.

A REVOLUÇÃO E SUAS FASES

condições econômicas não provocam crises profundas nem engendram potentes movimentos de massa.[34]

Nestes períodos pacíficos, de estagnação, as classes exploradas carregam seu fardo em silêncio ou se restringem a formas de luta aceitáveis para as classes exploradoras, como greves limitadas a reivindicações econômicas, luta parlamentar etc.

Mas é certo que o povo, em períodos revolucionários, use métodos de luta ilegais, não regulamentares, que saem do curso habitual, como os indicados: exercer a violência contra os opressores, apoderar-se da liberdade, criar um novo poder revolucionário que aja como tal? Lenin responde enfaticamente que é absolutamente correto.

"Isso", diz ele, "é a expressão culminante da luta pela liberdade. É o grande momento em que os sonhos de liberdade dos melhores homens da Rússia se tornam *realidade*, em uma causa que não é mais dos heróis solitários, mas das próprias massas populares."[35]

E mais adiante ele acrescenta que os ideólogos burgueses admitem "*todas* as formas de luta da social-democracia, *exceto aquelas empregadas pelo povo revolucionário em tempos de 'turbilhão'*, e que a social-democracia revolucionária aprova e promove. Os interesses da burguesia exigem a participação do proletariado na luta contra a autocracia, mas apenas uma participação que não se transforme na supremacia do proletariado e do campesinato, apenas uma participação que não elimine por completo os velhos órgãos autocráticos feudais e policiais do poder. A burguesia quer manter esses órgãos, com a diferença de que os quer sob seu controle direto; precisa deles para usá-los *contra o proletariado*; a destruição total desses órgãos facilitaria muito a luta proletária. Por essa razão, os interesses da burguesia, como classe, exigem a monarquia e a Câmara Alta, exi-

---

[34] Lenin, V. I. *Apreciación de la Revolución Rusa* (abr. 1905), t. 15, p. 50.
[35] Lenin, V. I. *El triunfo de los kadetes...*, *op. cit.*, p. 249.

gem que não se permita a ditadura do povo revolucionário. Lute contra a autocracia, diz a burguesia ao proletariado, mas não toque nos antigos organismos de poder: preciso deles. Lute de forma "parlamentar", ou seja, dentro dos limites estabelecidos de comum acordo com a monarquia: lutar por meio de organizações, mas não de organizações como os comitês gerais de greve, os sovietes de deputados trabalhadores, soldados etc., e sim por meio daquelas que são reconhecidas, restringidas e seguras para o capital conforme uma lei que aprovarei em um acordo com a monarquia.

"Daí fica claro por que a burguesia se refere ao período do 'turbilhão' com desdém, com desprezo, com raiva e com ódio", enquanto do período constitucional "fala com entusiasmo, com êxtase, com infinito amor pequeno-burguês [...] à reação. Trata-se aqui da permanente e invariável qualidade dos *kadetes* (burgueses liberais): tendência a se apoiar no povo e temor de sua ação revolucionária independente."[36]

A atitude dos ideólogos burgueses "diante do período do 'turbilhão' é muito significativa porque exemplifica a incompreensão burguesa dos movimentos proletários, o medo burguês diante de uma luta intensa e decidida, o ódio burguês a qualquer manifestação que derrube todas as velhas instituições de uma forma abrupta, o modo revolucionário – no sentido direto da palavra – de resolver problemas históricos e sociais."[37]

---

[36] *Op. cit.*, p. 251-252. [Membros do "Partido da Liberdade do Povo" também chamado "Partido Constitucional-Democrata" ou simplesmente, "Kadete" (K. D.): principal partido da burguesia monárquica liberal e em seguida, da burguesia imperialista russa. Formado em outubro de 1905, seu objetivo era a transformação do tsarismo em monarquia constitucional. Faziam parte dele representantes da burguesia, dos latifundiários e dos intelectuais burgueses. Na tentativa de enganar os trabalhadores e desviá-los de uma luta consequente, impondo-lhes a sua hegemonia, estes elementos, que se opunham à autocracia de um modo inconsequente, mas acima de tudo receavam o desenvolvimento do movimento popular revolucionário, alicerçado na aliança operário-camponesa. (N. E.)

[37] *Op. cit.*, p. 252.

Os "períodos revolucionários são mais amplos, mais ricos, mais deliberados, corajosos e vívidos em fazer história do que os períodos do progresso pequeno-burguês, *kadete*, reformista. Mas os senhores Blank[38] pintam as coisas ao contrário! Eles apresentam a indigência como uma forma magnífica de fazer história. Eles consideram a inatividade das massas esmagadas ou oprimidas como o triunfo do 'sistema' na atividade dos burgueses e funcionários públicos. Lamentam o desaparecimento do pensamento e da razão justamente quando, em vez do corte de projetos de lei por parte de todo tipo de rábula e *penny-a-liners* [escribas pagos por linhas] liberais, chega o período da ação política direta da 'plebe', que com toda a simplicidade derruba direta e imediatamente os órgãos de opressão do povo, apropria-se do poder, toma para si o que era considerado como pertencente a todos os tipos de espoliadores do povo; em uma palavra, justamente quando o pensamento e a razão de milhões de seres sobrecarregados despertam não só para a leitura de livros, mas também para a ação, para a ação viva, humana, para a criação histórica."[39]

É esta mentalidade que também explica que, à medida que a revolução avança e as massas populares vão adquirindo um maior protagonismo, as camadas menos revolucionárias dos democratas burgueses se afastam dela.[40]

Finalmente, nos períodos revolucionários – como prova toda a história dos Estados europeus –, "são lançados os fundamentos profundos e firmes dos agrupamentos de classe e da divisão em grandes partidos políticos". Estes subsistem – diz Lenin – durante os períodos de estagnação, mesmo que sejam muito longos.

Alguns partidos podem permanecer na ilegalidade ou simplesmente desaparecer da cena política, mas quando ocorre a reanimação, quando começa um novo ascenso revolucionário, essas "for-

---

[38] Jornalista, colaborador dos *kadetes* e mencheviques.
[39] *Op. cit.*, p. 255.
[40] Lenin, V. I. *Cómo argumenta Plejánov sobre la táctica* (maio 1906), t. 10, p. 467.

ças políticas fundamentais voltam a se manifestar sem falta". Pode acontecer que o façam sob outra forma, sob outro nome, mas sua atividade tem o mesmo caráter e a mesma orientação enquanto as tarefas objetivas da revolução não forem resolvidas.[41]

Um claro exemplo desta afirmação é a atitude da burguesia liberal russa, que em 1905 não foi capaz de conduzir a revolução democrático-burguesa até o fim, mas conciliou-se com o tsarismo aceitando o espaço parlamentar que este lhe oferecia.

A mesma coisa aconteceu em março de 1917, quando esta classe se aproveitou das ações revolucionárias de massas contra o tsarismo dirigidas pelo proletariado para encarapitar-se ao poder. Em vez de cumprir as tarefas democrático-burguesas exigidas pelo povo, o que ela fez foi buscar a conciliação com as forças que representavam o tsarismo.

Período pré-revolucionário

A transição de uma época de desenvolvimento pacífico para um período histórico revolucionário não ocorre, entretanto, repentinamente, mas por meio de um aumento gradual da efervescência política e social.

"As revoluções nunca nascem prontas, não saem da cabeça de Júpiter", afirma Lenin, "nem explodem repentinamente. São sempre precedidas por um processo de efervescência, crises, movimentos, revoltas, os *começos* da revolução, que também nem *sempre* se desenvolvem até o fim (por exemplo, se a classe revolucionária é débil)".[42]

A atmosfera política começa a se carregar de eletricidade, de agitação, de explosões cada vez mais frequentes, pelos mais diversos motivos, sinal de que uma tempestade revolucionária se aproxima.[43]

---

[41] Lenin, V. I. "Apreciación del momento actual" (1 nov. 1908), t. 15, p. 286.
[42] Lenin, V. I. *El oportunismo y la bancarrota dela II Internacional* (finais 1901), t. 23, p. 84.
[43] Lenin, V. I. Prólogo a *Las jornadas de mayo en Járkov* (out.-nov. 19), t. 4, p. 369.

Nesses períodos, aumenta de forma extraordinária o número de greves e há uma tendência de passar das greves econômicas para as manifestações políticas.

Junta-se a luta direta dos camponeses pela terra. Começa a inquietação nos quartéis. As massas populares, em geral, demonstram vivo interesse pela política, preocupação que depois se transformará em ações diretas.

Os setores mais avançados tendem a passar da formulação de problemas parciais para o problema político geral: a necessidade de derrubar o regime político vigente.

As contradições entre as classes e frações das classes dominantes tendem a se agudizar.

Qualquer conflito com o governo no campo dos interesses sociais progressistas, por mais insignificante que seja em si mesmo, pode transformar-se, se bem canalizado pela vanguarda revolucionária, em um incêndio geral.[44]

Todas essas características ocorrem entre 1901 e 9 de janeiro de 1905 na Rússia, período que Lenin chama de "pré-revolucionário"[45] ou de preparação para a revolução.[46]

O período pré-revolucionário é, portanto, o período que antecede propriamente o parto revolucionário. Ele contém muitos dos elementos que, em grau mais intenso, estarão presentes quando a re-

---

[44] Lenin, V. I. *La agitación política* (1 fev. 1902), t. 5, p. 395.

[45] Lenin, V. I. *El papel de los estamentos y de las clases en el movimiento de liberación* (28 ago. 1913), t. 20 p. 80; *Informe sobre la revolución de 1905* (9 jan. 1917), t. 24 p. 258; *Las huelgas en Rusia* (1913), t. 20, p. 115. Lenin usa esse termo muito raramente em toda a sua obra. Não se pode dizer, portanto, que seja um conceito cunhado por ele, mas sim um termo descritivo de uma situação que antecede a revolução. Nos dois primeiros casos dos textos aqui indicados, ele o utiliza para se referir ao modo especificamente pré-revolucionário de 1901 até o início de 1905; no n. 30, a todo o período anterior à revolução de 1895 a 1904.

[46] Lenin, V. I. *El izquierdismo, enfermedad infantil del comunismo*, t. 33, p. 130 (Aqui Lenin se refere ao período de 1903 a 1905).

volução eclodir, mas também há diferenças qualitativas entre ambos: no período revolucionário, a luta de massas – que começa a constituir uma ameaça no período pré-revolucionário para a reprodução do regime – passa a adotar formas organizativas que se opõem, de fato, ao poder vigente sem que este ainda tenha forças para destruí-las. Produz-se um salto qualitativo tanto no número de pessoas, até então inativas, que agora se juntam à luta, como no tipo de ações que desenvolvem. Os setores mais avançados do movimento revolucionário passam a realizar ações de tipo insurrecional e arrastam atrás de si crescentes setores do povo. Paralelamente ao colapso da velha superestrutura, as massas populares começam a criar uma nova, ou seja, criam seus próprios órgãos revolucionários de poder: sovietes, comitês de fábrica, comitês camponeses, comitês de defesa, milícias populares; criam sua própria imprensa etc.

Revolução: movimento por ondas

Tanto nos períodos pré-revolucionários como nos revolucionários, o movimento de massas ocorre "em ondas",[47] não tem uma ascensão constante e permanente. Após intensas batalhas econômicas e políticas, as massas estão exaustas; precisam tomar fôlego para recuperar as forças e continuar na luta.

É importante saber diferenciar esses períodos de calmaria, que precedem novas tempestades, dos períodos de estagnação, em que já desapareceram as condições objetivas para um novo ascenso revolucionário, posto que a tática de uma vanguarda revolucionária deve variar radicalmente de uma situação para outra, como veremos mais adiante.

Na situação pré-revolucionária russa de 1901-1905 houve claramente períodos de grande agitação social e períodos de relativa calma. Por exemplo, o período de ascenso do movimento revo-

---

[47] Lenin, V. I. *Tres crisis* (7/7/1917), t. 26, p. 248.

lucionário que caracterizou os primeiros meses do ano de 1902 foi seguido por um período de calmaria que durou entre 6 e 9 meses, no qual não houve manifestações abertas de indignação das massas.

A mesma coisa aconteceu em meados de 1903: as greves abrangem toda uma região e participam mais de 100 mil trabalhadores. Em toda uma série de cidades, assembleias políticas de massa são realizadas durante as greves. Há uma sensação de que se está no limiar de uma insurreição popular e, no entanto, a eclosão revolucionária demora ainda um ano e meio.[48]

A mesma coisa acontece durante a Revolução de 1905-1907. Vinte dias após o início da revolução, o movimento começa a declinar, embora não haja dúvida de que um novo ascenso é inevitável e imparável.[49]

Em outubro há uma nova explosão: uma greve geral e luta nas ruas de Moscou. Em pouco tempo, se espalha por todo o país. O tsar, temeroso com o novo ascenso revolucionário, faz uma série de concessões que interrompem momentaneamente o movimento.

"Em outubro", Lenin afirma, "as forças de ambos os lados na luta se equilibraram. A velha autocracia não era mais forte o suficiente para governar o país. O povo *ainda* não tinha forças para alcançar a plenitude do poder, o que garantia a plenitude da liberdade. O manifesto de 17 de outubro[50] foi a expressão jurídica desse equilíbrio de forças. Mas este equilíbrio de forças, que obrigou o antigo poder a fazer concessões e a reconhecer a liberdade no papel, foi apenas uma breve trégua e de modo algum uma in-

---

[48] Lenin, V. I. *Las primeras enseñanzas* (l fev. 1905), t. 8, p. 138-139.
[49] *Op. cit.*, p. 136.
[50] Nesse dia o tsar envia uma mensagem cheia de falsas promessas, na qual se proclama a liberdade de expressão, de reunião e de associação e a inviolabilidade pessoal. Nela se fala da instituição de um parlamento da Rússia ou Duma de Estado com funções legislativas.

terrupção da luta. [...] Em toda guerra, os adversários, cujas forças se equilibraram, param um pouco, acumulam forças, descansam, assimilam a experiência vivida, preparam-se e lançam-se a um novo combate".[51]

Assim aconteceu efetivamente. Algumas semanas depois, em 7 de dezembro, foi declarada em Moscou uma nova greve geral política, que em três dias se transformou em insurreição armada. Os trabalhadores lutam abnegadamente por nove dias até serem esmagados pela força tsarista. Insurreições em outras cidades são igualmente esmagadas.

A insurreição armada de dezembro é o ponto culminante da primeira Revolução Russa, depois segue um período de declínio do movimento que volta a rebrotar no verão de 1906 até ser definitivamente esmagada em meados de 1907.

Vejamos como Lenin descreve esses períodos de relativa calma que ocorrem dentro de um período revolucionário

Caracterizando os primeiros meses de 1906, que se seguiram à insurreição armada de dezembro de 1905, afirma ser um período de "calma momentânea" pelo fato de as forças da classe trabalhadora estarem esgotadas por uma luta acirrada que durou quase um ano; no entanto, trata-se da calmaria que precede uma nova tempestade.[52]

É um "período de acúmulo de energia revolucionária", afirma, "de assimilação da experiência política das etapas percorridas, de incorporação de novas camadas da população ao movimento e, consequentemente, de preparação para um novo impulso revolucionário mais vigoroso."[53]

---

[51] Lenin, V. I. *Un nuevo ascenso* (6 maio 1906), t. 10, p. 387.
[52] Lenin, V. I. *La revolución rusa y las tareas del proletariado* (20 mar. 1906), p. 144.
[53] Lenin, V. I. "Plataforma para el congreso de Unificación" (20 mar. 1906), t. 10, p. 153.

A REVOLUÇÃO E SUAS FASES

4) Do período revolucionário ao contrarrevolucionário

Não é fácil para os protagonistas da revolução determinar com precisão quando termina um período revolucionário e quando começa um período de estagnação.

Tanto Marx quanto Lenin, após o fracasso das insurreições de 1848 na Alemanha e de 1905 na Rússia, pensavam que nos próximos meses haveria uma novo ascenso revolucionário capaz de transformar esses fracassos em vitória. Não foi assim. No entanto, enquanto não houver certeza de que o movimento revolucionário chegou ao seu esgotamento, a vanguarda revolucionária não pode desistir e retirar suas forças; deve, ao contrário, preparar-se para guiá-lo nos possíveis novos combates.

Analisemos o que faz Marx afirmar, no outono de 1850, que a revolução havia terminado.

O fator determinante não é o estado de espírito das massas, que nos períodos de calmaria que precedem as tempestades está aparentemente em um nível baixo, mas a situação de prosperidade econômica em que o país entrou. Segundo o teórico marxista, não se podia falar em verdadeira revolução em tempos de desenvolvimento tão florescente das forças produtivas da sociedade burguesa.

E, em vez disso, o que ocorre na Rússia: a crise econômica se agrava, o proletariado está exausto demais, não pode levantar a cabeça nessas circunstâncias e a contrarrevolução, aproveitando-se disso, em 3 de junho de 1907, dissolve a Duma e começa a reprimir ferozmente, desorganizar o movimento operário e perseguir o Partido Bolchevique.

Levará mais de 3 anos até que comece um novo ascenso do movimento de massas.

Começa então um período de estagnação revolucionária, mas como as profundas contradições da sociedade russa não foram resolvidas e as tarefas da Revolução de 1905 permanecem intactas, não há dúvida de que uma nova revolução acontecerá novamente. Lenin denomina esse lapso de tempo como período "contrarrevolucionário",[54] pois suas principais características derivam do fracasso da revolução e do triunfo da contrarrevolução que impõe suas regras do jogo em um país que não resolveu nenhuma de suas contradições mais profundas. Outros o denominam de inter-revolucionário.[55]

Como diz Lenin com razão, este último termo "denota uma situação instável e indefinida; quando o antigo regime está convencido de que é impossível governar apenas com os instrumentos antigos, ele *tenta* usar um *novo* (a Duma) dentro do ambiente geral das velhas instituições. Esta é uma tentativa internamente contraditória e irrealizável que levará novamente à autocracia e inevitavelmente à falência".[56]

Embora os períodos *contrarrevolucionários* sejam períodos de calma, de estagnação, e tenham algumas características superficiais semelhantes aos períodos pacíficos anteriores às primeiras rupturas revolucionárias, eles têm outras características que os diferenciam destes, sendo o mais importante que durante os primeiros não existem ainda condições objetivas para a revolução social; em contrapartida, durante o segundo mantêm-se as causas profundas que estiveram na base da eclosão revolucionária anterior.[57]

Em contrapartida, a calma que caracteriza estes períodos, uma vez que a contrarrevolução conseguiu esmagar as forças revolucionárias, é uma calma que só pode ser alcançada por meio da intervenção ativa dos aparelhos repressivos do antigo regime que, ao mesmo tempo que tendem a esmagar qualquer sinal de sublevação popular, dedicam-se com especial energia a desestruturar o movimento revolucionário.

---

[54] Lenin, V. I. *Hacia la unidad* (3 fev. 1910), t. 16, p. 145; *Carta abierta a todos los socialdemócratas partidistas* (depois de 22 nov. 1910), t. 16, p. 332.

[55] Como alguns pensadores russos o fizeram em 1907.

[56] Lenin, V. I. *El otzovismo y la construcción de Dios* (11 set. 1909), t. 16, p. 32.

[57] Veja mais adiante a análise do período contrarrevolucionário na Rússia tsarista após a revolução de 1905-1907, p. 33-35.

A REVOLUÇÃO E SUAS FASES

Período pré-revolucionário, revolucionário e contrarrevolucionário na Primeira Revolução Russa

Pensamos que a descrição de situações concretas ajudará o leitor na diferenciação entre os períodos revolucionários e pré-revolucionários. Para isso, escolhemos a Rússia tsarista e nela a primeira tentativa histórica destinada a derrubar o regime monárquico que persistiu por séculos, a Revolução de 1905, que o faz cambalear, mas não consegue derrotá-lo. Escolhemos este exemplo porque é o próprio Lenin quem descreve a situação de seu país nos momentos mais significativos para a nossa análise.

Período pré-revolucionário de 1901 a janeiro de 1905[58]

"No início do século XX, havia combustível suficiente acumulado na Rússia tsarista para a eclosão revolucionária".

"Nos anos 1900-1903 estourou uma crise econômica mundial, que se manifestou na Rússia de forma particularmente aguda e dolorosa. Sob os golpes da crise, as pequenas e médias empresas foram arruinadas. Quase três mil fábricas foram fechadas. Aumentou a concentração da indústria, cresciam rapidamente as corporações monopolistas dos capitalistas que estabeleceram seu domínio na indústria de mineração, na metalurgia, na fabricação de máquinas e em outros ramos industriais importantes. Na Rússia, o capitalismo tornou-se capitalismo imperialista."

"A crise aqueceu ainda mais o clima no país. O desemprego cresceu. Milhares de desempregados regressaram 'às suas casas', no campo, afetados pelas más colheitas e pela fome. Os trabalhadores começaram a passar das greves econômicas para novas formas de luta: para greves e manifestações políticas. Nos meses de feve-

---

[58] Aqui transcreveremos parágrafos do livro de Ponomariov e um grupo de autores, *Historia del Partido Comunista de la Unión Soviética*, Ediciones em Lenguas Extranjeras, Moscú, 1960.

reiro e março de 1901, respondendo à convocação dos comitês do Partido Operário Social-Democrata Russo (POSDR), milhares de manifestantes saíram às ruas de Petersburgo, Moscou, Kharkov, Kiev e outras grandes cidades com a palavra de ordem 'Abaixo a autocracia!' Por ocasião do Primeiro de Maio, em muitas cidades ocorreram greves e manifestações. A greve dos trabalhadores na fábrica de Obukhov se transformou em confronto com a polícia e as tropas. Os trabalhadores ofereceram firme resistência, mas as forças eram muito desiguais e as autoridades tsaristas submeteram os trabalhadores a uma terrível repressão. A heroica 'defesa da fábrica de Obukhov' elevou o espírito de luta do proletariado".

"1902 foi um ano de novo ascenso do movimento operário. Greves e manifestações foram registradas em Petersburgo, Moscou, Kiev, Baku, Batumi, Nizhny, Novgorod, Sormovo, Odessa, Saratov, Tbilisi e outras cidades. De particular importância foi a grande greve e manifestação em Rostov-on-Don. A greve foi dirigida por um comitê do POSDR. Durante vários dias foram realizados comícios com milhares de trabalhadores que escutavam atentamente os discursos dos social-democratas. A polícia se viu impotente para proibir reuniões e comícios nas ruas e somente com a ajuda da tropa conseguiu submeter os trabalhadores."

"Em 1903, a onda do movimento operário ganhou maior intensidade. Por ocasião do Primeiro de Maio, greves e manifestações ocorreram em muitas cidades. No verão de 1903, sob a liderança dos comitês POSDR, greves políticas gerais foram realizadas no sul do país: na Transcaucásia (Baku, Tbilisi, Batumi, Chiatury e a ferrovia da Transcaucásia) e na Ucrânia (Odessa, Kiev, Ekaterinoslav, Nikolaev e Elisavetgrad). Mais de 200 mil trabalhadores participaram dessas greves. O proletariado da Rússia levantou-se para a luta revolucionária contra o poder tsarista."

"Sob a influência da luta revolucionária do proletariado, outras classes e camadas sociais se puseram em movimento. Os campone-

A REVOLUÇÃO E SUAS FASES

ses, mergulhados no desespero pela tremenda miséria, começaram a se levantar para lutar. Esta luta escalou para grande violência em 1902, nas províncias de Poltava, Kharkov e Saratov, onde os camponeses queimaram mansões, tomaram as terras dos latifundiários e resistiram à polícia e às tropas. Robusteceu-se o movimento de oposição entre os estudantes. À feroz represália policial, os estudantes responderam organizando greves em várias cidades durante o inverno de 1901-1902..."

"A burguesia liberal também começou a se mover, mas, ligada economicamente ao tsarismo e temerosa do movimento das massas, não era capaz de nenhuma ação resoluta. Os liberais limitavam-se a enviar ao tsar petições de reformas insubstanciais. A iminência da revolução era percebida em todos os lugares."[59]

"A guerra com o Japão, que eclodiu em janeiro de 1904, exacerbou todas as contradições da vida social russa e acelerou os acontecimentos revolucionários[60] [...], acarretou novas calamidades para o povo trabalhador. Quebrou a economia, desorganizou o transporte e esgotou o erário público. Aumentou a carestia. O salário real dos trabalhadores caiu quase em 25%. Enquanto isso, os altos escalões da burguesia e os funcionários da Intendência acumulavam lucros fabulosos. No campo, a mobilização para o exército privou de braços as famílias camponesas, provocando descontentamento e protestos surdos".

"A guerra foi a gota d'água para a paciência do povo."[61]

No final de dezembro de 1904, Lenin demonstrou seu gênio político ao prever com extraordinária precisão o que aconteceria em seu país se ele fosse derrotado na guerra.

"O desenvolvimento da crise política na Rússia agora depende", diz ele, "acima de tudo, do desenrolar da guerra contra o Japão. Esta

---

[59] *Op. cit.*, p. 48-50.
[60] *Op. cit.*, p. 92.
[61] *Op. cit.*, p. 94.

guerra expôs e expõe, mais do que qualquer outra coisa, toda a podridão da autocracia, enfraquece-a financeira e militarmente mais do
que qualquer outra coisa poderia enfraquecê-la, e martiriza e impulsiona a insurreição, mais do que qualquer outra coisa poderia fazê-lo,
às massas atormentadas do povo, a quem esta guerra criminosa e
vergonhosa impõe sacrifícios inenarráveis. A Rússia absolutista já foi
derrotada pelo Japão constitucional, e tudo o que serve para prolongar
a guerra só vai agravar e aguçar a derrota. A melhor parte da marinha
russa já foi aniquilada, a situação de Port Arthur[62] é desesperadora, a
esquadra enviada para seu socorro não tem a menor possibilidade de
sequer chegar ao destino, e menos ainda de conseguir êxito; o exército
terrestre comandado por Kuropatkin teve mais de 200 mil baixas,
e está exausto e impotente diante de um inimigo que, após tomar
Port Arthur, o aniquilará irremediavelmente. A catástrofe militar é
inevitável, e também tornará inevitável que o descontentamento, a
inquietação e a indignação aumentem dez vezes".

"Devemos nos preparar com todas as nossas energias para quando esse momento chegar. Nessa ocasião, uma dessas erupções que se
repetem com frequência cada vez maior, ora num lugar ora noutro,
se transformará num tremendo movimento popular."[63]

Com efeito, dias após a queda de Port Arthur, em finais de dezembro de 1904, um prólogo da capitulação do tsarismo marcou o
início de uma profunda crise política.[64] Qualquer conflito pode servir
de gatilho para a explosão revolucionária.

---

[62] Em finais do século XIX, a Rússia tsarista havia feito um contrato de ar-
rendamento desse ponto estratégico da península de Liaotung, começado a
construir uma fortaleza que denominou "Port Arthur" e que foi considerada
inexpugnável pela opinião pública europeia. Também investiu ali grande soma
de recursos em ferrovias, construção de portos e instalação de cidades.

[63] Lenin, V. I. *La autocracia y el proletariado* (antes de 22 dez. 1904), t. 8, p. 18-19.

[64] Lenin, V. I. *La caída de Port Arthur* (1 jan. 1905), t. E, p. 37-46. Nesse momento, ocorrem todos os elementos que irão compor o que Lenin posteriormente
descreve como uma situação revolucionária.

A "faísca que iniciou o incêndio", explica Lenin, "foi um dos confrontos mais comuns entre o trabalho e o capital: uma greve em uma fábrica. É interessante, no entanto, que esta greve de 12 mil trabalhadores de Putilov, que estourou na segunda-feira, 3 de janeiro, foi principalmente uma greve de solidariedade proletária, motivada pela demissão de quatro trabalhadores."[65]

Quando se rejeitou o reingresso dos trabalhadores, uma greve começou imediatamente naquela fábrica com grande unanimidade. Logo outras fábricas se juntaram ao movimento. "Milhares e dezenas de milhares aderiram ao movimento."[66]

"O ânimo é bom em todos os lugares, embora não se possa dizer que seja a favor da social-democracia. Grande parte dos trabalhadores é a favor da luta puramente econômica e contra a luta política."[67]

"No sábado, 8 de janeiro, a greve de Petersburgo já havia se transformado em greve geral. Mesmo os informes oficiais calculam em 100 ou 150 mil o número de grevistas. A Rússia nunca havia testemunhado uma explosão tão gigantesca da luta de classes. Ficaram paralisados toda a indústria, todo o comércio e toda a vida pública da gigantesca cidade de um milhão e meio de habitantes [...]. A cidade ficou sem jornais, sem água e sem eletricidade. E esta greve geral teve um caráter político claramente marcado, era o prelúdio direto dos acontecimentos revolucionários."[68]

No dia seguinte, uma enorme manifestação pacífica de mais de 140 mil trabalhadores de Petersburgo que se dirigia ao Palácio de Inverno para apresentar uma série de demandas ao tsar foi massacrada pelas tropas tsaristas. Mais de mil pessoas perderam a vida e 5 mil ficaram feridas. A fúria tomou conta do povo. Os trabalhadores de

---

[65] Lenin, V. I. *Jornadas revolucionárias* (18 jan. 1905), t. 8, p. 112.
[66] *Ibid.*
[67] *Op. cit.*, p. 113.
[68] *Op. cit.*, p. 116.

Petersburgo começaram a se armar e enfrentar as tropas. Greves de protesto foram declaradas em todo o país.

"O movimento proletário atingiu repentinamente uma de suas fases mais altas. A greve geral mobilizou em toda a Rússia, seguramente, nada menos que um milhão de trabalhadores. As reivindicações políticas da social-democracia chegaram até mesmo às camadas da classe trabalhadora que ainda confiavam no tsar [...]. As greves e manifestações começaram a se transformar diante de nossos olhos em uma *insurreição*."[69]

Revolução de 1905-1907

"O proletariado se levantou contra o tsarismo. O governo o empurrou para a insurreição."[70]

"Os eventos se desenrolam com uma velocidade vertiginosa. A greve geral em Petersburgo se espalha. Toda a vida industrial, social e política parou. Na segunda-feira, 23 (10) de janeiro, os confrontos entre os trabalhadores e as tropas se acirraram [...]. Os trabalhadores de Kólpino se revoltam. O proletariado se arma e arma o povo. Dizem que os trabalhadores ocuparam o arsenal de Siestroretsk. Eles se abastecem de revólveres, armas são forjadas em suas oficinas, bombas são adquiridas para sustentar uma luta feroz pela liberdade. A greve geral estende-se às províncias. Em Moscou, 10 mil pessoas já deixaram o trabalho. Para amanhã (quinta-feira, 28 [13] de janeiro) é anunciada a greve geral em Moscou. Em Riga, a revolta estourou. Os trabalhadores se manifestam em Lodz, a insurreição está sendo preparada em Varsóvia e em Helsingfors há manifestações do proletariado. Cresce a efervescência entre os trabalhadores e a greve geral se espalha em Baku, Odessa, Kiev, Kharkiv, Kovno e Vilna. Em Sebastopol, os armazéns e o arsenal da marinha ardem

---

[69] Lenin, V. I. *op. cit.*, p. 139.
[70] Lenin, V. I. *El comienzo de la revolución en Rusia* (12 jan. 1905), t. 8, p. 92.

A REVOLUÇÃO E SUAS FASES

e as tropas se recusam a atirar nos marinheiros rebeldes. Greve em Reval e em Saratov. Confrontos armados entre trabalhadores e reservistas em Rodom.

"Derrubada imediata do governo: esta é a palavra de ordem com que até mesmo os trabalhadores de Petersburgo que antes acreditavam no tsar responderam ao massacre de 9 de janeiro pela boca de seu chefe, o padre Gueorgui Gapon, que declarou, em razão do referido massacre: 'Não temos mais tsar. Um rio de sangue separa o tsar do povo. Viva a luta pela liberdade!'"[71]

Antes da eclosão da revolução, o "partido revolucionário da Rússia consistia em um pequeno grupo de pessoas" (algumas centenas de organizadores e vários milhares de membros de organizações locais). Em poucos meses o panorama mudou completamente, as "centenas de social-democratas revolucionários 'de repente' se tornaram milhares, os milhares se tornaram dirigentes de dois ou três milhões de proletários. A luta proletária produziu uma agitação geral, muitas vezes movimentos revolucionários entre as massas camponesas somavam de 50 a 100 milhões de pessoas; o movimento camponês repercutiu no exército e provocou insurreições de soldados [...]. Assim um imenso país, com 130 milhões de habitantes, lançou-se à revolução..."[72]

"Outubro e dezembro de 1905 marcaram o ponto mais alto da maré crescente da Revolução Russa. Todas as fontes da energia revolucionária do povo fluíram em uma torrente muito mais ampla do que antes. O número de grevistas [...] em outubro de 1905 chegou a meio milhão (em apenas um mês!). A este número, que inclui *somente* operários fabris, devem-se acrescentar várias centenas de milhares de ferroviários, de empregados de Correios e Telégrafos etc.

---

[71] *Op. cit.*, p. 93.
[72] Lenin, V. I. *Informe sobre la revolución en 1905* (antes de 9 jan. 1917), t. 24, p. 259.

"A liberdade de imprensa foi conquistada. A censura foi simplesmente ignorada. Nenhum editor se atrevia a submeter o exemplar obrigatório às autoridades, para censura, e as autoridades não se atreviam a tomar nenhuma medida contra tal fato. Pela primeira vez na história da Rússia, jornais revolucionários apareceram livremente em Petersburgo e em outras cidades [...]"

"O proletariado marchava à frente do movimento [...]. No calor da luta surgiu uma organização de massas original: os famosos *sovietes de deputados* operários, que incluíam delegados de todas as fábricas. Esses *sovietes de deputados operários* passaram a desempenhar, cada vez mais, em várias cidades da Rússia, o papel de governo revolucionário provisório, o papel de organizações e dirigentes da insurreição. Procurou-se organizar sovietes de deputados de soldados e marinheiros e unificá-los com os sovietes de deputados operários".

"Por um tempo, várias cidades da Rússia tornaram-se uma espécie de pequenas 'repúblicas' locais. As autoridades governamentais foram destituídas e o Soviete dos Deputados Operários funcionava realmente como um novo governo. Esses períodos foram, infelizmente, muito breves, 'as vitórias' muito fracas, muito isoladas."

"O movimento camponês atingiu dimensões ainda maiores no outono de 1905. Os chamados 'desmandos camponeses' e as insurreições camponesas permanentes afetaram então mais *de um terço* de todos os distritos. Os camponeses incendiaram nada menos que 2 mil solares com suas dependências e distribuíram a comida que a nobreza gananciosa havia roubado do povo [...]."

"Entre os povos oprimidos da Rússia, eclodiu um movimento de libertação nacional. Mais da metade, quase *três quintos (exatamente 57%)* da população da Rússia sofre com a opressão nacional; eles não são nem mesmo livres para usar sua língua nacional, eles são russificados à força [...]."[73]

---

[73] *Idem*, p. 268-270.

A luta revolucionária atinge "seu clímax com a insurreição de dezembro em Moscou. Durante nove dias, um pequeno número de trabalhadores insurgentes armados e organizados – não mais de 8 mil – lutou contra o governo tsarista, que não confiava na guarnição de Moscou. Na verdade, se viu obrigado a deixar as tropas rigorosamente aquarteladas e só conseguiu sufocar a insurreição com a vinda do regimento de Semyonov de Petersburgo [...]."

"Quando a insurreição de dezembro foi esmagada, o declínio da revolução começou. Mas neste período também há momentos extremamente interessantes; basta lembrar que em duas ocasiões os elementos mais combativos da classe trabalhadora tentaram deter o refluxo da revolução e preparar uma nova ofensiva."[74] As forças revolucionárias ainda não estavam esgotadas, mas a contrarrevolução ganhava terreno.

No entanto, "depois de dezembro, as forças coligadas da reação governamental e burguesa" desferiram "de maneira incessante seus golpes precisamente sobre o proletariado". Perseguições policiais e execuções dizimaram suas fileiras "ao longo de 18 meses, enquanto *lockouts* sistemáticos, começando pelo fechamento 'punitivo' das fábricas estatais e terminando com as maquinações dos capitalistas contra os trabalhadores", levaram à "indigência das massas trabalhadoras a limites nunca antes vistos."[75]

Período contrarrevolucionário

Assim chegaram os meados de 1907, época em que o tsarismo finalmente conseguiu implementar a virada monárquico-constitucional que vinha tentando realizar desde outubro de 1905. A primeira grande campanha revolucionária terminava, mas as causas mais profundas da eclosão revolucionária de 1905 permaneciam

---

[74] *Op. cit.*, p. 271-272.
[75] Lenin, V. I. *Contra el boicot* (26 jun. 1907), t. 13, p. 39.

inalteradas[76] em seus aspectos mais essenciais: tanto a estrutura agrária semifeudal que faz do campesinato russo uma força com grande potencial revolucionário quanto as características antidemocráticas do Estado tsarista que permite aglutinar amplos setores do povo na luta pelas transformações democráticas.

Vejamos como Lenin caracteriza a situação russa, no final de dezembro de 1908.

"A velha autocracia feudal se transforma em uma monarquia burguesa que encobre o absolutismo em formas pseudoconstitucionais. Com o golpe de estado de 3 de junho e o estabelecimento da Terceira Duma, a aliança do tsarismo com os latifundiários centurionegristas[77] e os escalões superiores da burguesia comercial e industrial foi consolidada e abertamente reconhecida. A autocracia, que foi obrigada a seguir definitivamente o caminho do desenvolvimento capitalista na Rússia e tenta continuar no caminho que preserva o poder e a renda dos latifundiários feudais, manobra entre essa classe e os representantes do capital. Suas pequenas disputas são usadas para manter o absolutismo, que com essas classes trava uma furiosa luta contrarrevolucionária contra o proletariado socialista e o campesinato democrático, cuja força se revelou na recente luta de massas."

"Esse mesmo caráter burguês-bonapartista distingue a política agrária do tsarismo contemporâneo, que perdeu toda a confiança na devoção ingênua da massa camponesa à monarquia. Ele procura uma aliança com os camponeses ricos, entregando-lhes o campo para ser saqueado. A autocracia desesperada se esforça em destruir

---

[76] Lenin, V. I. *En camino* (28 jan. 1909), t. 15, p. 368-370.

[77] Centurionegristas/Cem Negros: grupos monárquicos criados pela polícia tsarista para lutar contra o movimento revolucionário. Os cem-negros assasinavam revolucionários, atacavam intelectuais progressistas, organizavam *pogroms* contra judeus. (N. E.)

A REVOLUÇÃO E SUAS FASES

o mais rápido possível a propriedade agrária comunal e de *nadiel*[78] para consolidar exclusivamente a propriedade privada da terra. Esta política torna 100 vezes mais acirradas todas as contradições do capitalismo no campo e acelera a divisão deste último entre uma minoria insignificante de reacionários e uma massa revolucionária proletária e semiproletária".[79]

E depois de analisar a situação da burguesia liberal, das massas camponesas e do proletariado, conclui:

"Em geral, não há dúvida de que as tarefas objetivas da revolução democrático-burguesa na Rússia continuam sem solução. A persistente crise econômica, o desemprego e a fome mostram que a nova política da autocracia não pode garantir as condições para o desenvolvimento capitalista da Rússia. Esta política conduz inevitavelmente ao aprofundamento do conflito das massas democráticas com as classes dominantes, ao aumento do descontentamento entre os novos setores da população, ao agravamento e aprofundamento da luta política das diferentes classes. Em tal situação econômica e política, amadurece uma inevitável nova crise revolucionária."[80]

O dirigente bolchevique, tendo em conta esta situação, insiste que, apesar de a revolução ter sido derrotada na sua primeira campanha, as condições revolucionárias subsistem e, portanto, é necessário que a atividade do partido, mesmo que mude seus métodos e formas de luta, seja sempre orientada a denunciar a via reformista adotada pelo tsarismo e preparar as massas para a futura revolução.

Se isso não for feito, não se pode descartar que a política agrária do tsarismo possa ter sucesso após "longos anos de extermínio em

---

[78] Propriedade parcelar.
[79] Lenin, V. I. "V Conferencia (de toda Rusia) del POSDR" (21-27 dez. 1908), *Proyecto de resolución sobre el momento actual y las tareas del Partido*, t. 15, p. 331-332.
[80] *Op. cit.*, p. 332.

massa de camponeses que não querem nem morrer de fome nem ser expulsos de suas aldeias".[81]

---

[81] Lenin, V. I. *¡Por el camino trillado!* (16 abr. 1906), t. 15, p. 39. Referindo-se a esta "via prussiana" de desenvolvimento capitalista no campo, afirma: "A história conhece exemplos de êxito alcançado por semelhante política. Seria vazia e estúpida fraseologia democrática dizer que o êxito dessa política é impossível na Rússia. É possível! E nossa tarefa consiste em mostrar claramente ao povo a que preço esse êxito é pago e lutar com toda energia para conseguir outro caminho de desenvolvimento agrário capitalista mais curto e rápido por meio da revolução camponesa." (*Ibid.*)

REVOLUÇÃO E SITUAÇÃO REVOLUCIONÁRIA

O conceito leninista de situação revolucionária e as condições para que esta se transforme em revolução

Primeiros elementos de uma definição: maio de 1913

Como vimos, desde a primeira revolução russa de 1905 Lenin já havia descrito em diversos textos as características dos períodos revolucionários, mas é somente em 1913 –[1] em meio a um período de novo ascenso revolucionário em seu país, após vários anos de estagnação do movimento de massas, e se esforçando para descrever a atmosfera geral em que ocorre a grande mobilização dos trabalhadores do Primeiro de Maio – que ele faz sua primeira descrição sistemática tanto das condições sem as quais qualquer revolução é, via de regra, impossível, bem como das condições que permitem que essa situação se transforme em uma revolução.

Embora se trate de uma primeira aproximação em que o termo "situação revolucionária" ainda não é utilizado em sentido estrito,[2] tem o mérito de esclarecer que a mera condição econô-

---

[1] Lenin, V. I. *La celebración del Primero de Mayo por el proletariado revolucionario* (15 jun. 1913), t. 19, p. 461-470.

[2] Embora o termo "situação revolucionária" seja usado na tradução espanhola da Editorial Cartago, Lenin não usou a palavra *situatsia* naquela ocasião, que ele usará a partir de 1915, mas as palavras *polozhenie* e *sostoianie*, que têm um

REVOLUÇÃO E SITUAÇÃO REVOLUCIONÁRIA

mica de opressão e miséria das massas populares não é suficiente para definir como revolucionária a situação de um país; também é necessário levar em conta a situação político-social. Somente quando esses fatores entram em crise, ou seja, quando ocorre uma crise política nacional ou geral, pode-se considerar que já existem as condições objetivas fundamentais que tornam possível a eclosão revolucionária.

Qual é a situação política na Rússia que o leva a refletir sobre as condições da revolução?

Nesse Primeiro de Maio, apesar de o governo tsarista e a burguesia russa terem tomado todas as medidas para impedir a greve – prisões e buscas que não deixaram pedra sobre pedra em todos os bairros operários da capital e das províncias; ameaças, represálias e *lockouts* por parte dos patrões; etc. etc. –, houve 250 mil grevistas em Petersburgo que não se limitaram a permanecer em suas casas, saindo às ruas a agitar bandeiras revolucionárias e se dispondo a enfrentar as forças policiais por várias horas.

A monarquia tsarista e a burguesia russa revelaram assim a sua impotência ante o despertar revolucionário das massas proletárias que tinham sido agitadas pelo partido bolchevique. Um folheto escrito por meia dúzia de membros da Comissão Executiva do Comitê de Petersburgo e distribuído por duas ou três centenas de militantes conseguiu mobilizar um quarto de milhão de trabalhadores da capital, um gesto que, previsivelmente, teve, ao mesmo tempo, uma ampla repercussão nacional.[3]

---

significado um pouco mais geral no sentido de estado, condição ou posição revolucionária. Isso explicaria a seguinte afirmação de um grupo de autores soviéticos que, referindo-se a este texto, afirmam: "é verdade que Lenin não falava então de uma 'situação revolucionária', mas de uma 'crise política em escala nacional' ou uma 'crise política geral'". (*Problemas do movimento comunista*; Moscou, Editorial Progresso, 1975, p. 112)

[3] Lenin, V. I. *La celebración del Primero de Mayo, op. cit.,* p. 461-464.

"A Rússia vive uma situação revolucionária",[4] afirmava então, "porque se agravou ao máximo a opressão da esmagadora maioria da população, não só do proletariado, mas de nove décimos dos pequenos produtores, particularmente os camponeses, e esta opressão aguçada, a fome, a miséria, a falta de direitos e a humilhação do povo também estão em flagrante contradição com o estado das forças produtivas na Rússia, com o nível de consciência de classe e as reivindicações das massas despertadas no ano de 1905, bem como com a situação em todos os países vizinhos, não só europeus, mas também asiáticos."[5]

A seguir esclarece que a situação revolucionária não pode ser reduzida apenas a uma situação de opressão e miséria.

"A mera opressão, por maior que seja", acrescenta, "nem sempre causa uma situação revolucionária[6] em um país. Na maioria dos casos, para a revolução explodir[7] não basta que *os de baixo não queiram* continuar vivendo como antes. Também é necessário que os *de cima não continuem* administrando e governando como antes. Isso é o que observamos hoje na Rússia."[8]

Ele então identifica esta situação como a de uma "crise política nacional, uma crise que afeta os próprios *fundamentos* do sistema estatal e de forma alguma apenas partes dele; afeta os alicerces do edifício e não uma dependência, um de seus andares simplesmente."[9]

---

4   *Sostoianie.*
5   *Op. cit.,* p. 464-465.
6   *Polozhenie.*
7   Ficaria mais claro se o texto dissesse: "para que possa estourar uma revolução", pois são necessárias outras condições para que ela estoure, como veremos a seguir.
8   *Op. cit.,* p. 465.
9   *Op. cit.,* p. 465. É importante ter em mente que o termo "crise política nacional" é mais amplo do que "crise revolucionária", que é sinônimo de revolução ou eclosão revolucionária, e esta, por sua vez, é mais ampla do que "crise política madura", "crise madura" ou "revolução madura", isto é, a partir do momento em que estão reunidas todas as condições para o assalto ao poder, como veremos no capítulo seguinte.

Vejamos como ele descreve essa crise 20 dias depois, quando se nota uma grande "insatisfação dos latifundiários reacionários e da burguesia reacionária" com a Quarta Duma após sua primeira sessão.

"Depois de terem feito tudo, eles agora se convenceram de que não ganharam *nada*! É isso que desperta o descontentamento geral no próprio campo dos latifundiários e da burguesia. Nem os direitistas nem os outubristas demonstram esse arrebatamento e esse entusiasmo pelo sistema de 3 de junho típico da era da Terceira Duma".

"Nossas assim chamadas classes 'altas', o topo social e político, não *podem* governar a Rússia no velho estilo, apesar de que todos os fundamentos do regime estatal e do governo da Rússia foram determinados exclusivamente por *elas* e ajustados a *seus interesses*. Por sua vez, 'os de baixo' ardem em desejos de mudar esta forma de governo.

"A coincidência dessa incapacidade dos 'de cima' de administrar o Estado no velho estilo, e dessa crescente relutância dos 'de baixo' em se comprometer com tal administração do Estado constitui precisamente o que é chamado (admitamos que não com toda exatidão) de uma crise política em escala nacional."[10]

"O estado das massas da população da Rússia, o agravamento de sua situação em virtude da nova política agrária (à qual os senhores feudais tiveram que apelar como última tábua de salvação), a situação internacional e o caráter da *crise política geral* que se formou em nosso país", disse dias antes, "constituem a soma das condições objetivas que tornam revolucionária a situação na Rússia devido à impossibilidade de realizar as tarefas da revolução burguesa no atual caminho e pelos meios à disposição do governo e das classes exploradoras."[11]

---

[10] Lenin, V. I. *El receso de la Duma y los desconcertados liberales* (7 jul. 1913), t. 19, p. 507-508.

[11] Lenin, V. I. *La celebración del Primero de Mayo...*, *op. cit.*, p. 466. [Destaque no texto de Marta Harnecker]

Definição de 1915 no contexto da polêmica contra
os desvios de direita

Dois anos depois da primeira aproximação ao conceito de situação revolucionária, Lenin usa um termo mais preciso e nos fornece sua descrição mais completa dos principais sintomas que a caracterizam em sua obra: *A bancarrota da Segunda Internacional.*[12] Neste texto, escrito em plena guerra imperialista para lutar contra as posições social-chauvinistas dos partidos socialistas europeus, Lenin argumenta contra aqueles que defendem que os acontecimentos refutaram as previsões do "Manifesto da Basileia",[13] o qual afirmava que a eclosão de uma guerra imperialista na Europa provocaria uma grave crise econômica e política em toda a região, crise que os partidos social-democratas deveriam aproveitar para transformá-la em revolução socialista. Para tanto, o dirigente bolchevique considera necessário distinguir dois tipos de condições sem cuja presença simultânea é impossível uma revolução: as *condições objetivas*, assim chamadas porque não podem surgir da mera aspiração, desejo ou vontade de qualquer classe, grupo ou partido[14] e que, a partir de então, se identificará com o conceito de "situação revolucionária" em

---

[12] Lenin, V. I. *La Bancarrota de la II Internacional* (maio-jun. 1915), t. 22, p. 310-313.

[13] O Manifesto da Basileia é o resultado de uma reunião extraordinária da Segunda Internacional naquela cidade em 24 e 25 de novembro de 1912. Denunciou os objetivos predatórios da guerra imperialista que se preparava e convocou os trabalhadores de todos os países a lutar resolutamente pela paz e contra a ameaça de guerra, "opor-se ao imperialismo capitalista com a força da solidariedade internacional do proletariado". Caso a guerra imperialista estourasse, o manifesto recomendava aos socialistas que aproveitassem a crise econômica e política que isso acarretaria para lutar pela revolução socialista. Os líderes da Segunda Internacional (Kautsky, Vandervelde e outros) votaram no congresso a favor do manifesto, mas eles o jogaram no esquecimento quando do a guerra começou.

[14] Lenin, V. I. La bancarrota de la II Internacional, *op. cit.* p. 310.

sentido estrito,[15] e a *mudança subjetiva* que a classe revolucionária deve passar, ou seja, sua disposição de realizar ações revolucionárias.

A opinião de Lenin é que se a revolução não estourou na Europa, em meio a uma guerra imperialista, não é porque não existam condições objetivas para isso; a razão se deve ao fato de que os partidos social-democratas, de defesa da pátria frente à agressão estrangeira, se recusaram a aproveitar a situação revolucionária criada pela guerra para orientar o movimento operário para ações destinadas a derrubar os regimes atuais. Em outras palavras, eles renunciaram a transformar a guerra imperialista em uma guerra civil revolucionária.

Vejamos a seguir os três principais sintomas que, segundo Lenin, caracterizam uma situação revolucionária:

Primeiro: impossibilidade de as classes dominantes manterem seu domínio sem qualquer mudança; a existência de uma "crise, de uma forma ou de outra, entre as *'classes altas'*, uma crise na política da classe dominante, que abre uma brecha pela qual irrompem o descontentamento e a indignação das classes oprimidas. Para que a revolução estoure, não basta", acrescenta, "em geral, que 'os de baixo' não queiram viver como antes, mas também é necessário que 'os de cima' não possam viver como antes."[16]

Esta verdade – diria vários anos depois – pode ser expressa em outras palavras: "A revolução é impossível sem uma crise nacional geral (que afete tanto os explorados quanto os exploradores)".[17]

Segundo: exacerbação para além do habitual dos "sofrimentos e necessidades das classes oprimidas".[18]

---

[15] De agora em diante será usado o termo russo *situatsia* para se referir à situação revolucionária.
[16] Lenin, V. I. *La bancarrota..*, *op. cit.*, p. 310.
[17] Lenin, V. I. *El izquierdismo, enfermedad infantil del comunismo* (maio 1920), t. 33, p. 190-191. [Ed. bras. cit, p. 131]
[18] Lenin, V. I. *La bancarrota..*, *op. cit.*, p. 310.

Terceiro: "intensificação considerável da atividade das massas, que em tempos 'pacíficos' se deixam explorar sem reclamar, mas que em tempos conturbados são compelidas, tanto por todas as circunstâncias da crise quanto pelas próprias 'classes altas', a uma ação historicamente independente."[19]

Uma situação revolucionária dessas características "é um fato", segundo Lenin, "na maioria dos países avançados e das grandes potências da Europa"[20] em meados de 1915, *primeiro*: porque todos "os governos estão dormindo sobre um vulcão", porque o "regime político da Europa está totalmente abalado", e certamente ninguém negará que entrou "num período de imensas convulsões políticas";[21] *segundo*: porque "os sofrimentos das massas são terríveis";[22] *terceiro*: porque "os esforços dos governos, da burguesia e dos oportunistas para silenciar esse sofrimento falham cada vez mais"; porque uma "surda indignação" cresce entre as massas, porque começa "o descontentamento entre 'os de baixo'".[23]

Quais são os argumentos usados pelos social-chauvinistas para negar a existência de uma situação revolucionária?

Em primeiro lugar, Kautsky afirmou, poucos meses depois do início da guerra, que nunca os governos foram tão fortes e os partidos tão fracos como no início de uma guerra.

Com efeito, "uma onda de entusiasmo nacionalista apoderou-se das massas e por toda a parte dominou os grupos que se opuseram à guerra, ou pelo menos num primeiro momento os reduziram ao silêncio".[24] No

---

[19] *Ibid.*
[20] *Op. cit.,* p. 312.
[21] *Op. cit.,* p. 311.
[22] *Op. cit.,* p. 312.
[23] *Op. cit.,* p. 312.
[24] Wolfgang J. Monttnsen, *La época del imperialismo (Europa 1885-1918).* Historia Universal. Siglo veintiuno, v. 28, México, Siglo XXI Editores, 1981, (6. ed.), p. 266.

início, "a guerra trouxe por toda a parte uma estabilização da situação interna."[25]

Qual é o contra-argumento de Lenin em relação a esta afirmação: "ninguém no mundo jamais vinculou as esperanças de uma situação revolucionária exclusivamente com o momento do 'início' de uma guerra".[26]

Pouco mais de um mês após o início da guerra, ele reconhece que ela serviu para desviar a atenção das massas trabalhadoras das crises políticas internas na Rússia, Alemanha, Inglaterra e outros países, para desunir os trabalhadores, seduzindo-os com o nacionalismo, e para exterminar sua vanguarda com o intuito de enfraquecer o movimento revolucionário do proletariado.[27] A guerra serviu aos governos burgueses de todos os países para perseguir o inimigo interno mais do que o externo.[28] Especificamente na Rússia – onde existia uma situação revolucionária antes da eclosão da guerra –, o governo tsarista aproveitou-a para destruir completamente a imprensa legal, fechar a maior parte dos sindicatos e prender e deportar um grande número de militares bolcheviques.[29] O conjunto dessas ações repressivas do regime autocrático "conteve o movimento", mas, apesar disso, o partido continuava seu trabalho revolucionário ilegal.[30]

---

[25] *Op. cit.*, p. 270.

[26] Lenin, V. I. *La Bancarrota...*, *op. cit.*, p. 311. Em 19 de fevereiro de 1915, ele reconheceu publicamente na "Conferência das Seções do POSDR no Exterior" que a guerra havia "gerado uma orgia chauvinista" na Rússia. (t. 22, p. 257), embora ao mesmo tempo ele expressasse sua plena convicção de que "a espantosa miséria das massas causada pela guerra" deveria "engendrar estados de ânimo e movimentos revolucionários" (*op. cit.*, p. 254). Isso significa que, naquele momento, ainda não havia se desenvolvido uma situação revolucionária nos termos definidos por Lenin.

[27] Lenin, V. I. *La guerra y la socialdemocracia de Rusia* (antes de 28 set. 1914), t. 22, p. 105.

[28] *Op. cit.*, p. 107.

[29] *Op. cit.*, p. 108.

[30] Lenin, V. I. *El socialismo y la guerra* (jul./ago. de 1915), t. 22, p. 425. Ver também: *¿Qué ha demostrado el proceso contra el grupo OSDR?* (29 mar. 1913), t. 22, p. 267.

O mesmo não aconteceu com os partidos socialistas dos países europeus mais importantes. Com a mais profunda amargura, Lenin constata que eles não cumpriram sua missão revolucionária de enfrentar o "chauvinismo desenfreado" das camarilhas burguesas desses países, mas, ao contrário, "exortaram a classe trabalhadora a identificar sua posição com a dos governos imperialistas"; eles "cometeram um ato de traição contra o socialismo votando nos créditos de guerra, reiterando as palavras de ordem chauvinistas ('patrióticas') da burguesia de 'seus próprios' países, justificando e defendendo a guerra, integrando os governos burgueses dos países beligerantes etc. etc.".[31]

Outro argumento utilizado por Kautsky, e, sem dúvida, o mais contundente, para negar a existência de uma situação revolucionária na Europa é a atitude social-chauvinista das massas, que não se explica, segundo ele, pela atitude adotada por um pequeno número de parlamentares ou dirigentes políticos, pois as massas não são rebanhos de ovelhas que se deixam manipular por um punhado de homens. Qual é a resposta de Lenin a esse argumento? Por que não ocorre uma mobilização de massas contra a guerra da magnitude que era de se esperar?

Primeiramente, nos parece muito importante parar e examinar o que Lenin entende por massas.

O "conceito de massas", diz ele, é "um conceito que varia de acordo com a natureza da luta". No início da luta bastam "alguns milhares de verdadeiros operários revolucionários" para que se possar falar de massas. "Se o partido conseguir levar para a luta não apenas seus militantes, mas também levantar os apartidários, está no caminho de conquistar as massas. Durante nossas revoluções, houve casos em que alguns milhares de trabalhadores representavam a massa [...]. Você tem uma massa quando alguns milhares de traba-

---

[31] Lenin, V. I. *La guerra y la socialdemocracia, op. cit.,* p. 107.

lhadores apartidários, apegados aos seus hábitos pequeno-burgueses, que levam uma existência miserável e que nunca ouviram falar da política, passam a agir de forma revolucionária. Se o movimento se espalha e se intensifica, gradualmente vai se transformando em uma verdadeira revolução. Vimos isso em 1905 e 1917 durante as três revoluções e vocês também terão que passar por tudo isso. Quando a revolução está suficientemente preparada, o conceito de 'massas' é outro: alguns milhares de trabalhadores não constituem as massas. Esta palavra começa a significar algo mais. O conceito de 'massas' muda no sentido de que expressa não apenas uma simples maioria de trabalhadores, mas a maioria de todos os explorados."[32]

O que caracteriza toda revolução – dirá em outro texto da mesma época – é o "aumento de dez ou 100 vezes do número de homens capazes de travar uma luta política, pertencentes à massa trabalhadora e oprimida, anteriormente apática."[33]

Agora, aplicando estas postulações de Lenin à situação europeia resultante da Primeira Guerra Mundial Imperialista, podemos concluir que, sendo este um período em que a luta apenas *começa*, basta que alguns milhares de trabalhadores ou soldados apartidários comecem a agir contra a política seguida por seus governos para que se possa considerar que se trata de um despertar do movimento de massas.

À luz de alguns dos dados de que Lenin dispõe, é possível explicar sua visão otimista sobre a evolução do processo revolucionário.

Apenas alguns meses após o início da guerra, no final de 1914, o exército alemão foi forçado a emitir uma ordem proibindo a confraternização e, em geral, qualquer reaproximação com o inimigo devido às frequentes tentativas feitas por soldados franceses e ale-

---

[32] Lenin, V. I. *Discurso en defensa de la táctica de la internacional comunista* (jul. 1921), t. 35, p. 378-379.

[33] Lenin, V. I. *El izquierdismo, enfermedad infantil del comunismo* (27 abr. 1920), t. 33, p. 191. [ed. bras. cit., p. 131]

mães de estabelecer relações pacíficas nas trincheiras. A mesma coisa acontece entre os soldados ingleses e alemães que organizam uma trégua de 48 horas para o Natal e se encontram amigavelmente a meio caminho entre as trincheiras, obrigando as autoridades militares inglesas a emitir uma ordem semelhante.[34]

No início de 1915, em vários centros operários importantes da Alemanha, os líderes social-chauvinistas encontraram uma forte oposição que não transcendeu o país devido à censura da imprensa e que tendeu a ser controlada eliminando a liberdade de reunião onde era mais manifesta.[35]

"Tentem imaginar", diz Lenin, referindo-se aos dirigentes da Segunda Internacional, "que em vez dessa cumplicidade com a burguesia de que hoje tratam, tivessem constituído um comitê internacional para fazer agitação em favor da 'confraternização e das tentativas de aproximação' entre os socialistas dos países beligerantes, tanto 'nas trincheiras' como entre as tropas em geral. Que resultados teriam sido alcançados depois de vários meses, se hoje, seis meses após o início da guerra e contra a vontade de tantas personalidades, chefes e luminares que traíram o socialismo, a oposição cresce em todos os lugares contra aqueles que votaram a favor dos créditos de guerra e contra os que aceitaram cargos nos ministérios, e quando as autoridades militares fazem ameaças de morte pela 'fraternização'!"[36]

A isto se soma um crescente desejo de paz entre as massas populares não esclarecidas, que se expressa no aumento dos protestos

---

[34] Lenin, V. I. *Un ejemplo que ilustra la consigna de la guerra civil* (fev. 1915), t. 22, p. 272. Ver também: *La bancarrota de la II Internacional, op. cit.,* p. 416-419.

[35] Dados publicados pelo jornal alemão *A folha popular de Gotha*, n. 9, jan. de 1915, e reproduzido por Lenin em seu artigo "Cómo la policía y los reaccionarios protegen la unidad de la socialdemocracia alemana" (fev. 1915), t. 22, p. 223.

[36] Lenin, V. I. *Un ejemplo que ilustra..., op. cit.,* p. 273.

contra a guerra e em "um crescente mas ainda confuso sentimento revolucionário".[37]

Com o passar dos meses, as previsões de Lenin são corroboradas: "aumenta a efervescência revolucionária na Rússia, as greves na Itália e na Inglaterra, mobilizações políticas e manifestações de famintos na Alemanha".[38]

Concretamente, em 30 de novembro de 1915, em Berlim, houve uma manifestação de rua de 10 mil pessoas.[39]

Resumindo, em primeiro lugar, Lenin não afirma que desde o início da guerra se dê uma situação revolucionária com todas as características que ele define em seu texto *A bancarrota...*, mas insiste que a guerra provoca uma crise econômica e política que levará necessariamente a uma "situação revolucionária".

E, em segundo lugar, afirma que existe um sentimento revolucionário latente entre as massas[40] que não se manifesta porque sua expressão aberta está bloqueada por diversos fatores.

Antes de analisar esses fatores, devemos destacar que, embora as apreciações do dirigente bolchevique sejam rejeitadas pelos dirigentes social-chauvinistas da Segunda Internacional, elas são compartilhadas por setores sociais que temem a revolução e que representam interesses muito diferentes aos do proletariado.

---

[37] Lenin, V. I. *Los filántropos burgueses y la socialdemocracia revolucionaria* (1 maio 1915), t. 22, p. 285.

[38] Lenin, V. I. *El oportunismo y la bancarrota de la II Internacional* (jan. 1916), t. 23, p. 202.

[39] *Op. cit.,* p. 203.

[40] Em 9 jan. 1917, escreve: "Não devemos nos deixar enganar pelo silêncio sepulcral que reina agora na Europa. A Europa está plena de revolução". Essas afirmações de Lenin não podem ser interpretadas no sentido de uma imediata eclosão da revolução na Europa. No mesmo texto, Lenin acrescenta: "Nós, os da velha geração, talvez não cheguemos a ver as batalhas decisivas dessa revolução futura". (Lenin, V. I. *Informe de la revolución de 1905, op. cit.,* p. 274)

"[...] os padres cristãos pequeno-burgueses,[41] os Estados-Maiores[42] e os jornais dos milionários[43] são obrigados", afirma, "a reconhecer que há sintomas de uma situação revolucionária na Europa".[44]

Fatores que bloqueiam o amadurecimento da revolução na Europa e o papel da vanguarda

Resumimos a seguir os fatores que estariam bloqueando a expressão revolucionária das massas europeias durante a Primeira Guerra Mundial:

O *primeiro* é "a organização terrorista militar dos Estados centralizados".[45] Esta pressiona com todas as suas forças para incorporar as massas em seus respectivos exércitos. Não apenas convoca "a 'massa de *um em um* para apresentar o ultimato: decidir entre incorporar-se às fileiras [...] ou o fuzilamento",[46] mas se esforça para eliminar toda liderança de oposição à guerra, como já foi exposto anteriormente.

---

[41] Em uma revista religiosa publicada em Zurique em setembro de 1914, diz-se: "Como tudo isso terminará? Se a miséria se tornar grande demais, se o desespero dominar, se o irmão reconhecer o irmão com o uniforme militar do inimigo, talvez ainda aconteça algo completamente inesperado, talvez as armas se voltem contra aqueles que os arrastam para a guerra, talvez os povos, aos quais lhe impuseram o ódio, o esqueçam para se unir imediatamente". (Citado por Lenin em seu artigo: *Uma voz alemã opina sobre a guerra*, [5 dez. 1914], t. 22, p. 184)

[42] Refere-se aos decretos contra a "confraternização" já mencionados.

[43] Na revista *The Economist*, órgão da grande burguesia industrial inglesa, de 13/2/1915, afirma-se: "a perspectiva aberta pela guerra promete revoluções sangrentas, batalhas amargas do trabalho contra o capital, ou então das massas populares contra as classes dominantes da Europa continental". Na edição de 27 de março, a mesma ideia se repete: "a guerra levará ao caos revolucionário. Ninguém pode dizer onde este caos vai começar ou onde vai levar [...]" (Parágrafos citados por Lenin em seu artigo: "Os filantropos burgueses e a social-democracia revolucionária" (1 maio 1915), t. 22, p. 284).

[44] Lenin, V. I. *La bancarrota de la Internacional..., op. cit.,* p. 312.

[45] *Idem,* p. 337.

[46] *Idem,* p. 336.

O *segundo* é o estrito "regime de censura militar"[47] que impede todo tipo de propaganda que vá contra as posições oficiais daqueles governos, ao mesmo tempo que monta "um enorme e monstruoso aparato de mentiras e sutilezas para contaminar as massas com o chauvinismo, para dar a impressão de que o governo [...] está empenhado em uma guerra 'justa' [...]"[48]

O *terceiro* fator de bloqueio, e o mais decisivo, é a atitude social-chauvinista adotada pela maioria dos dirigentes da social--democracia europeia. Seus deputados são os que apoiam com seus votos, e sem consulta prévia às massas que representam, todas as medidas propostas por seus governos a favor da guerra;[49] a mesma coisa acontece com seus dirigentes sindicais. Os mesmos Estados que censuram todas as expressões antibélica e antichauvinistas e que perseguem impiedosamente os dirigentes socialistas de esquerda dão em troca ampla divulgação às postulações dos dirigentes social--democratas, aos que eles têm em alta estima.[50]

Todos esses fatores explicam – segundo Lenin – por que as massas europeias não foram capazes de se opor à guerra.

Trata-se de uma massa que "não pôde agir de forma organizada porque sua organização criada anteriormente [...] havia traído a massa, e para criar uma *nova* organização é necessário tempo e uma decisão de se desfazer da organização velha, decomposta e envelhecida".[51] As massas, acrescenta mais tarde, "quando carecem de organização, estão privadas de uma vontade única" e, portanto, não podem lutar contra a poderosa organização terrorista militar dos Estados.[52] Para isso, é preciso modificar as formas de organização

---

[47] *Idem*, p. 337. Ver também a p. 334.

[48] Lenin, V. I. *El socialismo y la guerra* (jul./ago. de 1915), t. 22, p. 422.

[49] Lenin, V. I. *La Bancarrota...*; *op. cit.*, p. 336.

[50] Ver: Wolgang J. Mommsen, *op. cit.*, p. 266-268.

[51] Lenin, V. I. *La Bancarrota...*, p. 336.

[52] *Op. cit.*, p. 337.

dos partidos e sindicatos, é preciso criar organizações revolucionárias ilegais.

Lenin reconhece que "isso não é fácil", que "exige árduas atividades preparatórias"[53] e que na adoção de decisões desse tipo pesa muito o cálculo das consequências práticas.

O que se esconde atrás da traição dos grandes e fortes partidos social-democratas europeus é um grande oportunismo; o medo da "dissolução de suas organizações, a apreensão de seus fundos e a prisão de seus dirigentes pelo governo".[54] "É evidente que a iniciação de ações revolucionárias significava a dissolução pela polícia das organizações legais" e os velhos partidos sacrificaram os objetivos revolucionários do proletariado para salvar as atuais organizações legais. "Por mais que ele negue, os fatos o provam. O direito do proletariado à revolução foi vendido a preço de banana pelas organizações autorizadas pela lei policial vigente".[55]

E de fato esses partidos, por não cumprirem "seu dever de agitação revolucionária, de propaganda revolucionária, de trabalho revolucionário entre as massas para combater sua inércia; [...] na realidade, eles agiram *contra* os instintos e aspirações revolucionárias sempre latentes na massa da classe oprimida".[56]

Concretamente na Alemanha, "toda a força organizada do Partido Social-Democrata Alemão e dos sindicatos ficou do lado do governo de guerra; toda essa força foi usada para esmagar a energia revolucionária das massas". Esta afirmação não é feita por Lenin, mas por um conhecido dirigente sindical daquele país.[57]

---

[53] *Op. cit.*, p. 350.
[54] *Op. cit.*, p. 351.
[55] *Op. cit.*, p. 347.
[56] Lenin, V. I. *La revolución proletaria y el renegado Kaustky* (out./nov. 1918), t. 30, p. 142.
[57] Trata-se de Karl Legien, um conhecido dirigente social-democrata alemão. Ele escreveu estas palavras em janeiro de 1915, por ocasião de um relatório

E foi precisamente isso que não aconteceu na Rússia, onde a ação do Partido Bolchevique, ilegalmente reorganizado após os primeiros golpes sofridos no início da guerra,[58] conseguiu romper o bloqueio do terrorismo militar e de Estado e de sua censura criando organizações revolucionárias de todos os tipos que ajudaram a neutralizar a propaganda social-chauvinista oficial, direcionando corretamente as aspirações revolucionárias "sempre latentes" entre as massas.

Resumindo o que foi dito até aqui: Lenin insiste, em meados de 1915, em seu texto *A bancarrota da Segunda Internacional,* e em inúmeros outros textos dessa época e depois dela, que a crise econômica e política causada pela a guerra desencadeou uma situação revolucionária na maior parte dos países da Europa, mas que, apesar do crescente descontentamento das massas, a expressão do seu estado de espírito foi bloqueada pelos fatores anteriormente analisados, sendo o principal deles a atitude social-chauvinista adotada pela maioria dos dirigentes socialistas europeus.

"A situação objetiva na Europa é tal", disse ele em julho de 1915, "que aumenta entre as massas a decepção, o descontentamento, o protesto, a indignação e um estado de espírito revolucionário que é capaz, em certo grau de seu desenvolvimento, de se transformar em ação com uma velocidade incrível". E acrescenta: "Na realidade, o problema agora se coloca assim e somente assim: ajudar o crescimento e o desenvolvimento de ações revolucionárias contra a própria burguesia e o próprio governo, ou deter, sufocar e apaziguar os ânimos revolucionários."[59]

---

que deveria fazer antes de uma reunião de dirigentes do movimento sindical. (Citado por Lenin em *La bancarrota...,* p. 348)

[58] Ver, sobre este tema, Lenin, V. I. *La guerra y la socialdemocracia rusa* (antes de 28 set. 1914), t. 22, p. 108.

[59] Lenin, V. I. *Situación en la socialdemocracia de Rusia* (jul. 1915), t. 22, p. 387. (60) Lenin, V. I. *La bancarrota..., op. cit.,* p. 340. (61) Lenin, V. I. *La celebración del Primero de Mayo... op. cit.,* p. 466.

Daí a necessidade de insistir, em sua polêmica contra os dirigentes da Segunda Internacional, que as previsões do "Manifesto da Basileia" fossem cumpridas, que a guerra tivesse produzido uma situação revolucionária, mas que, como a história tem demonstrado, mesmo reunidas todas as condições objetivas, nem todas as situações revolucionárias se tornam revolução.

"A revolução não se faz em nenhuma situação revolucionária", exprime ele; "ocorre apenas em uma situação em que as mudanças objetivas citadas são acompanhadas por uma mudança subjetiva, como a capacidade da *classe* revolucionária de realizar ações revolucionárias de massa *fortes* o suficiente para destruir (ou deslocar) o antigo governo, que jamais, mesmo em tempos de crise, 'cairá' se não o 'fizer cair'".[60]

Esta afirmação não é nova, pois no texto de 1913 ele afirmava: "Nem a opressão dos que estão em baixo, nem a crise dos que estão em cima podem provocar uma revolução; a única coisa que podem causar é a decomposição de um país, a menos que esse país tenha uma classe revolucionária capaz de transformar o estado passivo de opressão em estado ativo de revolta e insurreição."[61]

É em relação a esta *mudança subjetiva* da classe revolucionária, isto é, com sua disposição de passar a realizar ações revolucionárias contra o regime, que a atitude assumida pela vanguarda é mais decisiva.

O dirigente bolchevique considera um dever indiscutível e fundamental que todo socialista seja capaz, nesta situação, de "revelar às massas a existência de uma situação revolucionária, de explicar sua amplitude e profundidade, despertar a consciência revolucionária e a determinação revolucionária do proletariado, ajudando-o a passar a ações revolucionárias e a formar as organizações que correspon-

---

[60] Lenin, V. I. *La bancarrota...*, *op. cit.*, p. 340.
[61] Lenin, V. I. *La celebración del Primero de Mayo...*, *op. cit.*, p. 466.

dam à situação revolucionária do proletariado para trabalhar nessa direção."[62]

E isso é precisamente o que os partidos social-democratas da Europa não fizeram até então, daí sua traição ao movimento operário e a falência em que caiu a Segunda Internacional.

Eles "oportunamente" esquecem, é claro, que a linha partidária, sua determinação inabalável, *também é um fator* formador de estado de ânimo, especialmente nos momentos revolucionários mais agudos.[63]

Definição de 1920 no contexto da polêmica
contra os desvios de esquerda

Aos dois textos[64] previamente analisados, os únicos em que encontramos uma descrição ordenada dos sintomas de uma situação revolucionária e das mudanças subjetivas necessárias para a eclosão da revolução, deve-se acrescentar um terceiro texto: *Esquerdismo, doença infantil do comunismo*, escrito em maio de 1920. Como se sabe, nesta obra Lenin polemiza não contra os desvios de direita, que esquecem o papel da vanguarda na gestação da revolução, mas contra os comunistas de esquerda, e especificamente contra os comunistas ingleses, que valorizam ao extremo esse fator subjetivo e não percebem que a revolução não pode ser feita apenas com a vanguarda.

---

[62] Lenin, V. I. *La bancarrota, op. cit.*, p. 313.

[63] O texto, que não é dirigido contra os oportunistas da Segunda Internacional, mas contra os próprios camaradas bolcheviques que, em outubro de 1917, não decidiram lançar a insurreição sob o pretexto, entre outras coisas, da existência de um estado de ânimo desfavorável entre as massas, continua assim: "Às vezes é muito oportuno esquecer que os dirigentes responsáveis, com suas vacilações e sua vontade de destruir seus ídolos de ontem, causam as vacilações mais indignas no estado de espírito de certas camadas populares" (Lenin, V. I. *Carta aos camaradas* (17 out. 1917), vol. 27, p. 322).

[64] *La celebración del Primero de Mayo por el proletariado revolucionario* e *La bancarrota de la II internacional*.

O dirigente bolchevique afirma que enquanto a massa dos trabalhadores ingleses continuar a apoiar o Partido Trabalhista e suas posições social-chauvinistas, a revolução é impossível na Inglaterra. E compara a situação do país com a que existia na Rússia depois da Revolução de Fevereiro de 1917, quando os sovietes apoiaram Kerensky. Em casos como estes, a revolução é impossível sem uma mudança de opinião na "maioria da classe trabalhadora", uma mudança que, segundo Lenin, só pode ser produzida pela "experiência política das massas".[65]

E para que isso aconteça é essencial "saber conduzir, não só o seu próprio partido, mas também aquelas massas, no seu avanço e na sua transição para a nova posição".[66]

No contexto desta controvérsia, e tendo em conta as experiências das revoluções que abalaram o seu país no século XX, Lenin generaliza as condições que provocam as convulsões revolucionárias sem fazer, nesta ocasião, uma distinção entre as condições objetivas e subjetivas, já que nesses casos ambos os aspectos estão intimamente interligados.

"A lei fundamental da revolução – disse então – confirmada por todas as revoluções, e particularmente pelas três revoluções russas do século XX, consiste no seguinte: para a revolução não basta que as massas exploradas e oprimidas tenham consciência da impossibilidade de continuar vivendo como vivem e exijam transformações; para a revolução é necessário que os exploradores não possam continuar vivendo e governando como vivem e governam. Só quando *os "de baixo" não querem* e os *"de cima" não podem continuar vivendo à moda antiga*, somente então é que a revolução pode triunfar. Em outras palavras, esta verdade se exprime do seguinte modo: a revolução é impossível sem uma crise nacional geral (que afete explorados

---

[65] *Op. cit.*, t. 33, p. 190 [ed. bras. cit., p. 130]
[66] *Op. cit.*, p. 201. [ed. bras. cit., p. 141]

REVOLUÇÃO E SITUAÇÃO REVOLUCIONÁRIA

e exploradores). Consequentemente, para fazer a revolução é preciso conseguir, em primeiro lugar, que a maioria dos operários (ou, em todo caso, a maioria dos operários conscientes, reflexivos, politicamente ativos) compreenda profundamente a necessidade da revolução e esteja disposta a sacrificar a vida por ela; em segundo lugar, é preciso que as classes dirigentes atravessem uma crise governamental que atraia à política até as massas mais atrasadas (o sintoma de toda revolução verdadeira é a decuplicação ou centuplicação do número de homens, pertencentes à massa trabalhadora e oprimida antes apática, aptos para a luta política), que reduza o governo à impotência e torne possível sua rápida derrubada pelos revolucionários".[67]

Mudanças subjetivas e condições objetivas

Dos textos de Lenin previamente analisados podemos concluir que não se devem confundir duas realidades distintas:

Primeira: a irrupção crescente das massas na cena política. Elas começam a agir de forma historicamente independente, passando de demandas econômicas a demandas políticas, embora ainda não vejam claramente o objetivo político fundamental: a derrubada do regime vigente. É obviamente uma mudança subjetiva nas massas, uma mudança em seu estado de espírito, uma mudança em suas motivações para agir, mas essa mudança subjetiva não depende de sua vontade ou da vontade de qualquer partido. As massas são compelidas a agir devido a todas as circunstâncias objetivas resultantes da crise geral que o país vive: aumento da situação de opressão e miséria do povo, crise "dos de cima" etc.

Segunda: o fato de que a classe revolucionária está disposta a passar de ações de tipo meramente "demonstrativo" (greves, marchas, comícios, discursos contra o regime) para ações propriamente revolucionárias, ou seja, para ações insurrecionais contra o regime

---

[67] *Op. cit.* p. 191. [ed. bras. cit., p. 130-131]

vigente. Essa mudança qualitativa nas ações da *classe revolucionária* e, concretamente, do proletariado nas revoluções estudadas por Lenin é também uma mudança de tipo subjetivo: é uma decisão consciente e voluntária que esta classe adota e que está intimamente ligada a suas experiências anteriores de luta e, principalmente, com a correta condução da vanguarda. Lembremos que Lenin afirma que a classe revolucionária, órfã de direção e organização, carece de "vontade única" e, pelo mesmo motivo, é incapaz de enfrentar as medidas contrarrevolucionárias que as classes dominantes necessariamente adotam como reação lógica de autodefesa frente ao movimento revolucionário em ascensão que ameaça sua existência.

Uma mudança subjetiva desse tipo é nítida em 9 de janeiro de 1905, dia em que estourou a revolução. Até o dia anterior, importantes mobilizações de massa aconteceram nas grandes cidades russas. Milhares de trabalhadores entraram em greve, mas ainda eram a favor da luta puramente econômica. Só o massacre do dia 9 os fez entender que era preciso partir para uma luta aberta contra o tsar. As palavras de ordem social-democratas que clamavam pela derrubada da autocracia tsarista, até então ignoradas, tornam-se, naquele momento, as palavras de ordem que orientam o proletariado em sua ação revolucionária.[68]

Temos então, por um lado, uma crescente participação das massas na vida política e, por outro, a mudança qualitativa na ação da classe trabalhadora que passa de ações demonstrativas a ações insurrecionais. O primeiro fator é considerado por Lenin como uma das três *condições objetivas* que tornam possível a revolução. O segundo fator é considerado pelo autor como a *mudança subjetiva* sem a qual não pode ocorrer uma revolução.

---

[68] Ver neste livro o ponto "Revolução: movimento por ondas", no capítulo 1, p. 37-41.

Por que, uma vez que ambas as mudanças estão relacionadas com a consciência e a atividade de setores do povo, uma é considerada um fator objetivo e a outra um fator subjetivo?

Se lermos atentamente os textos do dirigente bolchevique, veremos que no primeiro caso se trata de uma mudança subjetiva que se produz por impulso de circunstâncias objetivas externas, independente da vontade de certas classes ou partidos. Por mais que a vanguarda deseje e se esforce para promover o movimento de massas, se não existirem certas condições revolucionárias objetivas, nunca terá êxito em sua empreitada, o que não implica, como veremos adiante, que a vanguarda não possa influir de alguma forma em fazer amadurecer a consciência das massas. No segundo caso: um salto qualitativo da classe revolucionária para as ações revolucionárias de massas, o fator vanguarda, ao menos nas revoluções deste século, desempenha um papel muito importante. Se não conseguir promover formas de organização e luta adaptadas às novas circunstâncias, dificilmente a situação revolucionária amadurecerá até que se transforme em revolução.

Agora, é importante levar em conta que Lenin emprega *somente uma vez* o termo *mudança subjetiva*: encontramos exclusivamente em seu texto *A bancarrota da Segunda Internacional,* justamente para insistir no papel que a vanguarda deve desempenhar no aproveitamento das oportunidades das condições revolucionárias objetivas criadas pela guerra.[69] Este termo é usado em um contexto controverso. Serve para demonstrar aos dirigentes social-democratas que descambaram para o social-chauvinismo que, se a revolução não se realiza na Europa, não é porque faltam condições objetivas, mas porque eles não são capazes de aproveitar essas condições para fazer amadurecer a revolução. Em 1920, ele não usava mais a palavra

---

[69] Segundo o que conhecemos de sua obra, seria a única vez que o emprega. No restante das obras que se referem às condições do triunfo da revolução, descreve o fenômeno, mas não o qualifica.

"mudança subjetiva", embora a descrevesse: "para que uma revolução ocorra, é essencial que a maioria dos trabalhadores entenda plenamente que a revolução é necessária e que eles estão dispostos a morrer para isso". Essas condições subjetivas foram as que faltaram depois da revolução de 17 de fevereiro; durante os primeiros meses que se seguiram à queda do tsarismo, a classe trabalhadora russa estava convencida de que o governo burguês seria capaz de responder aos seus interesses mais imediatos: paz, pão, terra e liberdade, e desde que estivesse convencida disso era impossível pensar em lançar-se a uma nova luta revolucionária. Só a correta direção bolchevique, que se valeu da experiência das massas para lhes mostrar o seu erro, permitiu preparar a mudança subjetiva da classe operária em favor da revolução socialista, sem a qual seria absurdo tentar iniciar uma nova luta pelo poder.

Portanto, não basta que a vanguarda tenha clareza dos objetivos que persegue, é fundamental que consiga convencer toda a classe trabalhadora ou, pelo menos, seus setores "politicamente ativos".

Condições de uma época revolucionária e situação revolucionária

Das afirmações feitas por Lenin em suas exposições mais detalhadas sobre o conceito de situação revolucionária,[70] há algo absolutamente claro: a maturidade das condições econômicas não produz automaticamente uma situação revolucionária. Para que a revolução seja possível, é necessária a presença de "mais mil fatores"[71] externos e internos que, criando uma correlação de forças favorável ao movimento revolucionário, permitam-lhe realizar ações suficientemente contundentes para derrubar o antigo regime.

---

[70] *La celebración del Primero de Mayo por el proletariado revolucionaria*; *La bancarrota de la II Internacional*; e *El izquierdismo; enfermedad infantil del comunismo*.

[71] Lenin, V. I. *La apreciación del momento actual* (nov. de 1908), t. 15, p. 289.

REVOLUÇÃO E SITUAÇÃO REVOLUCIONÁRIA

Mas, se não bastasse a opressão dos de baixo, isto é, com a situação de "crise econômica persistente", "desemprego" e "fome",[72] que existia na Rússia desde antes de 1905 e continuava após o período de auge revolucionário; se Lenin descreve a situação russa depois de junho de 1907 como uma situação de vitória da contrarrevolução,[73] de "estagnação",[74] e reconhece que "as classes revolucionárias da Rússia foram derrotadas na primeira campanha",[75] por qual razão ele afirma, ao mesmo tempo, em seu artigo "No caminho," em janeiro de 1909, que naquele momento havia uma "situação revolucionária" no país?[76]

A resposta parece muito simples: antes de 1913 Lenin usava o termo *situação revolucionária* para se referir apenas à opressão dos que estão abaixo, mas depois evolui em sua forma de pensar e decide dar a esse termo um uso mais restrito. Uma situação revolucionária só existe quando a opressão dos debaixo se soma à crise dos de cima, o que permite a irrupção das massas populares na cena política. No entanto, a explicação não é tão simples. Em seu artigo "No caminho", Lenin usa o termo russo *polozhenie*, que teria um significado mais amplo do que a própria situação (*situatsia*), difícil de expressar em espanhol [e português]; algo semelhante a "estado" ou "condição" revolucionária, embora, por razões desconhecidas, tenha sido traduzido para o espanhol, em todas as versões de que dispomos, por "situação" revolucionária.[77]

Se analisarmos o sentido geral do artigo de Lenin – escrito contra os desvios da direita, típicos dos "intelectuais e pequeno-burgue-

---

[72] Lenin, V. I. *V Conferencia de toda Rusia del POSDR*, (23 dez. 1980), t. 25, p. 332.
[73] Lenin, V. I. *En camino* (jan. 1909), t. 15, p. 364.
[74] Lenin, V. I. *A propósito de dos cartas* (13 nov. 1908), t. 15, p. 303.
[75] Lenin, V. I. *En Camino, op. cit.*, p. 370.
[76] *Ibid.*
[77] Lenin diz textualmente: "As classes revolucionárias da Rússia foram derrotadas na primeira campanha, mas a situação [*polozhenie*] revolucionária subsiste. A crise revolucionária se aproxima [...]", *op. cit.*, p. 370 (o grifo é de M. H.).

MARTA HARNECKER

ses" que se aproximam do partido social-democrata motivados pela esperança de um rápido triunfo da revolução, mas que começam a hesitar quando sofrem sua primeira derrota[78] – e levamos em conta essas nuances da língua russa, podemos interpretar o conteúdo do texto já citado da seguinte forma: na Rússia, as *condições gerais* para a revolução subsistem apesar da derrota porque a crise econômica continua, o mesmo regime *socioeconômico* é mantido com sua superestrutura autocrática, a situação do campesinato piora etc., e, portanto, pode-se prever que em um futuro não muito distante uma *situação revolucionária* ocorrerá novamente no sentido estrito do termo que, como vimos, é sinônimo de "crise política geral".

Isso é corroborado por outro texto de julho de 1907, quando os últimos levantes revolucionários acabavam de ser esmagados. Nesse momento de triunfo da contrarrevolução, o dirigente bolchevique, no âmbito da discussão da tática a seguir contra a Terceira Duma, afirma que não há na Rússia as condições de "uma ascensão revolucionária ampla, geral e rápida, em vias de se tornar uma insurreição armada", embora "existam todas as *condições de uma época revolucionária*".[79]

Antes de passar ao próximo ponto, pensamos ser importante esclarecer que – tanto no caso em que as contradições de uma

---

[78] Lenin, V. I. *op. cit.,* p. 367. "As coisas chegaram a tal ponto", diz Lenin, V. I. "que alguns elementos do partido, influenciados pelo ambiente de desintegração, se perguntaram se era necessário manter o Partido Social-Democrata tal como antes, se era necessário continuar sua obra, se era preciso voltar mais uma vez à ilegalidade e como fazê-lo. Os elementos da extrema direita (a chamada corrente liquidacionista) defenderam a todo o custo a legalização, mesmo à custa de renunciar abertamente ao programa, à táctica e à organização do partido. Sem dúvida, não foi apenas uma crise no campo da organização, mas também uma crise ideológica e política" (*op. cit.,* p. 364).

[79] Lenin, V. I. *Projeto de Resolução sobre a Participação nas Eleições para a III Duma Estatal,* na III Conferência do POSDR em julho de 1907, t. 13, p. 59 (O sublinhado é de M. H.). Veja também a caracterização do período contrarrevolucionário neste livro, p. 50-53 (cap. 1).

sociedade se aguçaram a ponto de se poder afirmar que se iniciou uma *época de revolução social* como no caso em que já haja uma crise de caráter revolucionário – não se pode afirmar que essas situações levarão *necessariamente* a uma saída revolucionária. No *Segundo Congresso da Internacional Comunista* em 1920, quando a maioria dos países europeus estava em crise, Lenin insistiu nesse tema. Não se pode dizer que esta crise seja "absolutamente insolúvel". Esta não é uma "situação absolutamente sem esperança" para a burguesia. Ao contrário, "tentar 'provar' antecipadamente que não há saída, 'absolutamente', seria um pedantismo vão ou um simples jogo de palavras e conceitos. Só a prática pode oferecer uma verdadeira 'demonstração' sobre este problema e outros semelhantes".[80]

Algumas precisões conceituais

Depois de tudo o que foi dito neste capítulo, devemos distinguir vários conceitos: *época revolucionária, situação revolucionária, revolução, revolução triunfante, período pré-revolucionário, período revolucionário e situação revolucionária com inibição ou bloqueio do movimento de massas.*

Chamaremos de *época revolucionária* o período em que o aguçamento das contradições de uma formação social atinge tal grau de desenvolvimento que provoca uma crise estrutural, isto é, uma crise de todas as suas estruturas, econômicas, políticas, ideológicas etc. Esta só pode ser resolvida por meio de mudanças estruturais, criando assim as condições materiais que tornam necessária uma

---

[80] *Informe sobre a situação internacional e as tarefas fundamentais da Internacional Comunista* (19 jul. 1920), t. 33, p. 350-351. Lembremo-nos de que, já em 1908, Lenin postulava que a via prussiana poderia eventualmente ter êxito no desenvolvimento capitalista do campo russo se a ela não houvesse uma oposição por uma via revolucionária exitosa. Ver: *Por el camino trillado* (16 abr. 1908), t. 15, p. 39.

revolução social. É o caso da autocracia tsarista do final do século XIX e início do século XX.

Outros autores preferem denominar esse período que se inicia após a crise estrutural de "situação revolucionária de tipo geral",[81] "situação revolucionária objetiva", "global" ou "estrutural".[82] Antes de prosseguir, parece-nos importante lembrar que a crise estrutural que abre uma época revolucionária não evolui mecanicamente para a revolução social, que diante dessa crise sempre surge um caminho alternativo de tipo reformista que se esforçará em buscar soluções estruturais dessa natureza.

Chamaremos de *situação revolucionária* o período que reúne as três condições objetivas indicadas por Lenin em *A bancarrota da Segunda Internacional* e que se identifica com o conceito de crise política nacional.

Preferimos usar o termo "época" para diferenciar claramente esse conceito que, ao mesmo tempo que implica o surgimento de condições que tornam necessária a revolução social, indica que as condições existentes não são suficientes para que essa revolução ocorra, a partir do conceito leninista de *situação revolucionária* que indica que já foram reunidas *todas* as condições objetivas para a revolução social.

---

[81] Ver, por exemplo: Arismendi, Rodney. *Lenin, la revolución y América Latina*, México, Editorial Grijalbo, 1976, p. 400-405 (Texto escrito em abril de 1968). O autor dá dois exemplos: o da Rússia tsarista de 1897 a 1917 e o da situação europeia durante a Primeira Guerra Mundial. Concordamos com o primeiro exemplo, mas não com o segundo, caracterizado por Lenin como uma situação revolucionária concreta, na terminologia usada por Arismendi. Talvez a confusão venha de um uso mais restrito do conceito de "situação revolucionária" que o autor identifica como "crise revolucionária", ou, o que dá no mesmo, com período revolucionário. Para Arismendi, a situação revolucionária concreta começou na Rússia em janeiro de 1905 (ver *op. cit.,* p. 401).

[82] Ver por exemplo: Maidánik, Kiva. *El proceso revolucionario de America Latina visto desde la URSS* (desde la revolución cubana hasta la insurrección en Centroamérica, Editorial Taller, 1982 (Coleção de artigos escritos entre 1964 e 1981), p. 50-53; 82; 127;168; 201.

Chamaremos de *revolução* ou *crise revolucionária*[83] o período em que, com as condições objetivas próprias da situação revolucionária, ocorre uma mudança qualitativa nas ações da classe revolucionária que passa das ações demonstrativas para as ações de tipo insurrecional.

Classificaremos como uma *revolução triunfante* o momento em que o movimento revolucionário consegue conquistar o poder político derrubando o regime vigente.

Ora, assim como pode ocorrer uma *situação revolucionária* sem que ecloda a *revolução*, como aconteceu na maioria dos países desenvolvidos da Europa durante a Primeira Guerra Mundial, porque não aconteceu a mudança subjetiva que era essencial para que a classe trabalhadora, em vez de lutar para a defesa de sua pátria, direcionasse suas armas contra seus próprios governos, então uma revolução também pode ocorrer, mas sem alcançar a vitória, como foi o caso de 1905 na Rússia.

Antes de nos determos no exame dos elementos necessários para o triunfo da revolução, vejamos que relação existe entre os conceitos analisados no início deste capítulo e os conceitos que acabamos de expor.

Já assinalamos que Lenin distingue os *períodos de calma ou de desenvolvimento pacífico*, nos quais a história avança "ao passo de uma carroça", dos *períodos revolucionários*, nos quais a história marcha "ao passo de uma locomotiva".

Os períodos revolucionários correspondem aos períodos em que a revolução já estourou, ou seja, um período revolucionário equivale a uma revolução. É preciso lembrar que a passagem de um período de calmaria para um período revolucionário não acontece repentinamente: suas condições estão sendo preparadas no chamado *período pré-revolucionário*.

---

[83] Mais adiante desenvolveremos o conceito de "crise madura" ou "revolução madura": momento propício para o assalto ao poder.

Reiteramos que a diferença fundamental entre um período pré--revolucionário e um período revolucionário é que neste último a luta de massas, que passa a constituir em um período pré-revolucionário uma ameaça à reprodução do regime, passa a adotar formas organizativas que se opõem, de fato, ao poder atual sem que este já tenha forças para destruí-las. Há um salto qualitativo. Paralelamente ao colapso da velha superestrutura, as massas populares começam a criar uma nova superestrutura, ou seja, criam seus próprios órgãos revolucionários de poder: sovietes, comitês de fábrica, comitês camponeses, comitês de defesa, milícias populares etc.

Lembremo-nos de que mesmo em períodos revolucionários o movimento não marcha permanentemente de forma ascendente, mas em ondas. As forças revolucionárias estão esgotadas e precisam recuperar forças para continuar a ofensiva. Esses períodos de calmaria que precedem a tempestade não devem ser confundidos com períodos de desenvolvimento pacífico.

Agora, se a revolução fracassa, pode-se distinguir dentro dela um período de ascenso revolucionário e um período de investida contrarrevolucionária em que o movimento de massas, apesar de ter sido esmagado, ainda não foi completamente aniquilado, produzindo surtos, por vezes, de grande magnitude. Assim, Lenin, ao referir-se à primeira revolução russa, não a limita ao período de janeiro a dezembro de 1905, mas, de maneira geral, a estende até meados de 1907, quando é derrotada em sua primeira campanha. Poderíamos dizer que, durante o próprio período revolucionário, a iniciativa estratégica é do movimento revolucionário, enquanto no período da investida contrarrevolucionária são as forças reacionárias que passam a tomar a iniciativa.[84]

O período de declínio revolucionário difere do período de calmaria ou de desenvolvimento pacífico que se segue à derrota da

---

[84] Lenin, V. I. *Revolución y contrarrevolución* (20 out. 1907), t. 13, p. 129.

revolução porque é um período em que se mantêm ações revolucionárias de massas que rompem o marco da legalidade vigente.

Mas o período pré-revolucionário pode ser identificado com o conceito de situação revolucionária da mesma forma que identificamos o período revolucionário com a revolução?

Achamos que não. Em primeiro lugar, é durante o período pré-revolucionário que a situação revolucionária amadurece, o que ocorre apenas quando irrompe uma crise nacional geral. Por exemplo, no caso da revolução de 1905, Lenin chama de pré-revolucionário o período de 1901 a janeiro de 1905, e, de acordo com a descrição que ele faz da situação revolucionária, esta só ocorreria especificamente após a derrota em Port Arthur, que abala o país em todos os seus fundamentos.[85]

Em contrapartida, se o período pré-revolucionário dá lugar ao revolucionário quando se dá o salto qualitativo já analisado na atividade das massas, a situação revolucionária, que surge em período pré-revolucionário, se mantém durante todo o período revolucionário, pois é o que Lenin chama de condições objetivas sem as quais a revolução é impossível.

A situação revolucionária existe, portanto, ao longo do período revolucionário como o conjunto de condições objetivas que permitiram a eclosão da revolução, mas também pode ocorrer nos últimos momentos do período pré-revolucionário, quando a ausência de condições subjetivas impede ainda o salto qualitativo do movimento revolucionário de massas para ações de tipo insurrecional, o que

---

[85] "[...] a catástrofe militar sofrida pela autocracia" é um "sintoma do colapso de todo o sistema político da Rússia". (Lenin, V. I. *The Fall of Port Arthur* (1 jan. 1905), t. 8, p. 40: "a catástrofe militar teve de se tornar o início de uma profunda crise política" (*op. cit.*, p. 42).

MARTA HARNECKER

equivale à passagem do período pré-revolucionário para o período revolucionário propriamente dito.[86]

Por fim, chamaremos de *situação revolucionária com inibição ou bloqueio do movimento de massas*[87] a situação que ocorre em um país onde há uma "crise dos de cima" e um descontentamento crescente dos "de baixo"; devido ao agravamento de seu "estado de opressão e miséria, esse descontentamento não se expressa em uma intensificação da atividade das massas, como era de se esperar em tais casos, devido ao fato de que essa atividade se encontra bloqueada".

Por exemplo, na Rússia em 1914 havia uma situação revolucionária; mas quando a guerra estourou, a ação repressiva do aparato militar tsarista contra os militantes revolucionários que se opunham à guerra e à armadilha ideológica social-chauvinista da autocracia, com uma rigorosa censura à imprensa, conseguiu "conter" o movimento por um tempo. Mas como o partido bolchevique não foi destruído, soube reconstituir-se rapidamente e,

---

[86] Geralmente, na literatura marxista, o termo situação revolucionária é usado para designar a situação que precede a própria revolução.

[87] Devemos a Kiva Maidánik, historiador soviético especialista nos problemas da América Latina, esta ideia sobre a existência de "fatores que bloqueiam" a situação revolucionária, embora Maidánik aplique este termo em um sentido um tanto diferente do nosso: aos fatores que impedem que a situação revolucionária "estrutural" ou "global" existente na A. L. (isto é, o que chamamos de "época revolucionária") se transforme em uma "situação revolucionária concreta". Achamos muito interessante estudar por que, em certos países onde existiram condições gerais objetivas para a revolução, essa situação não se converteu em uma situação revolucionária (no sentido leninista do termo). Achamos importante considerar o problema procurando os fatores que bloqueiam o desenvolvimento da revolução nesses casos, mas ao usar o termo "situação revolucionária bloqueada" estamos pensando em outra coisa: nos fatores que bloqueiam ou inibem a plena expressão de uma situação revolucionária (concreta, nos termos usados por Maidánik) já existente. Ver especificamente seu artigo: "El revolucionario, dedicado al pensamiento de Ernesto Che Guevara", na revista *America Latina* (ed. em espanhol), Moscou, Editorial Progresso, n. 4, 1977, p. 204-206.

baseando-se nas tradições revolucionárias do proletariado russo e numa linha política correta, conseguiu realizar um trabalho de desbloqueio, contribuindo assim com uma importante medida para revitalizar o movimento de massas. Isso explica por que apenas dois anos após o início da guerra voltou a ocorrer no país uma situação revolucionária.

Nos grandes países europeus, ao contrário, foi, sem dúvida, a atitude social-chauvinista da vanguarda o principal fator de bloqueio da situação revolucionária; daí a estratégia leninista de estimular a criação de novos partidos revolucionários de trabalhadores capazes de se opor ao oportunismo dos partidos social-democratas pertencentes à Segunda Internacional e, por meio deles, lutar para "desbloquear" a situação revolucionária naqueles países.

Esta *situação revolucionária com inibição ou bloqueio do movimento de massas* difere da situação que surge quando a revolução é derrotada em alguma de suas campanhas porque, neste segundo caso, embora sejam mantidas todas as condições que tornam a revolução necessária – o que temos denominado de *época revolucionária* e que, portanto, deve amadurecer uma nova crise revolucionária –, os golpes que o movimento de massas e sua vanguarda receberam são de tal magnitude que a situação de crise nacional geral desaparece. Os de cima conseguem recompor suas forças e assim se estabelece um período "contrarrevolucionário". Esta é a situação da Rússia tsarista após a derrota da primeira Revolução Russa de 1905.

A *situação revolucionária com inibição ou bloqueio do movimento de massas* é uma das características que o período pré-revolucionário pode adotar; em contrapartida, quando a revolução é derrotada, desaparecem as características dos *períodos revolucionário e pré-revolucionários* e *aparecem* os de relativa calma, estabilidade, "desenvolvimento a passo de tartaruga", típico dos *períodos contrarrevolucionários.*

MARTA HARNECKER

O conceito leninista da situação revolucionária e sua aplicação à América Latina

Causas estruturais e conjunturais

Até aqui nos detivemos nas descrições que Lenin faz, em diferentes textos, da situação revolucionária.

Antes de retomar suas conclusões à luz dos problemas da América Latina, é importante não confundir os sintomas que permitem diagnosticar o surgimento de uma situação revolucionária em determinado país ou grupo de países, com suas causas, ou seja, com as razões que explicam a razão pela qual tal situação veio a ser desencadeada.

Embora Lenin não se refira de forma explícita e sistemática à questão das causas da situação revolucionária, suas brilhantes análises sobre ter ocorrido a revolução na Rússia e não no resto da Europa, tanto em 1905 quanto em fevereiro de 1917,[88] nos permitem deduzir algumas apreciações gerais em relação à situação na América Latina.

Devemos diferenciar entre causas estruturais e causas conjunturais.

A existência de causas estruturais é o que cria a base material ou as condições de uma *época revolucionária*. Quando o modelo de desenvolvimento até então dominante começa a entrar em crise, quando se agravam as contradições tanto econômicas como políticas e sociais da referida sociedade, diz-se que esta entrou em um período de *crise estrutural* ou de *crise das estruturas* e, portanto, nela se abre uma *época de revolução social* ou, como outros autores chamam, *uma situação revolucionária estrutural, geral ou global.*

---

[88] Ver, entre outros textos, *¿Una revolución del tipo de la de 1789 o del tipo de 1848?* (mar/abr. 1905), t. 8, p. 264-266; *Cartas desde lejos* (7 mar. 1917), t. 24, p. 335-346. [Cartas de longe. *In*: *Lenin e a revolução de outubro: textos no calor da hora.* ed. cit., p. 113-128]

Vejamos agora quais são as características dessa "crise estrutural",[89] cuja exacerbação, na década de 1950, levou ao amadurecimento de uma era revolucionária na América Latina.

É necessário destacar que ela ocorre dentro de um determinado contexto mundial: a mudança na correlação de forças na arena internacional sob a influência dos avanços do socialismo e do movimento de libertação nacional, e que se trata de uma fase qualitativamente nova da "crise do sistema econômico, social e político tradicional da América Latina" que começou nos anos 1930.

Antes de passar à descrição desta nova fase, vejamos quais eram as principais características do sistema tradicional.

As suas raízes remontam ao período da dominação colonial ibérica. "A força do latifúndio, o protagonismo da aristocracia *criolla* na luta pela independência nacional e, mais tarde, a dominação política e econômica dessa classe levaram ao fato de que a guerra da independência, apesar de ter certas características de uma revolução burguesa inicial, não conseguiu mudar qualitativamente a estrutura socioeconômica das sociedades latino-americanas. Isso, por sua vez, determinou um desenvolvimento extremamente lento na maioria dos países do continente no século XIX e sua conversão em países 'subdesenvolvidos' e dependentes".

A economia latino-americana, nos anos 1920, era um apêndice produtor de bens primários (fundamentalmente agropecuários) para os países capitalistas desenvolvidos. O seu lento crescimento é obtido por meio da extensão quantitativa na exploração dos recursos naturais, importantes resíduos dos sistemas pré-capitalistas (semifeudais). Em primeiro lugar, a propriedade latifundiária da terra; a

---

[89] Para desenvolver esse ponto, nos baseamos fundamentalmente nas formulações do historiador soviético Kiva Maidánik que aparecem nos artigos compilados no livro *El proceso revolucionario de América Latina visto desde la URSS* (*Desde la revolución cubana hasta la insurrección en Centroamérica*), República Dominicana: Editora Taller, 1982.

exploração da economia destes países monoprodutores pelo capital estrangeiro; e certo desenvolvimento do capitalismo deformado pelos dois fatores anteriores constituem os pilares desse sistema. A isso se acrescenta a concentração de todo o poder real nas mãos dos proprietários dessas matérias-primas (oligarquia fundiária mercantil, monopólios produtores de matérias-primas etc.).

"Enquanto os Estados Unidos e os países da Europa Ocidental percorriam todos os ciclos da revolução burguesa e das transformações capitalistas, a América Latina parecia empacada na fase de implantação do capitalismo, quando este convive com reminiscências feudais que deformam seu desenvolvimento".[90]

"Somente no início do século XX surgiram na América Latina os sinais da crise dessa estrutura arcaica. Mas foi preciso chacoalhadas tão fortes como a Primeira Guerra Mundial, a Revolução Socialista de Outubro e a grande crise econômica de 1929-1933 para que a crise dos suportes tradicionais da sociedade latino-americana viesse à tona".[91]

O modelo de "desenvolvimento externo" está em crise. As exportações são reduzidas em 65%, as importações em 27%, o salário dos trabalhadores rurais cai 70% e o dos trabalhadores industriais, entre 40% e 50%.[92]

Nos países mais desenvolvidos da América Latina, começa a ser implementado um novo modelo de acumulação de "desenvolvimento interno" ou de "substituição de importações". A Segunda Guerra Mundial constituiu um forte estímulo para este modelo, que produziu resultados benéficos para estes países até meados dos anos 1950.

---

[90] Kiva Maidánik, *Alcance y vigencia de la revolución latinoamericana* (1967), *op. cit.*, p. 37-38.

[91] *Op. cit.*, p. 38.

[92] Alberto Prieto, *La burguesía contemporánea en América Latina*, La Habana: Editorial de Ciencias Sociales, 1993, p. 62-63.

Durante esses anos, o quadro geral do desenvolvimento socioeconômico da América Latina variou muito e tornou-se mais complexo, tanto devido ao intenso processo de industrialização sofrido por alguns países quanto às mudanças ocorridas no sistema capitalista mundial: transformação dos EUA em primeira potência imperialista, transição para o capitalismo monopolista de Estado nos países imperialistas, revolução técnico-científica, influência crescente do sistema socialista mundial. No entanto, apesar dessas mudanças, o que não muda é o desenvolvimento capitalista dependente de nossos países. Embora seu nível de desenvolvimento esteja próximo do que se tem considerado o nível médio do desenvolvimento capitalista (o que antecede a grande indústria), o modelo é completamente diferente daquele que predominava na Europa Ocidental há um século ou na Europa periférica há meio século. Mesmo os países latino-americanos mais desenvolvidos são, em meados deste século, relativamente "subdesenvolvidos", dependentes e explorados pelo imperialismo. É por isso que a superação da crise estrutural pressupõe não só a liquidação das reminiscências feudais, como também a "ruptura do multiforme sistema de exploração capitalista no continente", causa fundamental do seu atraso econômico.[93]

Agora, como o desenvolvimento capitalista foi retardado pela manutenção de numerosos elementos do sistema tradicional, a pressão das novas formas de dependência, o aguçamento da luta política, mantiveram vigentes seus problemas cruciais: a necessidade de industrialização, a conquista das premissas para um desenvolvimento independente, a superação do vácuo de hegemonia política e o estabelecimento de um sistema estável de poder. Portanto, a nova fase da crise estrutural traz consigo todos os problemas não resolvidos da

---

[93] Kiva Maidánik, *Alcance y vigencia, op. cit.,* p. 38; ver também *El capitalismo dependiente de desarrollo medio como fase del desarrollo histórico* (1979), *op. cit.,* p. 231-236.

crise das estruturas tradicionais, e abrange todos os países do continente. "Cada um está, se assim se pode expressar, [...] em diferentes fases de uma etapa qualitativa única". Podem-se distinguir três grupos de países: os do Cone Sul (Argentina, Uruguai, Chile e, em parte, Brasil), que constituem o grupo de países mais desenvolvidos da América Latina e que são os primeiros a entrar nas novas fases da crise; os países andinos (Colômbia, Peru), que estão na segunda etapa; e os países centro-americanos, que constituem o grupo dos países mais atrasados.[94]

Devido ao peso dos problemas não resolvidos, a luta para encontrar uma saída para a crise tornou-se mais aguda de década para década. Até meados dos anos 1950, teve sobretudo o caráter de confronto entre o bloco de forças que defendia o desenvolvimento capitalista industrial, que implicava uma transformação burguesa das estruturas tradicionais e uma limitação da dependência neocolonial, e o bloco de forças que defendia a situação existente.

Mas então, quando a crise começa a atingir os elementos novos do desenvolvimento capitalista dependente, quando o caráter mais genuíno e profundo da crise se torna mais evidente, o centro de gravidade das contradições político-sociais se desloca: começa o combate frontal entre as forças sociais portadoras de uma saída revolucionária para esta crise, a solução anti-imperialista e anticapitalista, e as forças sociais que defendem uma saída evolutiva para o capitalismo dependente monopolista de Estado, saída impossível sem a ajuda do imperialismo, sem sua participação ativa, sem aprofundar seus laços com ele. Esta é a verdadeira base socioeconômica sobre a qual se assenta a aliança entre a burguesia latino-americana

---

[94] Kiva Maidánik, *La crisis socio-política en América Latina y sus perspectivas de superación* (1973), *op. cit.,* p. 80-81 (Em forma bastante esquemática, a crise do capitalismo médio teria ocorrido, segundo o autor, no final da década de 1950 nos países de primeiro escalão, no final da década de 1960 nos do segundo escalão e na década de 1970 nos de terceiro escalão).

e o imperialismo ianque, aliança que, claro, não está imune a contradições e conflitos.[95]

É esta situação *de crise estrutural*, que perdura há várias décadas e que atravessou fases bem definidas, que abre uma época *de revolução social* na América Latina ("situação revolucionária de tipo geral [estrutural]", segundo Maidánik) e determina seu conteúdo.

Em finais dos anos 1950, a situação do continente era caracterizada por um grande auge continental na luta libertadora que culminou com o triunfo da Revolução Cubana, demonstrando assim, na prática, a viabilidade da saída anticapitalista para a crise estrutural. No campo técnico-econômico, essa fase, que se mantém até hoje, coincide com a superação das principais fronteiras do processo de industrialização. Devido a essas características, pode-se considerá-la como a fase central ou decisiva da crise estrutural.

Vejamos a seguir, a título de ilustração, como funciona o mecanismo dessa crise no plano econômico na segunda metade da década de 1960, pois foi o agravamento dessa crise que serviu de base material tanto para o auge revolucionário dos anos 1968-1975 quanto para a contraofensiva fascista.

As contradições típicas de uma economia baseada na exportação de matérias-primas, ponto de partida da crise estrutural, continuam a ser a sua mola fundamental, mas agora, na maior parte do continente, complementam-se com as contradições inerentes à industrialização dependente.

Ao lado da crise da economia agrária latifundiária que continua a aprofundar-se, o problema mais dramático na atualidade é a crise dos "termos de troca" com os países capitalistas desenvolvidos, que tão duramente golpeou a economia do continente nos anos 1930. Mas esse desnível hoje não é compensado nem por uma conjuntura econômica externa favorável como a que surgiu no pós-guerra nem

---

[95] Kiva Maidánik, *Alcance y vigencia*, op. cit., p. 39.

com a crescente afluência de capital privado estrangeiro, que "por mais de uma década atuou como uma peculiar 'droga' estimulante do crescimento econômico latino-americano, encobrindo a doença incurável de suas entranhas e prolongando a agonia das velhas estruturas".[96]

Em 1969, houve progresso nas relações agrárias em apenas três países: Chile, Venezuela e México. Nos restantes, a situação no campo não mudou. Foram mantidos o alto índice de concentração da propriedade agrária com enormes extensões de terras improdutivas, a miséria dos trabalhadores rurais, a marginalização de parte importante do campesinato das relações mercantis, a crescente migração para a cidade de grandes massas de trabalhadores agrícolas e o atraso da produção agrícola em relação ao ritmo de crescimento da população.

Continua a queda dos preços das matérias-primas, principal item de exportação desses países, produzindo na década de 1960 "um grave problema de acumulação".

A primeira causa desse agravamento foi o tipo de industrialização que ocorre nas condições de desenvolvimento dependente. A tendência à produção de bens de consumo duráveis e a instalação de filiais de monopólios estrangeiros e outros processos relacionados exigem a importação de tecnologia moderna, matérias-primas intermediárias, patentes etc. Nessas condições, a insuficiência de divisas torna-se um dos principais "gargalos" do processo de industrialização.

A isto devemos acrescentar que o fracasso da "Aliança para o Progresso", as dificuldades econômicas criadas pela Guerra do Vietnã e as novas tendências gerais da economia mundial (transferência de investimento para países desenvolvidos) resultaram em uma redução acentuada de novos investimentos dos mono-

---

[96] *Op. cit.* p. 38.

pólios estadunidenses na maioria dos países latino-americanos e em um aumento da exportação de seus lucros. Tudo isso produz uma explosão da dívida externa. Entre 40% e 60% das receitas de exportação devem ser usadas para cobrir o *deficit* da balança de pagamentos.

Outra causa importante do agravamento do problema da acumulação está relacionada com o que se convencionou chamar de "revolução das necessidades crescentes", motivada pela urbanização acelerada, o nível de alfabetização relativamente elevado em relação aos demais países do "Terceiro Mundo", o efeito de demonstração e imitação do modo de vida norte-americano veiculado pela grande influência dos meios de comunicação de massa. Isso reforça a pressão do consumo sobre o próprio fundo de acumulação.

Em contrapartida, "o desenvolvimento econômico é bloqueado não apenas pela redução das possibilidades de acumulação, mas também pela estreiteza do mercado interno". Ambos os problemas, mutuamente relacionados, são exacerbados simultaneamente, a América Latina ocupando um dos primeiros lugares do mundo em termos de desigualdade na distribuição de renda.

As causas desta situação são amplamente conhecidas: a desigualdade social "normal" da sociedade capitalista ou pré-capitalista se combina aqui com os atributos do desenvolvimento dependente.

Esta situação não se altera mesmo em tempos de maior auge econômico. O exemplo mais típico é o do Brasil. Em pleno *boom*, melhorou apenas a situação de 5% da população, a de 50% permaneceu inalterada e a situação material dos 45% restantes piorou.[97]

Nos países capitalistas dependentes, portanto, não há relação mecânica entre o auge econômico e o bem-estar das massas. Pode perfeitamente ocorrer um agravamento do mal-estar dos "de baixo" sem que haja uma crise econômica conjuntural.

---

[97] Kiva Maidánik, *La crisis sociopolítica en América Latina... op. cit.*, p. 85.

A estreiteza do mercado faz com que as indústrias trabalhem a um ritmo muito inferior ao que permite sua capacidade instalada. Esse trabalho "à meia-máquina" vinculado ao desenvolvimento daqueles ramos da produção que absorvem um mínimo de força de trabalho agravam o principal problema socioeconômico desses países: o desemprego.

"Em meados dos anos 1960, a migração acelerada do campo para a cidade deu origem a uma nova qualidade: a população urbana predominou na América Latina. Até o ano de 1970, o seu peso específico atingia os 55% (1950 = 39%, 1960 = 47%) e, simultaneamente, aumentava outra corrente migratória: das cidades pequenas para as grandes cidades, particularmente para as grandes metrópoles [...]. A pressão demográfica no mercado da força de trabalho continua a crescer constantemente [...]. Em 1925-1950, a indústria manufatureira na América Latina absorveu 12,2% do aumento da força de trabalho, mas nos anos 1950 esse índice caiu para 9,5%. Nos anos 1960, isso foi ainda mais reduzido. Processos de certo modo paralelos aos ocorridos nos países capitalistas avançados (e em certa medida causados por eles) adquirem, na situação socioeconômica completamente diferente da América Latina, um caráter destrutivo e deformador das estruturas sociais. O acentuado atraso da industrialização em relação ao crescimento das massas urbanas e do número de pessoas ocupadas na indústria em relação ao seu ritmo de desenvolvimento tornou-se um dos problemas mais importantes – e possivelmente o mais difícil de resolver – da etapa atual de crise das estruturas.

"O resultado desse processo foi a redução considerável dos ritmos de ampliação do mercado interno, por um lado, e a ampliação monstruosa da esfera dos serviços, por outro. Se em 1925-1950 o setor terciário absorveu 30% da força de trabalho, [...] nos anos 1960 esse índice cresceu para 50%."

"A mais importante das consequências sociais deste processo foi o rápido crescimento do número de desempregados e, em particular, de subempregados".[98]

"Os desempregados e subempregados formam o núcleo do gigantesco exército das camadas marginais da cidade, em cuja existência e crescimento se concentram as principais contradições e os problemas não resolvidos da América Latina atual: o domínio da propriedade agrária latifundiária, a influência das relações de dependência nos ritmos e no caráter da urbanização e da industrialização, o deformado caráter geral do processo de desenvolvimento capitalista, a explosão demográfica etc. Por sua vez, o problema das camadas marginais torna-se um dos obstáculos ao desenvolvimento".[99]

O mecanismo econômico da fase de crise que aqui descrevemos, e que amadurece no continente desde finais dos anos 1950, manteve-se inalterado durante os últimos 25 anos, agravando-se a situação nos anos 1981-1982, "anos de catástrofe econômica conjuntural".

"Nestes anos, a ação simultânea da queda dos preços de seus produtos de exportação e o comportamento brutalmente adverso do setor financeiro causaram um verdadeiro estrangulamento para nossos países a partir de preços de exportação em queda vertiginosa e altíssimas taxas de juros que aumentaram exageradamente o serviço da dívida, encareceram e bloquearam a obtenção de novos empréstimos e reduziram os investimentos produtivos. A deterioração dos termos de troca, a redução do volume das exportações, o aumento das taxas de juros, as barreiras comerciais e financeiras – acesso a empréstimos externos e as duras condições destes – constituíram características marcantes da realidade econômica do mundo subdesenvolvido"[100] e, concretamente, dos países da América Latina.

---

[98] *Op. cit.*, p. 87.
[99] *Op. cit.*, p. 88.
[100] Fidel Castro, *La crisis económica y social del mundo* (1983), La Habana: Oficina de Publicaciones del Consejo de Estado, 1983, p. 41.

Para sair desta crise estrutural, como já destacamos, não há outro caminho senão a transformação revolucionária da sociedade por meio de soluções anti-imperialistas e democráticas, que necessariamente em nossos países são ao mesmo tempo soluções anticapitalistas (Cuba, Nicarágua), ou a transformação por meio de soluções capitalistas que conduzirão sempre a formas renovadas de dependência do imperialismo estadunidense e que, por isso, contribuirão para agudizar cada vez mais as contradições inerentes à crise de estruturas.

Aqui nos deteremos brevemente em apenas uma delas, a mais significativa dos últimos anos pelo seu relativo sucesso e por suas profundas consequências sociais: o "modelo brasileiro", ou o que também se costuma chamar de "modelo fascista dependente".

"A primeira coisa que devemos destacar é que o fascismo em sentido estrito só surge na América Latina naqueles países que atingiram um importante grau de desenvolvimento capitalista dependente."

"É a crise econômica do sistema capitalista dependente[101] ao lado da ascensão do movimento operário e popular, após o triunfo da primeira revolução socialista na América Latina, o que determina a emergência do fascismo em determinados países deste continente."

"Mas, nesse caso, não é a grande burguesia nacional que apoia as gangues fascistas para derrotar o proletariado e depois tomar o poder e implantar uma política econômica de superexploração da classe trabalhadora. É o imperialismo, fator externo, que, vendo em perigo o seu domínio sobre um determinado país que procura tornar-se independente e desenvolver uma política econômica internacional autônoma, recorre ao golpe de Estado como última cartada, apoiando-se na grande burguesia econômica nacional que compartilha os interesses do capital internacional. Os militares,

---

[101] Sobre esse tema, ver o artigo de Briones e Caputo: "Nuevas modalidades de acumulación y fascismo dependiente", anexo da revista *Chile Informativo*, La Habana, n. 123-124, set. 1977, p. 23-43.

formados em suas escolas, são usados para implantar a disciplina necessária para continuar explorando esse país."

"A ditadura militar é, portanto, a última cartada do imperialismo e da grande burguesia nacional para impor sua autoridade aos países que querem escapar de sua dominação. Esta ditadura militar assume um caráter fascista quando a classe trabalhadora e o movimento popular de um determinado país atingiram um grau de maturidade, de organização e de mobilização suficiente para colocar em risco o poder da burguesia".[102]

Vejamos a seguir as principais características estruturais desse modelo que se cristalizou no Brasil em 1971-1972 e que o Chile e alguns outros países posteriormente tentaram copiar.

1. *Modificação parcial do caráter do poder político e mudança radical de seu mecanismo, de sua estrutura.* Trata-se de:

– aniquilar a democracia burguesa-representativa (ou, mais frequentemente, a pseudodemocracia), que assegurava a participação na governança[103] do Estado de todos os grupos fundamentais (setoriais, político, 'de clãs', regionais etc.) das classes exploradoras, com a incorporação parcial dos setores médios e a tomada em consideração dos interesses de algumas categorias de trabalhadores e empregados;

– suprimir, na prática, o sistema partidário, as organizações de massas independentes, a imprensa independente e os centros de poder autônomos locais";

– abolir as liberdades cívicas; empregar os métodos mais cruéis e sanguinários de repressão aos partidos e movimentos de esquerda, sobretudo os revolucionários; transformar torturas e execuções em condição imprescritível do exercício do poder político e da concretização do projeto de desenvolvimento socioeconômico;

– separar das fontes da dominação política direta, em escala nacional e local, a maioria das frações (econômicas e políticas) das classes exploradoras, em primeiro lugar, os políticos tradicionais da burguesia (e da oligarquia) etc. Concentrar todo o poder efetivo (decisório e de repressão) nas mãos de uma 'aliança tripartite':

---

[102] Marta Harnecker, "Fascismo y dependencia" (ago. 1977), *Chile Informativo, op. cit.,* p. 19.

[103] Parece-nos que se trata de um erro de tradução. Deveria dizer "administração".

o alto comando do exército, os setores superiores da burocracia civil e a burguesia das 'subsidiárias' (dos monopólios transnacionais), assim como os tecnocratas diretamente ligados a ela. Com o tempo, se junta a esses grupos uma categoria especial que personifica a propriedade estatal em todas as suas manifestações. O Estado, representado por três dos quatro grupos enumerados, adquire maior grau de autonomia em relação às tradicionais classes exploradoras nacionais, o que, no entanto, em nada o priva de seu apoio, pois o novo poder político expressa plenamente a adequação tanto aos interesses cardeais do desenvolvimento capitalista dependente quanto aos interesses socioeconômicos diretos dessas classes.

2. *Congelamento da situação social* (relações de propriedade e proporções da distribuição da renda nacional), *acompanhado de um aumento da norma de acumulação de uma aceleração da centralização e concentração do capital.*

São evidentes o fim da era dos compromissos sociais e da recusa consciente de reformar as estruturas sociais pré-capitalistas, do capitalismo inicial e do capitalismo dependente, bem como de aumentar a parte da renda nacional correspondente aos trabalhadores e mesmo de elevar o seu nível de vida em geral. O terror e a ditadura são imprescindíveis em grau decisivo justamente para garantir a estabilidade política nas condições inerentes à conservação social e ao declínio do padrão de vida da maioria até o limite da 'sobrevivência biológica', para garantir essa conservação em um país onde até ontem a 'revolução das demandas crescentes' se desenvolvia impetuosamente.

Outro aspecto dessa mesma política é a orientação do regime para 'racionalizar a economia' e alcançar a eficiência, para acelerar por todos os meios a concentração da produção e do capital. Com o padrão de vida e as necessidades dos operários, dos camponeses e setores marginalizados no altar da racionalização capitalista e do aumento da norma de acumulação, também são imolados os interesses da média e pequena burguesia. No entanto, este último aspecto do programa de modernização não é concretizado de forma tão direta e franca.

Tanto as mudanças políticas quanto o 'congelamento social' são chamados, em sua combinação, para garantir o desenvolvimento do terceiro grupo de processos 'geradores':

3. *Afluência acelerada e apressada do capital estrangeiro* (atraído, em primeiro lugar, pelos baixos salários dos trabalhadores dos ramos industriais modernos e pela estabilidade política), que é

justamente o que torna possível o rápido crescimento econômico – sem alterar a estrutura social anterior –, a industrialização dependente do país e o surgimento de um novo sistema de dominação imperialista.

No curso desse processo, os ramos mais modernos e dinâmicos da produção industrial passam para as mãos dos monopólios internacionais, nos quais se integra, como sócia subalterna, uma parte da burguesia local. O poder com mão de ferro e os baixos salários são as premissas da livre importação e exportação de capital estrangeiro, bem como de sua reprodução em novas bases.[104]

Assim, estabelecem-se novas formas de dependência econômica baseadas em uma nova divisão internacional do trabalho. As economias dependentes concentram a produção "daqueles ramos ou sub-ramos menos dinâmicos na perspectiva internacional, constituídos sobretudo por parte significativa das correspondentes à produção de bens de consumo final, incluindo bens duráveis, alguns bens de produção e, principalmente, os de produção de matérias-primas de origem industrial". Essa produção é voltada para o abastecimento regional e, em alguns casos, para os mercados das próprias potências capitalistas.[105]

Desta maneira, embora os bens primários continuem a constituir o principal componente das exportações, a sua importância relativa diminui, tendendo a ser substituída por produtos industriais. Por sua vez, altera-se o padrão das importações, diminuindo os bens de consumo final e aumentando os bens de produção com maior valor incorporado.[106]

Embora este modelo tenha sido implementado "com sucesso" (para as transnacionais) durante alguns anos no Brasil, Chile etc., os problemas intrínsecos de seu pleno desenvolvimento permitiram prever sua incapacidade de resolver os principais problemas, a crise estrutural, como ficou demonstrado nos últimos anos.

---

[104] Kiva Maidánik, *En torno al problema de los regímenes autoritarios de derecha contemporáneos* (1974), *op. cit.*, p. 173-174.

[105] Álvaro Briones y Orlando Caputo, *op. cit.*, p. 27.

[106] *Op. cit.*, p. 28.

MARTA HARNECKER

Esses problemas são:

– desintegração sucessiva da economia nacional e da vida social em seu conjunto; caráter 'parcial', excludente do desenvolvimento econômico; aumento dos contrastes e das desproporções entre o setor tradicional e o moderno; entre a cidade e o campo; entre meia dúzia de 'centros de progresso' e a periferia estagnada; entre o *boom* econômico e a imobilidade social etc., etc.;

– falta de desenvolvimento independente, isto é, um desenvolvimento que seja função dos interesses da dada sociedade nacional e não de interesses estrangeiros; crescimento da norma e do volume da exploração imperialista; expansão da 'onipresença' de monopólios estrangeiros; acentuação da dependência tecnológica;

– flagelos sociais – desde a mortalidade infantil, dos camponeses sem-terra e da crise habitacional até uma situação sem saída (dentro dos limites desta via de desenvolvimento) na esfera da ocupação; e, ao mesmo tempo, preservação de escandalosos privilégios de classe, muitas vezes até de origem pré-capitalista;

– como resultado da influência conjunta dos dois fatores anteriores, a estreiteza do mercado interno, que a certa altura se torna o principal entrave ao crescimento econômico;

– o problema da democracia, da participação da maioria na adoção de decisões de vital importância para a sociedade ou, pelo menos, de sua influência nessas decisões; observância dos direitos e liberdades cívicas elementares – desde o direito de viver e não ser torturado;

– e, por último, todas os defeitos do desenvolvimento que acabamos de analisar impedem a criação de uma base social massiva do regime.[107]

Ora, estes problemas, embora indiquem os pontos fracos do modelo e, portanto, devam ser levados em conta em uma estratégia de luta antifascista, não implicam necessariamente que este fracasse por si só. A história tem mostrado que ela só evolui sob pressão, seja por dificuldades econômicas, seja pela ação ou perigo potencial representado pelo movimento de massas. Se a resposta revolucionária não for suficientemente significativa, o que pode acontecer é

---

[107] Kiva Maldánik, *En torno al problema de los regímenes autoritarios de derecha contemporáneos, op. cit.*, p. 181.

que o modelo evolua, perdendo certos atributos fascistas porque já alcançou um de seus objetivos fundamentais: esmagar o movimento operário e sua vanguarda.

Até aqui analisamos as causas estruturais que constituem a base material mais profunda da revolução social na América Latina. Com elas, devemos considerar também outras causas relacionadas à evolução histórica de cada país, como o acúmulo de ódio e exasperação entre as classes populares em decorrência de anos de superexploração econômica e, sobretudo, de repressão política, especialmente no caso de regimes do tipo fascista; as experiências anteriores de luta desse povo e a existência de expressões de rebelião popular exitosa, que por mais locais e limitadas que sejam, apontam um caminho para canalizar as energias revolucionárias do povo etc.

Entre as causas imediatas ou conjunturais, devemos distinguir as causas internas das externas.

Vejamos a seguir algumas das principais causas internas que poderiam criar uma situação revolucionária em nossos países:

- o surgimento de uma crise econômica conjuntural, seja produto dos ecos de uma crise econômica mundial ou resultado de uma catástrofe interna: terremoto, inundações, guerra etc.;
- agudização extrema da contradição entre os latifundiários e a enorme massa de camponeses sem terra ou com uma quantidade tão pequena que não dá para sobreviver, decorrente de catástrofes naturais como secas, inundações, pragas; pela queda dos preços dos produtos agrícolas no mercado mundial ou como resultado de políticas de desenvolvimento agrícola que afetam negativamente os trabalhadores da terra;
- massacres em mobilizações populares e assassinato de lideranças políticas proeminentes do povo;
- uma situação de guerra com um país vizinho que contribui para agravar a crise econômica e as contradições sociais, especialmente se esse país sair perdedor na confrontação bélica;

MARTA HARNECKER

– agudização das contradições entre as classes dominantes;
– agudização das contradições entre o governo e a Igreja;
– enfraquecimento de aparelhos repressivos;
Entre as causas externas imediatas, poderíamos considerar:
– o triunfo revolucionário em um país da região;
– uma crise econômica conjuntural da economia capitalista mundial;
– o agravamento das contradições entre o governo local e os governos dos países capitalistas desenvolvidos;
– o possível desvio da atenção e dos recursos bélicos das grandes potências imperialistas para outras áreas de conflito;
– uma crescente solidariedade internacional com o movimento revolucionário;
– agudização das contradições entre as diferentes potências imperialistas.

Embora saibamos que a situação revolucionária deriva de um conjunto infinitamente diverso de fenômenos, não há dúvida de que o conhecimento das causas que podem provocar uma situação revolucionária nos permite, se não prever com precisão quando ela irromperá na história, pelo menos avaliar se existem ou não condições para que surja em um futuro próximo, e orientar o trabalho da vanguarda revolucionária para o aguçamento máximo das contradições que estão ao alcance de sua ação. Esta não pode atuar sobre os sintomas, mas pode fazê-lo, de alguma forma, sobre as causas.

2) Sintomas principais da situação revolucionária

Após este longo mas importante parêntese, nos concentraremos em expor uma síntese dos principais sintomas que, se coexistirem simultaneamente, nos permitem diagnosticar a existência de uma situação revolucionária em nossos países.

O primeiro deles é a *exacerbação da miséria e das dificuldades das classes e setores sociais oprimidos*, ou seja, da classe operária, do campesinato, da pequena burguesia, dos setores marginalizados e os setores que sofrem discriminação racial etc. Uma situação revolucionária não pode ocorrer, por exemplo, em um período de auge do desenvolvimento econômico de um determinado país, porque com isso melhoram as condições de emprego, salário e, em geral, as condições de vida do povo.

Também não se trata da simples situação de exploração e superexploração sofrida pelas diversas classes sociais e setores da população típica dos países explorados. Para que ocorra uma situação revolucionária, deve haver uma deterioração significativa das condições de vida do povo: desemprego em massa, aumento significativo do custo de vida, deterioração do salário real levados a limites inaceitáveis, mudanças agrárias que levam à superexploração das massas camponesas, repressão política.

Um segundo sintoma é a *irrupção do descontentamento e indignação popular, intensificando-se as atividades dos diversos setores do povo*, que vão desde as formas usuais de expressão (greves com fins reivindicativos, paralisações, ações judiciais etc.) a formas de expressão revolucionárias que rompem os marcos legais existentes.

O terceiro e último sintoma é a *incapacidade das classes governantes ou do bloco no poder em controlar o aparato do Estado e continuar governando como tinham feito até então*. Isso explica a possibilidade da irrupção popular descrita anteriormente. Se essas classes têm forças suficientes – forças próprias ou apoiadas no exterior pelo imperialismo – para reprimir e anular manifestações de descontentamento popular, impedindo-as de ultrapassar os limites impostos pelo sistema de dominação vigente, ainda que o descontentamento popular seja muito generalizado, ainda não é possível falar de uma situação revolucionária.

Também não basta que haja crises políticas parciais, como mudanças de gabinetes ou mudanças de pessoal do governo; em geral, é necessária "uma crise política nacional" que afeta a própria base do aparelho de Estado. Não basta que afete alguma "dependência" do edifício estatal – como diz Lenin –, mas deve afetar seus próprios "fundamentos". E entre eles o mais importante para manter o domínio do bloco no poder em tempos de crise: seu braço armado.

O fato de as forças repressivas já não responderem às ordens do governo, ou de responderem de forma débil, é o que explica em grande medida a irrupção do movimento popular até então contido pelos efeitos dissuasores da repressão.

Interpretações equivocadas do conceito de situação revolucionária

É importante lembrar que para falar da existência de uma situação revolucionária não basta que as massas populares estejam submetidas a uma situação de exploração e miséria, por maior que seja, nem que o país viva uma situação de crise estrutural.

Este conceito não leninista de situação revolucionária é frequentemente usado para diagnosticar a situação da América Latina desde os anos 1960.

Por acaso já não ouvimos dizer muitas vezes que no continente latino-americano estão maduras as condições objetivas para a revolução, e que só falta o fator subjetivo, isto é, a condução política da vanguarda revolucionária? Será que as concepções foquistas – que, de resto, nada têm a ver com o esquema aplicado pela Revolução Cubana na sua luta contra as tropas de Batista – não se basearam, em certa medida, em uma concepção deste tipo? Não se pensava, então, que o foco guerrilheiro seria a centelha que provocaria a explosão revolucionária com sua simples presença?

Essas análises nunca levaram em conta um dos três elementos que Lenin considera fundamental para poder definir a situação política como uma situação revolucionária: a intensificação da atividade revolucionária das massas que começam a se opor abertamente à ordem vigente.

Há quem se confunda com a terminologia "fatores objetivos/ fatores subjetivos" e classifique a atividade revolucionária das massas entre estes últimos. Lenin insiste, porém, como vimos, que esta é uma das *condições objetivas* da revolução.

No entanto, a vanguarda não só intervém na gestação da mudança subjetiva, mas também desempenha um papel na intensificação da atividade das massas e as ajuda a passar das reivindicações econômicas imediatas às reivindicações políticas gerais. Apesar disso, nem os desejos nem a atividade da vanguarda são suficientes para que ocorra uma ascensão do movimento de massas. Isso só ocorre se houver "material inflamável" suficiente no país, ou seja, se suas ações estiverem inseridas em uma situação em que as condições objetivas façam com que esse impulso "exterior" se materialize em resultados práticos.

Finalmente, há dois desvios em relação à concepção leninista de *situação revolucionária.*

Um *desvio de direita* argumenta que a vanguarda política não tem intervenção na gestação de uma situação revolucionária porque esta é produto de uma dinâmica objetiva, resultado do acúmulo de fatores econômicos e políticos objetivos. O partido deve apenas limitar-se a diagnosticar corretamente sua aparição na história e, enquanto isso ocorre, deve dedicar sua energia para se organizar e fortalecer-se e aumentar sua influência entre as massas. Esta má interpretação tem graves consequências para o movimento revolucionário, pois faz com que o partido vá a reboque dos acontecimentos e o impede de atuar como um acelerador da crise nacional.

O *desvio de esquerda* defende que a ação da vanguarda é onipotente, que ela pode criar condições objetivas do nada; ou seja, que a revolução é resultado da vontade política daqueles que dirigem o processo revolucionário. A concepção leninista não cai nem em um extremo nem no outro. A vanguarda é assim porque impulsiona o movimento para frente.

"O marxismo", afirma o dirigente bolchevique, "difere de todas as outras teorias socialistas pela magnífica forma como combina uma completa serenidade científica na análise da situação objetiva e do curso objetivo da evolução com o mais decidido reconhecimento da importância da energia revolucionária, do gênio criativo revolucionário e da iniciativa revolucionária das massas, bem como, é claro, dos indivíduos, dos grupos, organizações e partidos que saibam encontrar e estabelecer contato com tais ou quais classes".[108]

As vanguardas revolucionárias não devem, portanto, ser meras espectadoras da história: podem e devem ser seus aceleradores. Embora a vanguarda não possa fazer uma revolução se nesse país não existirem certas condições revolucionárias, ela pode contribuir para desenvolvê-las, para completá-las.

A história tem mostrado que as ações da vanguarda não apenas influenciam a criação de condições subjetivas, mas também influenciam o amadurecimento das próprias condições objetivas.

O papel da vanguarda na criação da situação revolucionária

Concretamente em Cuba, embora a situação econômica fosse crítica como a de qualquer país dependente (desemprego crônico crescente; situação deplorável do campesinato sem-terra, arruinado ou vítima de despejo; deterioração do salário real; *deficit* da balança comercial; enormes prejuízos para o país, dada a redução da cota açucareira desses últimos anos), até finais de 1958 não se podia falar em crise econômica conjuntural. Ao contrário, em 1957, devido sobretudo à extraordinária subida do preço do açúcar no mercado mundial, foi um ano de prosperidade econômica. Esta situação alterou-se no final de 1958 quando, ao mesmo tempo que se assistia

---

[108] Lenin, V. I. *Contra el boicot* (26 jun. 1907), t. 13, p. 31.

REVOLUÇÃO E SITUAÇÃO REVOLUCIONÁRIA

a uma queda significativa do preço do açúcar,[109] com todas as consequências econômicas que isso tem para um país monoprodutor como Cuba, os sucessos militares do Exército Rebelde – que no final desse ano conseguiu estender a guerra desde a Sierra Maestra no leste até o centro do país – põem em perigo a safra de açúcar da qual depende 60% do valor das exportações cubanas,[110] o que de fato significou o advento de uma crise conjuntural. Assim, a burguesia açucareira tinha apenas duas opções para evitar a catástrofe: o afastamento de Batista ou a intervenção estadunidense. Por razões que não podemos desenvolver aqui, esta classe pendeu para a primeira, acelerando assim a queda do ditador".[111]

Os êxitos do Exército Rebelde também influenciaram inegavelmente no estado de espírito das massas. Em abril de 1958, fracassa a convocação para uma greve geral. A razão fundamental é uma correlação de forças ainda favorável ao regime estabelecido. A situação mudou depois da batalha de Jigüe, que terminou com um estrondoso triunfo do Exército Rebelde em 21 de julho de 1958, data em que se inicia sua contraofensiva completa e definitiva.

No final de dezembro a queda de Batista era iminente. Províncias inteiras estavam isoladas do resto do país, unidades inteiras do exército foram destruídas. O colapso do regime era evidente para todos. Nesse contexto, bem diferente do de abril, a greve geral – convocada por Fidel no dia 1º de janeiro, após a fuga do ditador, para repelir um golpe militar às costas do povo – foi um sucesso total.

---

[109] Ver mais dados sobre este período no livro de P. Boyko, *América Latina: expansión del imperialismo y crisis de la vía capitalista de desarrollo*, Moscú, Editorial Progreso, 1977, p. 175-179.

[110] *Anuário Estatístico de Cuba: 1958.* Censo de la Industria Azucarera de Cuba. Cuba Económica y financiera, Havana, 1958.

[111] Sobre o papel da burguesia na Revolução Cubana, ver o livro de Marcos Winocur: *Las clases olvidadas en la revolución cubana*, Barcelona: Editorial crítica, 1979.

As massas populares, que a olhos desinformados eram espectadores passivos da luta na Serra, tornaram-se os atores decisivos do triunfo revolucionário.

Um povo inteiro, enfurecido, atacou as forças repressivas da tirania, perseguiu e deteve delatores, torturadores, tornando-se assim um gigantesco exército.[112]

"Em questão de minutos, em questão de horas para ser mais exato", diz Fidel, "praticamente o exército rebelde dominou totalmente a revolução nas áreas de combate e o povo dominou a revolução nas áreas urbanas. E os trabalhadores apoiaram o movimento com uma greve geral absoluta".

"E o povo daquele momento não era o povo de sete anos atrás, o povo daquele momento não era mais o povo de 20 anos atrás. Já era um povo que havia adquirido uma consciência de luta, um povo cujo espírito de rebeldia se desenvolvera; um povo que havia se aglutinado em torno dos partidos tradicionais desacreditados, mas um povo que foi se reunindo em torno de um movimento revolucionário; um povo que foi se reunindo em torno de um pequeno núcleo de combatentes revolucionários, de um pequeno exército revolucionário; um povo que foi se formando, que suportou crimes, ultrajes, abusos, injustiças de todo tipo, e que levava tudo isso dentro de si; e um povo que ia se orientando, que ia se alertando, que ia se preparando para uma Revolução."

"Por isso, quando quiseram esconder o triunfo de 1º de janeiro, se depararam com a enorme surpresa de que aquele povo saiu às ruas; se depararam com a descomunal surpresa de que as colunas rebeldes cercaram e desarmaram as tropas e que de repente, na verdade, naquele dia histórico, uma verdadeira Revolução havia triunfado."[113]

---

[112] Ramiro Abreu, *El último año de aquella República,* La Habana, Ed. Ciencias Sociales, 1984, p. 265.

[113] Fidel Castro, "Discurso del 9 de abril de 1968", La Habana, *Granma,* 10 abr. 1968.

Sintetizamos agora, com as próprias palavras do máximo dirigente da revolução cubana, o que se afirmou até aqui sobre o *papel desempenhado pelo Movimento 26 de Julho na gestação das condições revolucionárias em Cuba*.

"Parecia-nos que as condições revolucionárias tinham que ser criadas, e tinham que ser criadas lutando. Tivemos o bom senso de perceber que era possível travar aquele tipo de luta, e, dentro das condições existentes, realizá-la com sucesso."

"Agora, então: por que nós defendíamos essa tática? Alguém pode conceber a conquista do poder revolucionário com um punhado de homens? [...] Toda a nossa estratégia revolucionária estava relacionada a uma concepção revolucionária, ou seja, sabíamos que somente com o apoio do povo, com a mobilização das massas, se poderia conquistar o poder. Não pensávamos em conquistar o poder com 10, 12 ou 100 homens. Nós planejávamos, com uma ação guerrilheira, ir criando condições, e ir desenvolvendo a luta revolucionária até o momento em que essa luta se tornasse uma luta de massas, e conquistar o poder, simplesmente, com o apoio das massas, como ao fim e ao cabo ocorreu. É inquestionável que a conquista do poder revolucionário se deveu fundamentalmente ao apoio das massas."

"Nós simplesmente planejamos como aproveitar as condições objetivas existentes em nosso país. Em primeiro lugar, o regime de exploração existente em nosso país, a situação dos camponeses [...] nunca nos teria ocorrido iniciar uma luta revolucionária em um país onde não houvesse latifundiários. Ou seja, uma luta revolucionária de guerrilha no campo em um país onde não havia latifundiários, em um país onde os camponeses fossem donos da terra, em um país onde existissem Cooperativas e Fazendas do Povo, onde existisse pleno emprego para toda a população. Isso não teria nos ocorrido."

"Nós nos lançamos àquela luta com base em uma série de suposições, suposições que eram reais. Ou seja: a suposição do regime social de exploração existente em nosso país e a convicção de que nosso país e a convicção de que nosso povo desejava uma mudança revolucionária. Que se não o desejava de maneira muito consciente, certamente desejava. Manifestava-o no seu descontentamento geral, no fato de que uma bandeira de rebeldia ter encontrado de imediato apoio em amplos setores do povo, no espírito rebelde do povo, no grau de maturidade da consciência política do nosso povo, apesar de todo o confusionismo, de toda a propaganda e todas as mentiras do imperialismo e da reação."

"Partimos dessa suposição. Essa suposição era real e, porque essa suposição era real, as esperanças, as possibilidades que havíamos imaginado foram realizadas. Isso ensina a primeira lição: que não pode haver revolução, em primeiro lugar, se não houver circunstâncias objetivas que em um dado momento histórico facilitem e tornem a revolução possível."

"Isso quer dizer que as revoluções não nascem da mente dos homens. Os homens podem interpretar uma lei da história, um certo momento do desenvolvimento histórico. Fazer uma interpretação correta é impulsionar o movimento revolucionário e, em Cuba, nosso papel foi o de impulsionadores desse movimento, a partir da apreciação de uma série de condições objetivas".[114]

"Um fósforo em um palheiro: assim foi o movimento guerrilheiro, dadas as condições que existiam em nosso país. Pouco a pouco a luta foi se tornando uma luta de todo o povo. Foi o povo, todo o povo, o único ator nessa luta, foram as massas que decidiram a disputa."

"Que fator mobilizou as massas? A luta guerrilheira tornou-se um fator de mobilização das massas, que aguçou a luta, a repressão, aguçou as contradições do regime [...]".[115]

---

[114] Fidel Castro. "Comparecimento de 1 de dezembro de 1961 perante a televisão para inaugurar o nono ciclo da Universidade Popular" em: *Obra Revolucionaria*, La Habana, 2 dez. 1961, n. 46, p. 15-17; também em: *La Revolución Cubana*, 1953-1962; México: Era, 2. ed. 1972, p. 388-391.

[115] *Op. cit.*, p. 21; também em: *La Revolución Cubana*, 1953-1962, ed. cit., p. 397-398.

REVOLUÇÃO E SITUAÇÃO REVOLUCIONÁRIA

Generalizando estas conclusões, podemos então dizer que a vanguarda revolucionária não se deve limitar a fazer um diagnóstico correto dos sintomas da situação revolucionária e a impulsionar as medidas que permitam o parto revolucionário, mas que pode também atuar sobre as suas próprias causas, aguçando as contradições já existentes e criando outras novas, de tal modo que o período de gestação do processo revolucionário se acelere e chegue a um final feliz.

El Salvador: um exemplo de situação revolucionária em que o movimento de massas está inibido ou bloqueado

A maioria dos analistas políticos avalia que nos meses de abril e maio de 1980 existia em El Salvador uma situação revolucionária. Naquela ocasião havia o maior ascenso do movimento de massas com a existência de sérias contradições no campo inimigo.

Vejamos como Joaquín Villalobos, comandante máximo do Exército Popular Revolucionário (ERP), caracteriza esse momento em uma entrevista que fizemos com ele no final de 1982.

"Se analisarmos um pouco, naquela época havia até setores da burguesia suscetíveis a estabelecer alianças conosco, e tinham peso político. No entanto, estes setores estavam, digamos, no projeto reformista e tinham algumas possibilidades de atuação. No exército, para dizer concretamente, Mena Sandoval, os militares que se incorporaram em 10 de janeiro e aqueles que acreditaram honestamente no golpe de 15 de outubro estavam em seu melhor momento dentro do exército; havia melhores possibilidades de conspirar dentro dos quartéis, havia uma situação dentro do exército de grandes expectativas em relação ao movimento revolucionário das massas, respeito e até desejo de participar. Eles haviam procurado estabelecer conversações com a Coordenação Revolucionária de Massas."

"Com o tempo, tudo isso vai sofrendo um enfraquecimento e a direita vai recompondo a situação dentro do exército e deslocando essas pessoas. Em contrapartida, as condições internacionais eram bastante favoráveis para nós, era menos difícil obrigar os EUA a buscar um acordo negociado com o movimento revolucionário. Posteriormente, isso foi exigindo mais esforços, embora eu acredite que os norte-americanos estejam a caminho de entender que precisam chegar a uma solução negociada. Mas naquele momento isso era mais possível."

"E, por outro lado, havia o movimento de massas. Estamos falando, sobretudo, de março-abril de 1980. O assassinato de monsenhor Romero exaspera as massas, todo o mundo espera um levante naquele momento [...]".[116]

Se a vanguarda naquele momento estivesse unida e tivesse uma estratégia comum e uma preparação militar adequada, teria sido possível aproveitar aquela conjuntura política para a tomada do poder.[117]

"O movimento revolucionário tinha naquele momento", continua Villalobos, "a capacidade de paralisar o país sem necessidade de recorrer à ação militar; bastava fazer uso da disciplina. Noventa por cento das organizações sindicais no âmbito da classe operária, dos trabalhadores, guiavam-se pelas instruções do movimento revolucionário. Havia uma direção revolucionária estruturada no âmbito das classes médias, no âmbito do movimento operário, no movimento dos professores e um poderoso movimento de massas no campo. A prova disso foram as greves que realizaram em março e junho, que tiveram uma força impressionante: o país estava totalmente paralisado".[118]

Mas então o inimigo começou a "impor o terror sistemático e massivo" que teve um efeito negativo sobre o movimento de massas.[119]

---

[116] Joaquín Villalobos, "De la insurrección a la guerra", em: Marta Harnecker, *Pueblos en armas*, México, Era, 1984, p. 176. Esta edição corrige uma série de erros contidos na realizada pela Universidade de Guerrero em 1983.

[117] *Op. cit.*, p. 175.

[118] *Op. cit.*, p. 176.

[119] *Op. cit.*, p. 177 (Isso explicaria, segundo Villalobos, que na greve nacional de agosto não se desse a resposta esperada). Frente Farabundo Martí de Liberación Nacional.

Desde então, acrescenta: "o movimento revolucionário das massas vai sendo submetido a um desgaste cada vez maior, sobretudo nas cidades. O inimigo começa a realizar, no campo, operações que são a base do que foram depois as grandes manobras de despovoamento das zonas de controle da Frente Farabundo Martí de Libertação Nacional (FMLN). Certamente sofremos desgaste. Em contrapartida, a nossa incapacidade para responder à conjuntura de março influenciou significativamente o fato de estarmos atrasados na tarefa da unidade por não termos uma unidade em torno de uma estratégia política, o fato de não termos passado dentro do movimento revolucionário dos níveis embrionários de unidade para uma unidade com conteúdo mais político e de linha. Isso causou a ausência de uma estratégia insurrecional e de uma estratégia político-militar mais acertada."

"Se a força militar ou o número de homens armados que a FMLN possuía e utilizou em 10 de janeiro (de 1981)[120] estivesse disponível em março, abril e maio de 1980, e [a frente] os utilizasse como o fizeram independentemente do problema tático, creio que teria havido uma insurreição. E possivelmente teria havido um colapso do inimigo. Agora, em 10 de janeiro, isso não era mais possível no nível de terror alcançado pelo aparato repressivo."

"As massas já exigiam da vanguarda um maior grau de presença e qualidade militar para poderem começar a se expressar numa luta com características mais definitivas".[121]

Desta descrição da situação salvadorenha, podemos deduzir que naqueles meses de 1980 existiu uma *situação revolucionária,* mas devido ao insuficiente desenvolvimento da vanguarda não foi possível aproveitar essas condições objetivas favoráveis para se lançar ao assalto ao poder.

---

[120] Data em que a FMLN realiza sua primeira grande ofensiva armada.
[121] *Op. cit.,* p. 177.

Nestas circunstâncias, os aparatos repressivos do Estado burguês entram em ação sob assessoria estadunidense, especialmente orientados a intimidar e decapitar o movimento popular, que, vendo-se impotente diante desta investida das forças reacionárias, vai se desativando gradativamente. Também contribui para isso o fato de que algumas das organizações revolucionárias salvadorenhas tenham retirado seus melhores quadros da cidade para fortalecer seus nascentes aparatos militares.

A repressão atinge notoriamente o movimento de massas, especialmente nas áreas urbanas, mas a vanguarda permanece intacta a ponto de, apenas alguns meses depois, em 10 de janeiro de 1981, lançar uma ofensiva militar geral em todo o país cujo objetivo principal era justamente poder dar novas forças ao movimento de massas para produzir uma insurreição geral contra o regime vigente.[122]

O objetivo almejado não é alcançado: as massas não se levantam. O "nível de terror alcançado pelo aparelho repressivo" fez com que, naquele momento, eles exigissem "da vanguarda um maior grau de presença e qualidade militar para poder se expressar em uma luta com características mais definitivas".[123]

"Fechada a alternativa", diz o chefe guerrilheiro, "somos obrigados a conseguir um maior desgaste e fragmentação do exército no campo meramente militar [...]. As condições obrigaram-nos a ter de começar a construir um exército".[124]

A vanguarda intacta, apesar do revés de janeiro, decidiu então retirar-se para o campo, de onde inicia uma guerra popular que, no momento de escrever estas páginas, havia conseguido se tornar uma ameaça tão séria para o exército salvadorenho que este, para não se ver definitivamente aniquilado, exige um apoio cada vez mais aberto do imperialismo no terreno militar.

---

[122] *Op. cit.*, p. 174.
[123] *Op. cit.*, p. 177.
[124] *Op. cit.*, p. 185.

Levando em conta todos esses elementos de julgamento, pode-se dizer que o revés de janeiro de 1981 se deveu ao fato de não haver mais uma situação revolucionária no país? Os anos 1981-1984, em que a guerra popular adquire cada vez mais importância, podem ser caracterizados como um período contrarrevolucionário, ou como uma época em que, embora as bases materiais mais profundas da revolução sejam mantidas, já não existe mais uma situação revolucionária?

Pensamos que é evidente que a resposta a estas perguntas deve ser negativa; no entanto, também é evidente que, embora uma situação revolucionária subsista em El Salvador desde os anos 1980, ela não coincide com aquela caracterizada por Lenin.

Como resolver este problema teórico? É neste caso que nos parece de grande utilidade o conceito de *situação revolucionária com inibição ou bloqueio do movimento de massas.*

Vendo em perigo a reprodução do seu sistema de dominação, as classes dominantes decidem recorrer ao terror militar. A vanguarda nesse momento ainda não está suficientemente madura para responder à ofensiva reacionária. A correlação de forças é definida naquele momento a favor do inimigo.

Desta forma, se consegue "bloquear" a situação revolucionária, mas a crise dos "de cima" continua, embora de forma menos aguda, a opressão e a miséria das massas se agravam dia a dia e, embora não haja ações de massas de dimensões significativas,[125] o estado de ânimo revolucionário está em estado latente. A melhor prova disso é o contínuo avanço das forças guerrilheiras, avanço que seria inimaginável sem o apoio do povo, e avanço que ocorre apesar do bloqueio ideológico exercido pelo regime, distorcendo a seu favor os resultados da guerra, impedindo que as massas urbanas acompanhem o desenrolar dos acontecimentos, desenvolvendo campanha de difamação contra os

---

[125] Embora nesses últimos meses o movimento de massas tivesse começado a se reativar.

combatentes etc. Daí a importância estratégica da Rádio Venceremos e das demais rádios clandestinas que foram surgindo.

A vanguarda salvadorenha avança no desbloqueio do fator militar terrorista. O diálogo iniciado com Duarte em outubro de 1984 significou um passo importante no desbloqueio ideológico.

Se o exército salvadorenho não recebesse o apoio ianque e se os revolucionários salvadorenhos tivessem as mesmas oportunidades que as forças reacionárias para fazer chegar ao povo suas propostas, não há dúvida de que os dias do regime estariam contados.

Bem diferente é o caso chileno. O triunfo da Unidade Popular desencadeou uma situação revolucionária, mas as forças que compunham essa coalizão política não foram capazes de tomar o poder, apenas conseguiram tomar o governo do qual foram expulsos pelo golpe militar fascista de setembro de 1973.

A intervenção militar terrorista é tão enérgica que não só desarticula o movimento de massas como consegue decapitá-lo completamente e atinge duramente os partidos da esquerda chilena, que devem iniciar um lento e árduo trabalho para reconstituir suas fileiras em meio à mais selvagem repressão. Ao mesmo tempo, desaparece a "crise dos de cima" causada pela vitória de Allende.

Nestas condições, embora a miséria e a opressão dos "de baixo" se agravem, não se pode falar da persistência de uma situação revolucionária no país. O golpe fascista inaugura um período contrarrevolucionário, embora se mantenham todas as condições de uma época revolucionária, o que permite prever um novo despertar revolucionário. E assim realmente acontece. Antes de completar uma década, o regime fascista começa a entrar em uma crise acelerada, determinada em grande parte pelos efeitos da crise econômica mundial sobre a economia chilena, hipersensível a ela devido ao novo modelo de acumulação capitalista dependente implementado pelo governo de Pinochet. Em 1983 começa um crescente despertar das massas, que por meio de jornadas de protesto e mobilizações de rua desafiam o governo. O isolamento da Junta é cada vez maior, mas como ainda conta com o apoio da imensa maioria do exército[126] e do governo Reagan, acreditamos que não se trata de uma crise profunda "dos de cima". O governo ainda se vê forte o suficiente para enfrentar o movimento de massas em ascensão, os aparatos repressivos continuam a agir com grande impunidade em relação às forças revolucionárias mais radicais. Porém, apesar da repressão, a cada dia a oposição ao regime se fortalece e aprofunda-se a crise econômica do país, cada vez mais insuportável para crescentes setores sociais. Por isso, acreditamos que se avança a passos largos em direção a uma crise nacional geral.

Qual saída para esta crise? A vanguarda estará à altura para dar-lhe uma solução revolucionária ou triunfará a solução reformista? Nesta data, outubro de 1984, é difícil saber.

Finalmente, ainda que se mantenham todas as condições ou bases materiais para a revolução social em um determinado país, a situação revolucionária pode deixar de existir se houver uma intervenção imperialista direta em apoio às forças contrarrevolucionárias. Neste caso, "os de cima", que estavam em crise, são salvos pela intervenção de um fator externo e, conforme a força adquirida pelo movimento revolucionário daquele país e sua vanguarda, pode ser derrotado em sua primeira campanha ou pode pegar em armas contra o invasor. No primeiro caso começa um período contrarrevolucionário, no segundo caso começa um período de *guerra de libertação nacional*.

---

[126] Embora no caso do exército pudesse haver descontentamento bloqueado pelo medo da extrema sofisticação dos aparelhos de contraespionagem, que detectariam imediatamente a menor deserção, outros fatos explicariam esse apoio: o notório bem-estar econômico de seus membros, que chegaram a constituir uma verdadeira casta privilegiada na sociedade chilena, e os processos contra os militares argentinos que foram amplamente utilizados no Chile para instilar o medo nas Forças Armadas sobre o futuro que os esperava se o atual regime fosse removido do poder.

CONDIÇÕES PARA O TRIUNFO DA REVOLUÇÃO

Condições do triunfo das revoluções russas de fevereiro e outubro de 1917

Nos tópicos anteriores estudamos as condições objetivas e subjetivas que tornam possível uma revolução, e nos detivemos de forma especial no desenvolvimento do conceito leninista de *situação revolucionária,* pois este costuma ser interpretado de forma incorreta. Passamos agora a examinar mais detalhadamente o conceito de *revolução madura,* ou seja, o momento propício para o assalto ao poder. Para isso, vamos nos concentrar primeiro na análise que Lenin faz sobre as condições que permitiram o triunfo da Revolução de Fevereiro de 1917 e, em seguida, a Revolução de Outubro do mesmo ano na Rússia.

Revolução de Fevereiro de 1917

A Revolução de Fevereiro de 1917 na Rússia é, como vimos, a primeira das revoluções proletárias engendradas pela guerra imperialista.

Mas por que, quando há uma situação revolucionária em quase toda a Europa, a revolução irrompe e triunfa em um de seus países mais atrasados? Como é possível que ocorra esse "milagre" da queda da velha monarquia tsarista em um período de apenas oito dias?

CONDIÇÕES PARA O TRIUNFO DA REVOLUÇÃO

Alguns dias após a vitória, Lenin nos dá uma resposta contundente.

Na Rússia houve uma *"excepcional conjunção de circunstâncias"* que permitiu *"unir os golpes das mais heterogêneas forças sociais* contra o tsarismo".[1]

Essas forças heterogêneas podem ser essencialmente reduzidas a duas: "toda a Rússia burguesa e latifundiária com todos os seus acólitos inconscientes e com todos os seus dirigentes conscientes, os embaixadores e capitalistas franceses e ingleses, de um lado, e, de outro, o *Soviete de Deputados Operários*, que começou a conquistar os deputados soldados e camponeses".[2]

Mas examinemos as excepcionais circunstâncias que tornam possível este *"golpe conjunto"*.[3]

Por um lado, é preciso lembrar que, uma vez esmagada a revolução de 1905-1907, persistem na Rússia as condições próprias de uma época revolucionária e todas as contradições derivadas dessa situação.

Por outro lado, a guerra imperialista é um fator-chave que acelera extraordinariamente a marcha da história universal e, ao mesmo tempo, agudiza as contradições próprias da época revolucionária. Gera uma profunda crise em todos os níveis: econômico, político, nacional e internacional, que por sua vez agudiza a luta de classes entre o proletariado e a burguesia.[4]

A crise irrompe na Rússia, onde "a desorganização é extremamente aterradora e o proletariado, extremamente revolucionário".[5]

---

[1] Lenin, V. I. *Las tareas del POSDR en la revolución Rusa* (16-17 mar. 1917), t. 24, p. 395 (O grifo é de M. H.).

[2] Lenin, V. I. *Cartas desde lejos*, 1ª carta (7 mar. 1917), t. 24, p. 338 [Ed. bras. cit., p. 116].

[3] *Ibid.*, p. 338 (O grifo é de M. H.) [Ed. bras. cit., p. 116].

[4] *Ibid.*, p. 337 [Ed. bras. cit., p. 116].

[5] *Op. cit.*, p. 339. [Ed. bras. cit., p. 119]

Estavam presentes naquele momento as duríssimas derrotas sofridas pelo tsarismo e seus aliados na guerra, o que abalou todo o seu aparato governamental e toda a velha ordem das coisas. Todas as classes sociais ficaram furiosas e a exasperação invadiu o exército. O regime se viu forçado a substituir os antigos comandos compostos por aristocratas reacionários e por burocratas corruptos por comandos mais jovens, de origem principalmente burguesa e pequeno-burguesa.[6]

Além disso, o proletariado era extremamente revolucionário devido, fundamentalmente, à experiência adquirida na revolução de 1905, em que desempenhou o papel protagonista, e também devido à correta condução política do Partido Bolchevique, que combateu firmemente as teses social-chauvinistas e educou o proletariado na necessidade de transformar a guerra imperialista em guerra civil revolucionária.

Examinemos agora o papel que Lenin atribui aos anos de revolução e de contrarrevolução que precederam o triunfo revolucionário de fevereiro de 1917.

"Sem os três anos de formidáveis batalhas de classes, sem a energia revolucionária demonstrada pelo proletariado russo em 1905-1907, teria sido impossível uma segunda revolução tão rápida, no sentido de que sua etapa inicial chegou ao auge em poucos dias. A primeira revolução (1905) revolveu profundamente o terreno, arrancou pela raiz preconceitos seculares, despertou milhões de operários e dezenas de milhões de camponeses para a vida política e para a luta política; revelou a cada classe e ao mundo inteiro o verdadeiro caráter de todas as classes (e todos os principais partidos) da sociedade russa, a verdadeira correlação de seus interesses, suas forças, seus modos de agir, seus objetivos imediatos e subsequentes. A primeira revolução e a época da contrarrevolução que a seguiu (1907-1914)

---

[6] *Ibid.*

CONDIÇÕES PARA O TRIUNFO DA REVOLUÇÃO

explicitaram a verdadeira natureza da monarquia tsarista, levaram-na ao seu 'limite extremo', descobriram toda a sua podridão, toda a ignomínia, todo o cinismo e toda a libertinagem do bando tsarista com o monstro Rasputin à frente; descobriram toda a ferocidade da família Romanov, estes pogromistas que inundaram a Rússia com o sangue de judeus, de operários, de revolucionários, estes latifundiários, 'os primeiros entre os iguais', donos de milhões de deciatinas de terra e dispostos a quaisquer atrocidades, a quaisquer crimes, dispostos a arruinar e a estrangular quantos cidadãos forem necessários para resguardar a sua sacrossanta propriedade e a de sua classe."

"Sem a revolução de 1905-1907, sem a contrarrevolução de 1907-1914, teria sido impossível uma 'autodefinição' tão precisa de todas as classes do povo russo e de todos os povos que vivem na Rússia, assim como a definição da atitude dessas classes – de umas com relação a outras e de cada uma delas com relação à monarquia tsarista – que se revelou durante os oito dias da revolução de fevereiro-março de 1917. Esta revolução de oito dias foi 'representada', se me permitem a metáfora, como se tivesse sido precedida por uns dez ensaios gerais e de marcação; os 'atores' se conheciam, sabiam seus papéis, seus postos, conheciam sua situação de ponta a ponta, em todos os detalhes, conheciam até os menores matizes das tendências políticas e das formas de ação".[7]

Mas a revolução de 1905 serviu de experiência não só para o proletariado, mas também para a burguesia. Esta organizou intensamente as suas forças entre 1905 e 1914, e particularmente entre 1914 e 1917, e se juntou aos latifundiários na luta comum contra o decadente regime tsarista. Esta burguesia estava interessada em continuar a guerra de rapina para saquear a Armênia, Constantinopla, Galiza etc. etc.[8]

---

[7] *Ibid.*, p. 336-337 [Ed. bras. cit., p. 114-115].
[8] Lenin, V. I. *Las tareas del POSDR en la revolución rusa, op. cit.*, p. 396.

Por sua vez, a burguesia russa recebeu o apoio dos novos comandantes do exército e do capital financeiro anglo-francês, fator que acelerou a crise ao organizar uma conspiração contra o tsar.[9]

"Todo o curso dos acontecimentos na revolução de fevereiro-março mostra claramente que as embaixadas inglesa e francesa, com seus agentes e suas "influências", que há muito tempo se esforçam desesperadamente para impedir os acordos em "separado" ou uma paz separada entre Nicolau II [...] e Guilherme II, organizaram diretamente um complô com os outubristas e os democratas-constitucionalistas, com parte do generalato e da oficialidade do exército, sobretudo da guarnição de Petrogrado, para depor Nicolau Romanov."[10]

E embora o movimento camponês ainda não tenha aparecido na cena política em fevereiro de 1917, seu potencial revolucionário está intacto[11] e, meses depois, será a principal força social que apoiará o proletariado em sua luta para suprimir todos os obstáculos feudais e avançar em direção ao socialismo, dando à revolução um impulso gigantesco.

"Se a revolução triunfou tão rapidamente e de uma maneira tão radical – aparentemente ou à primeira vista –, tal se deu apenas devido a uma situação histórica extremamente original: *fundiram-se*, com notável "unanimidade", *correntes absolutamente diferentes*, interesses de classe *absolutamente heterogêneos*, aspirações políticas e sociais *absolutamente opostas*. A saber: a conspiração dos imperialistas anglo-franceses que impeliram Miliukov, Guchkov e cia. a tomarem o poder *para continuar a guerra imperialista*, para continuá-la de forma mais encarniçada e tenaz, para *assassinar outros milhões*

---

[9] Lenin, V. I. *Cartas desde lejos* (1ª carta), *op. cit.,* p. 339 [Ed. bras. cit., p. 120].
[10] *Op. cit.* p. 339-340 [Ed. bras. cit., p. 120].
[11] Desde 1903, apesar das medidas pseudorreformistas adotadas pelo tsarismo, a contradição entre os latifundiários semifeudais e o campesinato foi se acentuando.

CONDIÇÕES PARA O TRIUNFO DA REVOLUÇÃO

de operários e camponeses da Rússia com o intuito de dar Constantinopla [...] aos Guchkov, a Síria [...] aos capitalistas franceses, a Mesopotâmia [...] aos capitalistas ingleses etc. Isso por um lado. E, por outro, um profundo movimento proletário e das massas do povo (todos os setores pobres da população da cidade e de campo), movimento de caráter revolucionário, por *pão, paz e a verdadeira liberdade*".[12]

Quando, em uma situação revolucionária, se consegue essa conjunção de forças sociais heterogêneas em torno de um interesse político comum: a derrubada do regime estabelecido; quando ocorre essa *unidade de ruptura*,[13] pode-se dizer que a *revolução está madura*, que a crise *política nacional amadureceu*,[14] que chegou o momento adequado para a tomada do poder.

Parece-nos importante especificar que esta "unidade de ruptura" é alcançada de forma diferente dependendo das peculiaridades específicas de cada revolução.

Em fevereiro de 1917 na Rússia, por exemplo, tanto a burguesia quanto o proletariado russos atacaram o tsarismo juntos, mas isso ocorre espontaneamente; não é a vanguarda que orienta essa ação conjunta, mas essa é o produto espontâneo da situação objetiva que o país vive. O mesmo não acontece em outubro, a "unidade de ruptura" – agora entre outras forças sociais – é alcançada por meio do paciente trabalho de propaganda do Partido Bolchevique e um aprendizado das massas por meio de sua própria experiência. As suas ilusões face ao governo burguês provisório surgido da Revolução de Fevereiro vão se desfazendo com o passar dos meses: nem a paz,

---

[12] *Op. cit.*, p. 340 [Ed. bras. cit., p. 121].

[13] É Louis Althusser quem usa esse termo em sua excelente análise das razões do triunfo revolucionário na Rússia em uma de suas primeiras obras, "Contradição e sobredeterminação" (Paris: La Pensée, dezembro de 1962). *In: La revolución teórica de Marx*, México: Siglo XXI, 1974. p. 79-80.

[14] Lenin, V. I. *La crisis ha madurado* (29 set. 1917), t. 27, p. 186-196.

nem a terra, nem o pão foram conseguidos; ao contrário, muito cedo se torna evidente perante o povo os desejos belicistas e o verbalismo revolucionário deste governo.

Em contrapartida, o caminho para chegar a esta unidade de ruptura é diferente se a estratégia for de tipo insurrecional, como foi na Rússia, ou se for uma guerra popular relativamente prolongada em que a insurreição é apenas o seu momento culminante.

A Revolução de Outubro de 1917

Será em 1917, alguns meses após o inesperado triunfo da Revolução de Fevereiro na Rússia, que Lenin será forçado pelas circunstâncias históricas a examinar em detalhe as condições necessárias para poder lançar as massas, lideradas por sua vanguarda, em um assalto ao poder.

Sua sábia condução, que evitou golpes precipitados que só teriam conquistado vitórias efêmeras, permitiu o triunfo definitivo da primeira revolução proletária mundial.

Não nos deteremos aqui nos textos daqueles meses – que já foram analisados em detalhe em outra parte deste trabalho[15] – porque acreditamos que é preferível ver como Lenin analisa de forma retrospectiva o triunfo revolucionário russo. A nosso entender, é em dezembro de 1919, em seu artigo "As eleições e a Assembleia Constituinte e a ditadura do proletariado", que encontramos a mais brilhante e sistemática exposição sobre o tema.[16]

Nesse trabalho, ele analisa os resultados daquele evento eleitoral ocorrido em meados de novembro, poucos dias após o triunfo, e que foi realizado com listas elaboradas durante o governo anterior. As eleições, como o próprio Lenin temia, deram uma grande

---

[15] Ver no capítulo 5 deste livro "De fevereiro a outubro: não se pode avançar sem marchar ao socialismo", p. 217-222.

[16] Lenin, V. I. *As eleições e a Assembleia Constituinte e a ditadura do proletariado* t. 32, p. 245-252.

maioria aos "partidos da democracia pequeno-burguesa (socialistas-revolucionários,[17] mencheviques etc.)", que obtiveram 62% dos votos; os bolcheviques obtiveram apenas um quarto destes e os 13% restantes, os "partidos dos latifundiários e da burguesia".[18]

Diante deste fato paradoxal,[19] Lenin se pergunta: "Como poderiam os bolcheviques, que haviam obtido um quarto dos votos, conseguir uma vitória sobre os democratas pequeno-burgueses que formaram uma aliança (coalizão) com a burguesia, e que junto com a burguesia obtiveram três quartos dos votos?"[20]

Sua resposta é a seguinte:

"Os bolcheviques triunfaram, antes de tudo, porque foram apoiados pela ampla maioria do proletariado, que incluía o setor com maior consciência de classe, mais decidido e revolucionário, a verdadeira vanguarda dessa classe avançada".[21]

Em outro texto, ele esclarecerá que para a revolução triunfar é necessário que, se não exatamente a maioria dessa classe, pelo menos "a maioria dos trabalhadores conscientes, reflexivos, politicamente ativos" entendam "profundamente a necessidade da revolução e estejam dispostos a sacrificar a vida por ela",[22] e mais adiante acrescentará: é necessário que "nas massas proletárias comece a aparecer e a expandir-se com poderoso impulso o afã de apoiar as ações

---

[17] Partido pequeno-burguês que surgiu na Rússia nos fins de 1901 e princípios de 1902, em resultado da fusão de vários grupos e círculos populistas. Os socialistas-revolucionários não viam as diferenças de classe entre o proletariado e o campesinato, obscureciam a diferenciação de classe e as contradições dentro do campesinato, rejeitavam o papel dirigente do proletariado na Revolução. (N. E.)

[18] *Ibid.*, p. 243.

[19] A não correspondência entre a força eleitoral e a força real para fazer uma revolução vitoriosa tem ampla explicação nesse texto.

[20] Lenin, V. I. *As eleições e a Assembleia Constituinte e a ditadura do proletariado* t. 32, p. 245.

[21] *Ibid.*, p. 246.

[22] Lenin, V. I. *El izquierdismo, enfermedad infantil del comunismo* (maio 1920, t. 33, p. 191) [Ed. bras. cit., p. 131].

revolucionárias mais resolutas, mais valentes e abnegadas contra a burguesia."[23]

Lenin, o máximo condutor político de um país onde o campesinato é imensamente majoritário, também aponta algo que é muito importante levar em conta no caso dos países subdesenvolvidos: que a importância política "do proletariado é infinitamente superior à sua importância numérica".[24]

A segunda condição que permitiu a vitória bolchevique foi ter *conseguido o apoio de quase metade do exército*. Este apoio não surge espontaneamente, mas deve-se ao longo trabalho do partido no seio das Forças Armadas[25] e, principalmente, às condições favoráveis que existem no seio do exército em um país em guerra, onde devem mobilizar grandes contingentes, o que implica, de fato, armar o povo.

"Durante a guerra imperialista, a flor das forças populares se reuniu para formar o exército" e os bolcheviques foram preparando, a partir de agosto de 1914, o emprego dessas Forças Armadas contra o governo de seu país, "por meio de toda a sua propaganda,[26] agitação e trabalho clandestino de organização".[27] Mas os bolcheviques não contaram apenas com o apoio amplamente majoritário "nas frentes *mais próximas às capitais*".[28]

A terceira condição do triunfo de outubro é justamente ter contado com *"uma esmagadora superioridade de forças no momento decisivo e nos lugares decisivos*, ou seja, nas capitais e nas frentes de guerra próximas ao centro".[29]

---

[23] *Op. cit.,* p. 202 [Ed. bras. cit., p. 142].

[24] *Op. cit.,* p. 196 [Ed. bras. cit., p. 137].

[25] Esta é a prova concreta de como o partido intervém na gestação de uma situação revolucionária.

[26] Não atire contra seus irmãos de outros países, mas direcione as armas contra seus próprios governos.

[27] Lenin, V. I. *Las elecciones a la Asamblea Constituyente..., op. cit.,* p. 249-250.

[28] *Ibid.,* p. 251.

[29] *Ibid.,* p. 251 (O grifo é de M. H.).

CONDIÇÕES PARA O TRIUNFO DA REVOLUÇÃO

Segundo Lenin, as "capitais ou, em geral, os centros comerciais e industriais mais importantes ([...] na Rússia, ambos coincidem, mas não coincidem em todos os lugares) decidem em grau considerável o destino político de uma nação, desde que, é claro, os centros contem com o apoio de forças suficientes nas localidades e no campo, ainda que esse apoio não seja imediato".[30]

Os bolcheviques tinham, nas capitais, "centros da máquina capitalista de Estado (tanto no aspecto econômico como no político)",[31] com uma esmagadora superioridade de forças devida não só ao apoio majoritário que detinham nestes centros nevrálgicos do país, mas também, por um lado, à "sólida preparação política", "aglutinação, concentração, experimentação e têmpera dos 'exércitos' bolcheviques" e, por outro lado, "à desorganização, esgotamento, divisão e desmoralização dos 'exércitos' do 'inimigo'".[32]

Um fator muito importante na criação dessa correlação de forças favorável à revolução foi justamente o partido bolchevique, um pequeno partido que, tendo expurgado os desvios de direita e esquerda, soube conquistar as massas lançando as palavras de ordem que aquela conjuntura política exigia.

"Triunfamos na Rússia, e também com tanta facilidade", diz Lenin, *"porque preparamos nossa revolução durante a guerra imperialista. Esta foi a primeira condição. Dez milhões de operários e camponeses na Rússia estavam armados*, e nossa bandeira era 'paz imediata a todo custo'. Triunfamos," acrescenta, "porque as grandes massas camponesas estavam revolucionariamente predispostas contra os grandes latifundiários. Os socialistas revolucionários [...] eram, em novembro de 1917, um grande partido camponês. Eles exigiam métodos revolucionários, mas [...] não tiveram a coragem suficiente para agir de forma revolucionária. Em agosto e setembro de 1917, dissemos:

---

[30] *Ibid.*, p. 248.
[31] *Ibid.*, p. 249.
[32] *Ibid.*, p. 248.

'Teoricamente estamos lutando contra os socialistas-revolucionários, mas na prática estamos dispostos a aceitar seu programa, porque só nós podemos aplicá-lo'. E como o dissemos, o fizemos. Ao campesinato que, em novembro de 1917, depois de nossa vitória, estava contra nós e enviou uma maioria de socialistas-revolucionários à Assembleia Constituinte, os ganhamos se não em poucos dias – como erroneamente esperei e previ –, em todo caso em umas poucas semanas. A diferença não foi grande".[33]

Outro fator importante do triunfo considerado dentro do que Lenin denomina "exércitos inimigos" foi "possibilidade de tirar proveito, durante certo tempo, da luta mortal em que estavam empenhados os dois grupos mais poderosos de tubarões imperialistas do mundo, grupos que não podiam unir-se contra o inimigo soviético".[34]

Em suma, a Revolução Russa de outubro foi vitoriosa fundamentalmente porque existiam no país as seguintes condições: "1) uma esmagadora maioria entre o proletariado; 2) quase metade das Forças Armadas; 3) uma esmagadora superioridade de forças no momento decisivo e nos lugares decisivos, ou seja: nas capitais e nas frentes de guerra próximas ao centro".[35]

Mas Lenin, imediatamente depois de fazer essa afirmação, esclarece que essas condições "só teriam assegurado uma vitória breve e precária se os bolcheviques não tivessem sido capazes de conquistar a maioria das massas trabalhadoras *não* proletárias, arrancando-as dos socialistas-revolucionários e demais partidos pequeno-burgueses."[36]

---

[33] Lenin, V. I. *III Congreso de la Internacional comunista*, (22 jun.-12 jul. 1921), t. 35, p. 376-377.
[34] Lenin, V. I. *El Izquierdismo, enfermedad infantil... op. cit.*, p. 169 [Ed. bras. cit., p. 102].
[35] Lenin, V. I. *Las elecciones a la asamblea..., op. cit.*, p. 251.
[36] *Ibid.*, p. 252.

Poderíamos assim acrescentar uma quarta condição para um triunfo revolucionário duradouro: *obter o apoio da maioria do povo trabalhador*. Condição esta que não precisa necessariamente ser conseguida antes da tomada do poder, mas deve ser o objetivo mais urgente a ser alcançado pelo novo poder revolucionário.

Lenin insiste que se o proletariado conseguir conquistar o poder do Estado, a partir daí sua tarefa de atrair para si a maioria do povo fica muito facilitada, pois este Estado adotará imediatamente uma série de medidas, entre elas as de estabelecer a paz e expropriar a terra dos latifundiários, que respondem aos interesses mais sinceros das massas populares. É esta necessidade premente de conquistar o apoio da maioria do povo para conseguir se manter no poder que faz com que os bolcheviques decidam endossar o programa agrário dos socialistas-revolucionários, com o qual a maioria do campesinato se identifica.

Em seu trabalho sobre as eleições para a Assembleia Constituinte, Lenin se dedica longamente a explicar as razões pelas quais é extraordinariamente difícil obter o apoio da maioria do povo antes da tomada do poder. O substancial da explicação reside no controle que as classes dominantes exercem sobre os aparelhos ideológicos do Estado, por meio dos quais durante séculos incutem uma concepção ideológica que permite submeter o povo ao regime vigente de forma "voluntária", uma concepção que não pode ser rompida de um dia para o outro pelo mero proselitismo da vanguarda política proletária, mas, sim, ruirá com a prática revolucionária consequente do novo poder.

Condições para o assalto ao poder ou revolução madura

Em seu texto *Esquerdismo: doença infantil do comunismo* – escrito dois anos e meio depois do triunfo de outubro –, Lenin aponta a correlação de forças necessária para lançar-se com êxito ao assalto ao poder.

Para nos lançarmos ao "último e *decisivo combate*",[37] afirma, "é preciso se perguntar não só se convencemos a vanguarda da classe revolucionária, como também se estão em movimento as forças historicamente ativas de todas as classes de determinada sociedade, obrigatoriamente de todas, sem exceção, de modo que a batalha decisiva esteja completamente amadurecida, de maneira que: 1) todas as forças de classe que nos são adversas estejam suficientemente perdidas na confusão, suficientemente lutando entre si, suficientemente debilitadas por uma luta superior a suas forças; 2) que todos os elementos vacilantes, volúveis, inconsistentes, intermediários, isto é, a pequena burguesia, a democracia pequeno-burguesa, que se diferencia da burguesia, estejam suficientemente desmascarados diante do povo, estejam suficientemente cobertos de opróbrio por sua falência prática; 3) que nas massas proletárias comece a aparecer e a expandir-se com poderoso impulso o afã de apoiar as ações revolucionárias mais resolutas, mais valentes e abnegadas contra a burguesia. É então que a revolução está madura, que nossa vitória está assegurada, caso tenhamos sabido levar em conta todas as condições levemente esboçadas antes e tenhamos escolhido acertadamente o momento".[38]

Lenin não aponta aqui algo que teria destacado no sexto parágrafo de seu artigo "La crisis ha madurado" de 29 de setembro de

---

[37] Lenin, V. I. *El izquierdismo, enfermedad infantil del comunismo* (27 abr. 1920), t. 33, p. 201 [Ed. bras. cit., p. 142].

[38] *Ibid.*, p. 101-102. [Ed. bras. cit., p. 142-143] (O sublinhado é de M. H.). Dias antes da vitória de 17 de outubro, ele havia levantado algo muito semelhante: "Se o partido revolucionário não tiver a maioria nos contingentes avançados das classes revolucionárias e no país, não pode sequer pensar em insurreição. Além disso, para isso é necessário: 1) a marcha ascendente da revolução em escala nacional; 2) a total falência moral e política do antigo governo, por exemplo, o governo de coalizão; 3) grandes vacilações nos grupos intermediários, ou seja, aqueles que não apoiam totalmente o governo, embora até ontem o apoiassem integralmente". Lenin, V. I. *Podrán los bolcheviques retener el poder?* (1 out. 1917), t. 27, p. 243.

CONDIÇÕES PARA O TRIUNFO DA REVOLUÇÃO

1917,[39] que não se destinava à imprensa, ao contrário do resto do artigo, mas à sua distribuição entre os membros do Comitê Central do Partido Bolchevique e os dirigentes dos sovietes: *o fator de preparação técnica* para lançar o assalto ao poder.[40]

Nesse momento, o dirigente bolchevique considera que "tecnicamente" eles estavam "em condições de tomar o poder em Moscou", onde a insurreição poderia ser iniciada "para pegar o inimigo desprevenido"[41] e que em Petersburgo havia *milhares* de trabalhadores armados e soldados que poderiam "apoderar-se *instantaneamente* do Palácio de Inverno, o Estado-Maior Central, a Central Telefônica e de todas as grandes imprensas".

Ele considerou que se eles se lançassem ao ataque naquele exato momento, "de repente, de três pontos: Petersburgo, Moscou e a Frota do Báltico", havia 99% de probabilidade de triunfar.[42]

Resumindo o que foi dito até aqui, podemos afirmar que dentro da revolução há um momento em que todas as condições objetivas e subjetivas estão reunidas para derrubar o regime estabelecido: a crise nacional amadureceu[43] e, ao mesmo tempo, a vanguarda revolucionária atingiu tal grau de coesão, liderança e capacidade de combate que é capaz de arrastar atrás de si os elementos mais ativos das massas populares em ações de magnitude suficiente para conseguir a derrubada do regime vigente.

---

[39] Lenin, V. I. *La crisis ha madurado*, t. 27, p. 186-196.

[40] *Ibid.*, p. 195.

[41] Este tema será desenvolvido mais amplamente no ponto sobre insurreição armada do livro *Instrumentos leninistas de dirección política* (em preparação). [Trata-se do livro *Estratégia e tática*, publicado originalmente em 1986. Há edição brasileira: Harnecker, M. *Estratégia e tática*. São Paulo: Expressão Popular, 2012 (N. E.)]

[42] Lenin, V. I. *La crisis ha madurado*, t. 27, p. 195-196.

[43] *Ibid.*, p. 191. O sintoma mais importante para considerar que "uma crise nacional amadureceu", afirma Lenin, é que em um país camponês ocorreu uma insurreição camponesa, o que significa que a Revolução de Fevereiro está sofrendo um fracasso nacional (*ibid.*).

Não se deve confundir, portanto, as condições para a eclosão de uma revolução com as condições para o seu triunfo.

Determinar – então – em que ponto a revolução está "madura" é determinar quando estão reunidas todas as condições que tornam possível o triunfo da revolução, ou seja, quando ocorre o momento propício para o assalto ao poder.

Trata-se de um momento muito preciso, que pode mudar em dias e até em horas, e por isso a vanguarda deve ser capaz de diagnosticá-lo corretamente para se lançar ao golpe decisivo no momento mais oportuno.[44]

Parece-nos importante assinalar que as conclusões a que chegou Lenin nas análises anteriormente expostas se baseiam nos ensinamentos obtidos tanto das experiências revolucionárias de seu próprio país como das mais significativas em países europeus e que, nesse sentido, as condições do assalto ao poder que ele descreve são as condições da insurreição, da sublevação popular que, em curtíssimo espaço de tempo, consegue derrubar o governo instituído, como apogeu do processo definido como uma situação revolucionária.

Por isso, as novas experiências históricas (triunfo da revolução na China, Vietnã, Cuba, Nicarágua etc.), que tiveram diferentes modalidades de desenvolvimento devido às características peculiares de cada um desses países, não só introduzem novos elementos e nuances na concepção leninista da situação revolucionária, especialmente no que se refere aos caminhos para alcançá-la, como já apontamos, mas também em relação às condições para o triunfo da revolução.

Antes de indicar algumas das modificações sofridas pelas postulações de Lenin nas novas condições da América Latina, acreditamos ser útil generalizar, com base na experiência de outubro de

---

[44] "Esperar pelo Congresso dos Sovietes", diz Lenin em 29 de setembro de 1917, "seria uma perfeita estupidez, pois significaria desperdiçar semanas em um momento em que semanas, e até dias, decidem tudo" (*op. cit.*, p. 195).

CONDIÇÕES PARA O TRIUNFO DA REVOLUÇÃO

1917 – na qual a direção correta da vanguarda desempenhou um papel decisivo –[45] as condições mínimas indicadas por Lenin para se lançar com êxito ao assalto ao poder em uma estratégia de tipo insurrecional.

Primeiro: a existência de uma *marcha* ascendente da revolução. Já dissemos antes que o movimento revolucionário ocorre em ondas, e que, mesmo dentro do período revolucionário, há momentos de calmaria, que são apenas momentos para as massas tomarem fôlego para recuperar suas forças e se lançarem ainda mais decisivamente no combate definitivo. Para lançar com sucesso o assalto ao poder, devemos esperar por um novo ascenso do movimento revolucionário.

Segundo: *um colapso moral e político do governo*. Perda de sua autoridade. Maquinações entre seus próprios membros na busca desesperada de soluções políticas. Revoltas dentro das Forças Armadas de tal magnitude que impedem que a insurreição das massas seja esmagada pelo aparelho repressivo do antigo regime.

Terceiro: vacilações significativas nos grupos intermediários, ou seja, entre aquelas classes e setores sociais que, no início, quando estoura a revolução, ainda apoiam o regime vigente, mas que depois, à medida que a correlação de forças muda em favor das forças revolucionárias, tendem a se distanciar dele mais por um instinto de autopreservação do que por simpatia pelas forças revolucionárias.

Quarto: atitude de apoio às ações revolucionárias mais decididas por parte do proletariado, uma classe que vê com simpatia e que está disposta a colaborar de mil maneiras na insurreição geral.

---

[45] Já explicamos que na Revolução de Fevereiro as coisas ocorreram de outro modo.

Quinto: situação internacional e interna que impede o apoio externo ao regime em bancarrota, ou seja, que evite que a revolução proletária possa ser esmagada pelas forças do capital internacional.

Sexto: a existência de uma vanguarda coesa e de grande prestígio entre as massas, que conte com o apoio da maioria ativa do proletariado e que esteja em condições técnicas de tomar o poder.

Sétimo: que esta vanguarda seja capaz de conquistar também o apoio do restante das classes e setores sociais oprimidos, adotando como próprias suas principais bandeiras de luta. Esta não é uma condição necessária para chegar ao poder pela insurreição, mas é para que o triunfo da revolução seja um triunfo duradouro.

Condições para o triunfo da revolução e a América Latina

Uma das condições básicas para se lançar ao assalto ao poder com uma estratégia insurrecional como a exposta pelo dirigente bolchevique é contar com o apoio de uma parte considerável do exército.

Não se trata de lutar contra as tropas inimigas; trata-se da luta "de uma parte do exército contra outra".[46]

É importante levar em consideração o contexto histórico em que Lenin levantava a possibilidade e a necessidade de uma divisão dentro do exército.

Naquela época havia uma situação de guerra. O recrutamento maciço e recente de importantes setores populares, camponeses e operários determinava que essa instituição do Estado burguês fosse mais permeável à propaganda revolucionária: (direcionar as armas, não contra seus irmãos de classe, mas contra o governo de seu próprio país), e isso especialmente se ele não teve sorte na guerra. Como exemplo temos a Comuna de Paris. Diante do avanço prussiano

---

[46] Lenin, V. I. *Reunião do Comitê Central do POSDR* (b) (16 out. 1917), t. 27, p. 306.

CONDIÇÕES PARA O TRIUNFO DA REVOLUÇÃO

sobre a capital, só era possível defender Paris armando "sua classe trabalhadora, organizando-a como força efetiva e treinando seus homens na própria guerra. Mas Paris em armas era a revolução em armas."[47]

Outro exemplo é a eclosão da insurreição na Rússia desencadeada, em grande medida, pela derrota do exército tsarista em Port Arthur.[48] Por último, a situação revolucionária criada pela Primeira Guerra Mundial Imperialista e o trabalho de propaganda dentro do exército russo realizado pelo Partido Bolchevique foram fatores importantes para o triunfo da insurreição de fevereiro de 1917 na Rússia, e depois a de outubro do mesmo ano.

Em outras condições políticas como as atuais na América Latina, onde não há guerra declarada, os exércitos são profissionais, seu recrutamento é, portanto, seletivo, e seus elementos recebem uma formação ideológica sistemática como uma corporação a serviço do regime vigente, somado à crescente sofisticação dos aparatos de contraespionagem.[49] Nessas circunstâncias, as possibilidades de uma ruptura dentro das Forças Armadas são muito escassas.

Na Nicarágua, por exemplo, a Frente Sandinista de Libertação Nacional teve que lutar contra a Guarda Nacional em seu conjunto até o final da guerra, e apenas a fuga de Somoza em 17 de julho, devido à iminência do triunfo militar revolucionário, causou sua debandada.

---

[47] Marx, K. "La guerra civil en Francia" (abr.-maio 1871), *Obras escogidas*, t. 2, p. 214. [Ed. bras. cit., p. 379]

[48] Ver, neste livro, as p. .60-61.

[49] Lembremos como no Chile todas as cartas para derrotar a contrarrevolução foram jogadas em torno da divisão do exército. E o que aconteceu? Um golpe dentro das próprias Forças Armadas antes do golpe de 11 de setembro, que conseguiu eliminar todos os oficiais que poderiam ter liderado levantes dentro delas. Em contrapartida, a perfeição desses aparelhos de contraespionagem torna extraordinariamente difícil o trabalho de recrutamento de quadros revolucionários entre os militares.

Vinte anos antes, em Cuba, os triunfos militares do Exército Rebelde no final de 1958 foram a principal causa da divisão do exército de Batista, que até então não havia sofrido cisões importantes. No final desse ano contava com aproximadamente 70 mil homens, dos quais 17 mil estavam cercados no Oriente e 5 mil na cidade de Santiago de Cuba. As Forças do Exército Rebelde somavam cerca de 3 mil homens e entre 20 de novembro e 26 de dezembro se conseguiu armar cerca de 2.500.[50] Mas os êxitos do Exército Rebelde e o apoio cada vez mais maciço da população ao movimento revolucionário fizeram com que as forças militares de Batista lutassem praticamente desmoralizadas.

Os oficiais do exército de Batista seguiam basicamente uma linha de identificação com o ditador. "No entanto, esses vínculos foram se tornando mais frágeis à medida que o poder do regime se deteriorava. Como exemplo, vejamos alguns casos que mostram como estavam os ânimos das Forças Armadas governamentais."

"Em outubro de 1958, homens da guarnição de Charco Redondo, entre os quais dois primeiros tenentes, passaram para o Exército Rebelde."

"O 17º Batalhão de Infantaria, que estava em operações na área de Bayamo e, posteriormente, alocado em Santiago de Cuba, recusou-se em 20 de dezembro a participar das operações. Em dezembro, a fragata Máximo Gómez, com uma tripulação de 120 homens, informou, a La Sierra, de seu interesse em aderir à insurreição. Nesse período, os soldados não saíram em busca dos insurgentes, em muitos casos aguardaram a chegada dos rebeldes para se renderem com 'honrosa prontidão'. No último trimestre do ano, os casos de deserção, rendição e adesão aos rebeldes foram cada vez mais frequentes. Entre novembro e dezembro – até onde sabemos – foram

---

[50] Dados fornecidos por Ramiro Abreu em seu livro *En el último año de aquella República, cit.*, p. 224.

CONDIÇÕES PARA O TRIUNFO DA REVOLUÇÃO

organizadas cinco conspirações. É por isso que estas conspirações devem ser vistas, sobretudo, como a expressão da total desmoralização que o Exército viveu nesta fase final da guerra".[51]

Outro fator que variou enormemente desde a época de Lenin até hoje é o dos meios de comunicação de massa.

Nas primeiras décadas do século XX, não havia rádio nem televisão, e o grau de analfabetismo da população russa era tal que a imprensa escrita atingia apenas a camada mais avançada dos trabalhadores.

Hoje a situação é completamente diferente. Embora em alguns países latino-americanos ainda haja uma taxa de analfabetismo bastante alta, as transmissões de rádio estão agora ao alcance dos mais humildes, conseguiram superar uma barreira entre a ideologia burguesa e o povo.[52] E a televisão deslocou o restante dos meios de informação naqueles setores que têm a possibilidade de acessá-la.

As classes dominantes que controlam de forma imensamente majoritária a comunicação escrita e radiofônica e têm o controle quase absoluto da televisão podem conseguir por estes meios bloquear significativamente o desenvolvimento da revolução, tanto nos períodos iniciais, quando se abre uma época de revolução social, como nos períodos de ascensão revolucionária do movimento de massas.

"Uma velha ordem social não se mantém apenas pela força das armas, pelo poder do Estado e pela onipotência econômica de suas classes privilegiadas", afirma Fidel Castro, "mas também em altíssimo grau pelas ideias reacionárias e preconceitos políticos que são inculcados nas massas".[53]

---

[51] *Ibid.*, p. 238-239.

[52] Sabemos que naquele tempo a ideologia dominante se impunha por meio de outros aparelhos ideológicos da lista e que entre eles a igreja ocupava o papel principal.

[53] Fidel Castro, "Informe al Primer Congreso del PCC" (17 dez. 1975) en *La Unión nos dio la victoria*, La Habana: DOR, 1976, p. 53.

Se a vanguarda não for capaz de superar esse bloqueio ideológico, que no caso dos regimes ditatoriais é quase ilimitado, para se comunicar com as amplas massas populares, dificilmente conseguirá conduzir o processo rumo a uma revolução vitoriosa.

É importante ter presente que a maior ascensão do movimento revolucionário de massas em El Salvador ocorreu justamente após o "golpe de outubro" de 1979,[54] que iniciou um período de abertura democrática. Ele foi excelentemente aproveitado por todos os partidos revolucionários salvadorenhos para se comunicar com as massas; seja pela simples informação prestada pelos órgãos de imprensa sobre suas ações, seja pela propaganda paga a esses mesmos órgãos. Parte do dinheiro vindo das recuperações econômicas feitas por alguns dos movimentos revolucionários foi destinada a esse fim.

Em contrapartida, a existência de uma rádio clandestina nas mãos da vanguarda revolucionária foi um fator decisivo para o triunfo tanto da Revolução Cubana quanto da Revolução Nicaraguense.

Outro fator que desempenha um papel importante entre as condições para o triunfo da revolução na América Latina é a possibilidade de enfrentar uma intervenção direta do imperialismo em apoio às forças contrarrevolucionárias.

Por último, como já havíamos assinalado há vários anos,[55] os critérios para determinar quando é possível o triunfo da revolução pela insurreição não são os mesmos utilizados para determinar quando é possível o início da luta armada no sentido de uma guerra popular, pois um de seus objetivos é, justamente, contribuir para o amadurecimento das condições objetivas e subjetivas que permitam se lançar, com êxito, ao assalto ao poder.

---

[54] Golpe militar liderado pelo progressista General Majano, que estabeleceu um governo de coalizão com alguns setores da esquerda.

[55] Marta Harnecker: *Los conceptos elementales del materialismo histórico*, México, 1984 (49ª ed.), p. 213.

CONDIÇÕES PARA O TRIUNFO DA REVOLUÇÃO

Incorreram neste erro aqueles que julgaram prematuras as tentativas de luta armada em vários países da América Latina, insistindo em que neles não existia uma situação revolucionária (no sentido leninista do termo) que justifique o levante armado.

Pela importância que este tema tem para a revolução latino-americana, o importante e complexo problema das condições necessárias para o êxito do início da luta armada em determinado país requer um desenvolvimento que escapa aos objetivos deste livro.[56]

Fatores que permitiram o triunfo da Revolução Nicaraguense[57]

"Sem a unidade monolítica do sandinismo; sem uma estratégia insurrecional apoiada pelas massas; sem uma coordenação adequada entre as frentes guerrilheiras e as frentes militares nas cidades; sem comunicação sem fio eficaz para coordenar todas as frentes; sem rádio para orientar o movimento de massas; sem recursos técnico-militares contundentes; sem uma retaguarda sólida para introduzir esses recursos, preparar os homens, treiná-los; sem atividade anterior de triunfos e retrocessos, como ocorreu a partir de outubro de 1977 na Nicarágua, onde as massas foram submetidas à mais bárbara repressão mas, ao mesmo tempo, à maior escola de aprendizado; sem uma hábil, inteligente e madura política de alianças não teria havido

---

[56] No livro que estamos preparando, *Instrumentos leninistas de dirección política* [*Estratégia e tática*], pretendemos desenvolver este ponto mais amplamente a partir das experiências da revolução cubana e nicaraguense.

[57] Para desenvolver este ponto nos basearemos em duas entrevistas que fizemos com comandantes sandinistas. Na primeira, "La estrategia de la victoria", nosso entrevistado é o Comandante da Revolução Humberto Ortega, comandante-em-chefe do Exército Popular Sandinista. Na segunda, realizada em junho de 1980 e publicada sob o título "Nicaragua: dónde se aprende luchando", nossos entrevistados são o Comandante da Revolução Carlos Núñez e os comandantes guerrilheiros Joaquín Cuadra, atual chefe do Estado-Maior do Exército, e Willian Ramirez. Essas entrevistas, ao lado de outras realizadas com os mais altos comandantes salvadorenhos e guatemaltecos, foram compiladas no livro *Pueblos en Armas*. Cidade do México: Era, 1984.

triunfo revolucionário" – diz o comandante Humberto Ortega em entrevista que lhe fizemos no final de 1979, poucos meses após o triunfo sandinista.[58]

Analisemos agora cada um dos fatores aqui mencionados.

Unidade monolítica do sandinismo

É preciso levar em conta que a Frente Sandinista de Libertação Nacional (FSLN), nascida em 1961 da conjunção de vários grupos armados,[59] é um movimento revolucionário que consegue se tornar o instrumento orgânico capaz de recolher as tradições de luta de seu povo e expressar uma alternativa revolucionária na luta contra Somoza. A FSLN faz suas as abordagens político-ideológicas anti--imperialistas e internacionalistas, assim como a experiência militar de Sandino,[60] um extraordinário líder popular nicaraguense dos anos 1930 e o maior expoente dessas tradições, na luta contra os ianques.

Em outubro de 1975, em meio a uma grande campanha repressiva de Somoza contra o movimento armado (1974-1977), este sofre uma crise e se divide em três tendências que, apesar dessa situação, se mantêm "atadas a um tronco comum: o sandinismo; a um meio comum: a luta armada; e um objetivo comum: a derrubada da ditadura somozista, o que facilitou", afirma o comandante Carlos Núñez, "a sua posterior reunificação."[61]

"A conquista da unidade", acrescenta, "foi uma exigência constante do povo nicaraguense. Por meio de cada uma de suas ações exigia a confirmação de uma vanguarda monolítica capacitada para conduzi-lo ao triunfo sobre seu feroz inimigo. Ao conseguir sua

---

[58] Harnecker, M. *Pueblo en Armas*, cit., p. 13.
[59] *Ibid.*, p. 16-17.
[60] *Ibid.*, p. 15-16.
[61] *Ibid.*, p. 132 (Essas três tendências foram chamadas: tendência terceirista ou insurrecional; tendência proletária; e Guerra Popular Prolongada, ou tendência GGP).

CONDIÇÕES PARA O TRIUNFO DA REVOLUÇÃO

unidade, o sandinismo tornou-se o motor imprescindível para mover todas as forças políticas democráticas, progressistas e revolucionárias de nosso país contra a ditadura. Se não existisse a unidade sandinista, não teria sido possível estabelecer o Movimento Povo Unido, e sem o MPU não teria sido possível formar a Frente Patriótica Nicaraguense como expressão da unidade de toda a nação."

"Mas para nós a unidade não foi uma simples frase mágica", esclarece; "tivemos que lutar muito para alcançá-la, resolver diferenças, encontrar pontos de acordo com base em um programa e plano estratégico conjuntos, que assegurou para sempre a ação unida e monolítica, coesa das tendências da FSLN e decidiu lançar a ofensiva final".[62]

Parece-nos importante ressaltar que as condições para a unificação das três tendências da FSLN só ocorreram quando a própria luta foi mostrando na prática qual era a linha correta.[63] Os acordos de unidade começaram a tomar forma após a tentativa insurrecional de setembro de 1978 e materializados em março de 1979 "com base em uma única concepção, e não na base de que cada um deu os princípios para os outros. Todo o sandinismo concorda com uma concepção que afirma o caráter insurrecional da luta, a necessidade de uma política de alianças flexíveis, a necessidade de uma programática ampla etc.".[64]

"Esta base programática, política, ideológica", diz Humberto Ortega, "nos permite coordenar rapidamente nossas estruturas de trabalho cada vez melhor até que possamos dar um salto em nossa reintegração. É por isso que acho que o que fizemos foi mais do que

---

[62] *Ibid.*, p. 133.

[63] "Foi assim que pouco a pouco nos entendemos, mas em torno de uma linha, que era a que se impunha na prática; não a nossa, mas a que o povo pedia" (Ortega, Humberto. *Op. cit.*, p. 37).

[64] Ortega, Humberto. *Op. cit.*, p. 56.

nos unir: foi nos reintegrar. As três tendências tinham uma enorme vontade de voltar a ser uma só FSLN [...]".[65]

Estratégia insurrecional que combina a sublevação das massas com as ações militares das colunas guerrilheiras[66]

Examinando a situação do país, os sandinistas percebem que a única saída revolucionária para a crise do somozismo que já está em curso é por meio de uma estratégia de tipo insurrecional, mas ao mesmo tempo constatam que nem a vanguarda tem formas superiores de organização nem as massas estão suficientemente organizadas para isso.

O desafio é então como conseguir, nessas condições, uma incidência política para implementar a estratégia insurrecional.

O caminho é realizar ações militares voltadas para a inserção em determinadas conjunturas políticas que permitam à vanguarda "ir alcançando campo político e campo organizativo".[67]

Na Nicarágua houve uma relação dialética muito original entre as ações militares promovidas pela vanguarda e as ações das massas.

Inicialmente, foram as ações militares da FSLN desligadas das massas,[68] como a tentativa insurrecional de outubro de 1977, as quais conseguiram impulsionar o movimento de massas.

Até então, "embora existisse a crise, as massas não reagiam a ela e só viam que a vanguarda estava sendo derrotada", diz Humberto Ortega, e acrescenta: "Essas ações reativaram a hegemonia do

---

[65] *Ibid.*, p. 56.

[66] Neste título, a formulação de Humberto Ortega é um pouco alterada, pois nos parece redundante falar de uma estratégia insurrecional "apoiada pelas massas": a insurreição é precisamente a insurreição ou insurreição armada das massas. A novidade na estratégia da FSLN foi a combinação que apontamos neste subtítulo.

[67] Ortega, Humberto. *op. cit.*, p. 20.

[68] Cuadra, Joaquín. *op. cit.*, p. 82.

CONDIÇÕES PARA O TRIUNFO DA REVOLUÇÃO

sandinismo nas massas e a confiança delas em suas próprias lutas reivindicativas e políticas."[69]

Alguns meses depois – a propósito do assassinato de Pedro Joaquín Chamorro, líder burguês antissomozista e diretor do jornal de maior circulação do país –, "pela primeira vez as grandes massas saíram às ruas para expressar o sentimento sandinista que por muitos anos haviam reprimido".[70]

Foi nesse momento, afirma o comandante Ortega, "quando foram desencadeados e nos deixam ver claramente, como numa radiografia, o potencial, a decisão e a vontade sandinista de combate que dispõem, para incorporá-las a uma luta armada".[71]

Aqui o movimento dialético se inverte: "Foi uma reação espontânea das massas [...]", não foi uma resposta a "uma chamada do sandinismo [...]". Ocorre numa conjuntura que "ninguém tinha previsto".[72]

Agora, quando a paralisação patronal iniciada em decorrência do assassinato de Chamorro começa a diminuir; são novamente as ações militares da vanguarda: a tomada de duas cidades e um acampamento antiguerrilheiro, que "multiplicam o ânimo das massas, sua decisão de lutar contra Somoza".[73]

Pouco depois desses golpes infligidos pela FSLN ao somozismo, veio a insurreição espontânea em Monimbó,[74] e depois uma nova insurreição espontânea em Matagalpa após a tomada do Palácio do Governo em agosto.

Resumindo essa relação dialética vanguarda-massas, Humberto Ortega afirma: "a vanguarda deu a palavra de ordem em outubro, as

---

[69] *Ibid.*, p. 24.
[70] *Ibid.*, p. 24.
[71] *Ibid.*, p. 27.
[72] *Ibid.*, p. 27.
[73] *Ibid.*, p. 28.
[74] Bairro indígena da cidade de Masaya. Ver Joaquín Cuadra, *op. cit.*, p. 86-93.

massas a seguiram pela primeira vez de forma organizada em Monimbó, a vanguarda cria condições para esse exemplo, e as massas avançam mais rápido que a vanguarda, porque havia uma série de condições objetivas, como a crise social, a crise econômica e a crise política do somozismo."

"E como o somozismo estava tão apodrecido, cada uma de nossas ações multiplicava exponencialmente a apreciação que nós tínhamos da agitação e do impacto que cada um desses eventos devia ter. Não podíamos parar de atacar por causa disso. Era muito difícil acertar o alvo. Atingíamos o alvo, mas não precisamente no centro."[75]

Assim chega setembro de 1978, momento em que a FSLN se lança novamente à insurreição, sabendo que ainda não estavam reunidas todas as condições necessárias para a vitória.[76]

Como entender essa decisão?

"Uma série de acontecimentos se precipitou, uma série de condições objetivas, para as quais ainda não estávamos preparados", explica o comandante Ortega. "Na verdade, não poderíamos dizer não à insurreição. O movimento das massas estava à frente da capacidade de direção da vanguarda. Não podíamos nos colocar contra aquele movimento das massas, contra aquele rio, tínhamos que nos colocar à frente desse rio para mais ou menos conduzi-lo e dar-lhe um rumo."[77]

A insurreição de setembro de 1978 foi a "primeira insurreição nacional liderada pelo sandinismo, mas que responde mais que tudo à pressão das massas".[78]

"Apesar de não ter sido um triunfo militar, já que não conseguimos tomar os quartéis nas cinco cidades onde ocorreram as ações,

---

[75] Cuadra, Joaquín. *Op. cit.,* p. 33.
[76] Falta de nível organizacional na vanguarda para liderar as massas e falta de armas (*Ibid.,* p. 34).
[77] *Ibid.,* 33.
[78] *Ibid.,* p. 36.

foi uma grande conquista política",[79] afirma, ao fazer um balanço desses fatos.

A insurreição fracassa fundamentalmente porque a Guarda Nacional somozista não se divide, permanece nos seus quartéis, esperando pacientemente a chegada de reforços para a libertar do local a que está submetida.

A FSLN aprende a lição. Se o exército não estiver dividido, é necessário atingi-lo militarmente, e isso só pode ser feito por unidades militares com certo treinamento. Sua estratégia insurrecional é enriquecida. É preciso combinar o levante das massas urbanas com a luta armada das colunas guerrilheiras.

"Depois de setembro vimos", diz Humberto Ortega, "que era necessário combinar ao mesmo tempo e no mesmo espaço estratégico: a sublevação das massas em âmbito nacional, a ofensiva das forças militares da Frente e a greve nacional na qual, de fato, a classe patronal estivesse envolvida ou de acordo."[80]

E foi justamente com a combinação desses três fatores estratégicos que a vitória foi alcançada.

Articulação entre as frentes guerrilhas e as frentes militares nas cidades

Foi a experiência prática que demonstrou os benefícios mútuos que poderiam ser alcançados combinando a luta guerrilheira nas montanhas com a luta insurrecional urbana.

A tentativa insurrecional de outubro de 1977[81] teve repercussão favorável nas forças guerrilheiras da coluna Pablo Ubeda nos cen-

---

[79] *Ibid.*, p. 35.
[80] *Ibid.*, p. 42-43.
[81] Ataques aos quartéis de San Marcos, Ocotal, Masaya, San Fernando e ações mais reduzidas em Manágua.

tros montanhosos que, ao conseguir um respiro, começaram a se reativar.[82]

Vejamos como o Comandante William Ramírez, que naquele momento estava na serra, descreve esta situação: "Estávamos em sérias dificuldades" diz-nos. "Tínhamos pouco mais de 13 meses de isolamento total com a cidade. Nem sequer sabíamos da divisão da FSLN. Tínhamos um cerco de 2 mil guardas. O que as ações de outubro da Frente Sandinista basicamente fazem é deslocar a atenção da Guarda da montanha para os centros urbanos".

"Isso permitiu o reordenamento de nossas forças e inclusive o deslocamento dos companheiros que ficavam nas montanhas em direção à cidade e para outros setores de trabalho. Isso foi um avanço e também permitiu um respiro para os companheiros que estavam na montanha."[83]

As ações de outubro de 1977 também tiveram uma influência positiva sobre o movimento guerrilheiro em Nueva Segovia, pois conseguiu ter uma maior influência nos centros vitais econômicos, sociais e políticos, ao ficar mais próximo deles.

As frentes guerrilheiras na montanha desempenharam um papel muito importante em uma fase inicial da luta, pois, dadas as "condições operativas de então", permitiram "o crescimento e a hegemonia moral e política do sandinismo".[84] Essa situação durou até outubro de 1977, mas depois a evolução da situação no país determinou a necessidade de transferir a luta armada "para zonas de maior influência política".[85]

Naquele momento, as condições de operação haviam mudado. Diante da tentativa do imperialismo e de setores burgueses de buscar uma solução substitutiva para Somoza, ele se viu pressionado

---

[82] Ortega, Humberto. *Op. cit.,* p. 29.
[83] Harnecker, M. *Pueblos en Armas, cit.,* p. 85.
[84] Ortega, Humberto. *Op. cit.,* p. 29.
[85] *Ibid.,* p. 29

CONDIÇÕES PARA O TRIUNFO DA REVOLUÇÃO

a suspender o Estado de Sítio e a Lei Marcial e convocar eleições municipais.

Foi para impedir o êxito dessas manobras – as quais se dava com base no convencimento de que a FSLN havia sido aniquilada ou reduzida a uma expressão mínima – que as ações urbanas de outubro de 1977 foram planejadas.[86]

Seguem-se as manifestações populares motivadas pela morte de Chamorro e a greve patronal, ao fim das quais se desenrolam as ações militares da FSLN: tomada de duas cidades (Granada e Rivas) e de um acampamento antiguerrilheiro na Frente Norte. As primeiras têm grande ressonância nacional, a última "passa despercebida. Não tem nenhuma repercussão política."[87]

Isso faz com que a FSLN pense que essas forças "estão sendo desperdiçadas. Por outro lado, urge a necessidade de quadros que possam capitalizar a crescente efervescência das massas nas cidades".[88] Nesse momento já havia ocorrido a insurreição espontânea de Monimbó. Assim, decidiu-se desintegrar a coluna guerrilheira Carlos Fonseca da Frente Norte e enviar os seus quadros "para os centros mais nevrálgicos da atividade econômica, social e política do país". O que interessa não é discutir o que é mais importante, a montanha ou a cidade, "mas estar nas massas".[89]

Depois do fracasso da tentativa insurrecional de setembro de 1978 até a ofensiva de março de 1979, "o peso da guerra é sustentado pelas colunas guerrilheiras da Frente Norte. Ao mesmo tempo, se mantém o assédio nacional com as milícias e demais unidades de combate das forças sandinistas. Centenas de esbirros e informantes

---

[86] *Ibid.*, p. 20.
[87] Cuadra, Joaquín. *Op. cit.*, p. 90.
[88] *Ibid.*, p. 90
[89] Ortega, Humberto. *Op. cit.*, p. 37.

são eliminados. Depois da insurreição, o povo percebe que não perdeu e ficou inflamado com a repressão".[90]

Depois, durante a ofensiva final que começou em março para evitar a concentração de forças militares inimigas na Frente Sul, que tinha uma importância estratégica para o sucesso do plano geral, decidiu-se lançar a insurreição no oeste e, depois, em Manágua. Essas insurreições locais não tinham como objetivo fundamental a tomada do poder, mas sim inviabilizar o inimigo[91] para que as ações militares das colunas guerrilheiras pudessem ser facilitadas.

A insurreição deveria ser mantida "em âmbito nacional por pelo menos 15 dias para permitir que as colunas se reagrupassem e atacassem no momento oportuno, tornando a situação militar do inimigo completamente indefensável e conseguindo assim um cerco estratégico total, a partir do qual o inimigo não pudesse sair e do qual a vitória seria apenas uma questão de tempo, do desgaste máximo do inimigo, para partir para o assalto final sobre ele. Desgaste que seria determinado pelo corte das suas vias de comunicação, pelo isolamento de todas as unidades militares inimigas, pela sua falta de abastecimento etc., apresentando uma enorme frente de luta em âmbito nacional que o somozismo não pudesse atender".[92]

"Nossa experiência mostrou", afirma Humberto Ortega, "que é possível combinar a luta no campo e na cidade. Lutamos nas cidades, nas vias de comunicação, assim como colunas guerrilheiras nos centros rurais e montanhosos. Mas essas colunas não eram o eixo da vitória, eram simplesmente parte de um eixo superior, que era a luta armada das massas. Essa é a principal contribuição".[93]

"O movimento das massas", acrescenta, "não permitia ao inimigo dirigir toda a sua força militar para onde estavam as colunas,

---

[90] *Ibid.*, p. 41.
[91] Carlos Núñez. *Op. cit.*, p. 111.
[92] Ortega, Humberto. *Op. cit.*, p. 45.
[93] *Ibid.*, p. 40.

mas, por sua vez, o movimento das colunas obrigava o inimigo a avançar para elas, o que aliviava a luta das massas nas cidades".

"O inimigo estava em um beco sem saída. Se ele deixasse as cidades, o movimento de massa cairia sobre ele. Se ficasse nas cidades, facilitava o movimento das colunas guerrilheiras."[94]

Comunicação sem fio eficaz para coordenar todas as frentes

Ainda em setembro de 1978, no momento em que a FSLN convoca a insurreição geral que foi esmagada pela Guarda Nacional somozista, o sistema de comunicações internas da organização era "totalmente rudimentar": correio, pedaços de papel camuflados, telefone etc.[95]

Essa deficiência foi corrigida e na ofensiva final de 1979 já havia um "sistema de comunicação sem fio eficaz para coordenar todas as frentes".[96]

Em Manágua, por exemplo, existia naquele momento um aparelho de radioamador por meio do qual os dirigentes da frente interna naquela região conseguiam se comunicar tanto com a Direção Nacional de Palo Alto, Costa Rica, quanto com as demais frentes.

"Basicamente nos comunicávamos com a Direção Nacional, mas também tínhamos comunicações bilaterais" diz Joaquín Cuadra, um dos dirigentes da Frente Interna em Manágua, e acrescenta: "Era uma questão de moral ouvir os companheiros".[97]

A existência de uma rádio para se comunicar com as massas

Uma rádio clandestina era vital tanto para se comunicar com as massas e educá-las para a insurreição[98] quanto para divulgar os

---

[94] *Ibid.*, p. 42.
[95] Cuadra, Joaquín. *Op. cit.*, p. 97.
[96] Ortega Humberto. *Op. cit.*, p. 13.
[97] Harnecker, M. *Op. cit.*, p. 118.
[98] Ortega Humberto. *Op. cit.*, p. 32.

avanços da luta no exterior. Vejamos o que diz a respeito o comandante Carlos Núñez: "Assim que aparecem as primeiras transmissões, começa a se divulgar de boca em boca que a FSLN tem rádio, onde e a que horas se ouve. Quando ocorreram os combates em El Jícaro e Jinotepe, em abril, a população já havia adquirido o hábito de ouvir a Rádio Sandino. Esta desempenha um papel de propaganda muito importante, especialmente em relação à greve geral de 4 de junho. Naquela época, a ditadura exercia uma severa censura à imprensa para impedir a difusão em âmbito nacional das atividades guerrilheiras. A população recorre cada vez mais à Rádio Sandino para obter informações. O número de transmissões diárias é aumentado. Esta estação de rádio também desempenha um papel muito importante internacionalmente, pois permite que o mundo saiba o que está acontecendo dentro do país. Serve também para informar os combatentes sobre os esforços desenvolvidos tanto pela Direção Nacional da Frente Sandinista quanto pela Junta de Governo para obter apoio internacional para a luta do povo contra Somoza. Finalmente, também é útil para saber o que está acontecendo nas outras frentes de guerra.

"A Rádio Sandino era abastecida com informações por meio da rede de equipamentos de transmissão de rádio existentes em vários pontos do país, montada fundamentalmente para informação e discussão em âmbito interno."[99]

Existência de contundentes recursos técnico-militares

"Foi o elemento técnico-militar que permitiu aproximar-se à definição de uma guerra que já estava perdida pelo inimigo", afirma Humberto Ortega, referindo-se ao armamento que receberam nos últimos meses da ofensiva final.[100]

---

[99] Harnecker, M. *Op. cit.,* p. 119.
[100] Ortega, Humberto. *Op. cit.,* p. 46.

Este "joga um papel bastante decisivo para apressar a vitória e para decidir, em alguns pontos, algumas batalhas."[101]

Por essas razões, o comandante sandinista considera necessário ter "um mínimo de reservas de elementos bélicos técnicos – tipo bazucas, explosivos e armamentos de poder de fogo – mais do que grandes quantidades, pois estas nunca suprirão as necessidades do povo. O importante é ter a vontade do povo de sair às ruas e lutar com o que tenha."[102]

Necessidade de uma retaguarda sólida

A revolução sandinista contou com uma excelente retaguarda que desempenhou um papel muito importante na introdução dos elementos técnico-militares, que foram fundamentais para decidir rapidamente a guerra,[103] e na preparação dos combatentes.

"Nosso país não é uma ilha como Cuba", disse Humberto Ortega; "tem necessariamente que se apoiar nos países vizinhos, e o movimento revolucionário se apoiou desde o início nos movimentos vizinhos. O próprio Sandino foi para o México, para Honduras [...], muitos hondurenhos se juntaram à luta de Sandino, costa-riquenhos [...], então nos apoiamos em Honduras e na Costa Rica para atender às necessidades da retaguarda que eram difíceis de satisfazer na própria Nicarágua".

"Nós operávamos clandestinamente na Costa Rica e em Honduras. E para estabelecer a retaguarda em níveis superiores foi necessário – paralelamente à atividade de obtenção de recursos e à preparação de escolas clandestinas – realizar um trabalho de solidariedade à nossa causa dos principais setores políticos progressistas, organizados em cada país, sem sectarismo, e não apenas com os setores da

---

[101] *Ibid.*, p. 47.
[102] *Ibid.*, p. 47.
[103] *Ibid.*, p. 48.

esquerda, porque, se assim fosse, estaríamos nos isolando. Eles não nos deram uma retaguarda; nós conquistamos o direito de tê-la."[104]

Aprendizado obtido de uma experiência anterior de êxitos e derrotas

É impossível sintetizar em poucas páginas tudo o que a FSLN foi aprendendo por meio de suas vitórias e, mais ainda, em suas derrotas. Nos pontos anteriores já mencionamos alguns desses ensinamentos. Aqui citaremos apenas aqueles que consideramos mais decisivos para sua estratégia insurrecional, obtida a partir do fracasso da insurreição de setembro de 1978.

Já vimos que quando a FSLN convoca uma insurreição para aquela data, sabe que naquele momento não existem todas as condições necessárias para se lançar ao assalto ao poder; mas, ao mesmo tempo, sente-se incapaz de controlar o movimento das massas que já está se lançando em insurreições locais espontâneas. Nestas circunstâncias, considera preferível colocar-se à frente das massas.

Assim, depois de concentrar suas forças em Manágua, Masaya, León, Chinandega e Estelí, mais algumas pequenas forças na Frente Sul, em 9 de setembro de 1978, às 18h, os sandinistas se lançam à insurreição nessas cidades.

"As experiências insurrecionais de outros países – sintetizadas em dois manuais clássicos e, certamente, muito úteis, *La insurrección armada,* de Neuberg (1928) e *Teoría de los procesos insurreccionales contemporáneos,* de Lussu (1936) – e sua própria experiência acumulada depois da tentativa insurrecional de outubro de 1977 os haviam convencido da importância de lançar simultaneamente a insurreição em vários lugares do país com o objetivo de descentralizar as forças do inimigo, única forma de alcançar a vitória. A insurreição, no entanto, fracassa. E fracassa em grande parte porque o exército somozista – preparado pelos ianques na teoria e prática

---

[104] *Ibid.,* p. 49-50.

da contrainsurgência – não cai no jogo; ao contrário, não dispersou as suas forças, concentrou-as em Manágua e, a partir dali, começa seu percurso de morte e extermínio, atacando uma a uma as cidades insurgentes, até acabar com Estelí, que resistiu durante 17 dias."[105]

Vejamos a seguir as conclusões que o Comandante Joaquín Cuadra tira dessa experiência:

"Se vai ao combate ainda com muita debilidade. Não se consegue coordenar as ações nas cidades com as da Frente Sul, que só entrou em ação vários dias depois."

"Do ponto de vista militar, o cerco era a forma predominante do plano. E então pelotões móveis nos bairros, organizando a defesa, agitando, dando aula de armar e desarmar etc."

"Usar essa forma predominante foi o nosso grande erro: o inimigo estava sendo atacado nos locais onde estava mais fortificado. As possibilidades de destruí-lo e de recuperar as armas eram extremamente limitadas. A Guarda estava alojada em algumas fortificações do século passado, com paredes extremamente largas que nem um tiro de canhão entrava e com possibilidade de disparar contra nós por um buraco tão pequeno que não conseguíamos ver, só saía o seu fuzil. É verdade que o cerco o fixa, mas fixa-o num terreno onde ele domina. Essa forma não permitiu resolver a situação militar a nosso favor, não se podia destruir o inimigo."

"Em Manágua isso não aconteceu assim porque o plano era atacar sete delegacias: casinhas de madeira, pequenas e vulneráveis, espalhadas pela cidade, com seis ou sete guardas em cada uma delas."

"Mas o plano também falhou na capital porque dispersamos demais nossas escassas forças. Apenas duas das sete centrais puderam ser atacadas e o inimigo aniquilado, recuperando-se suas armas. As outras resistiram e a luta não pôde ser resolvida a nosso favor."

---

[105] Harnecker, Marta. Introdução ao texto *Nicaragua, donde se aprende luchando. Op. cit.*, p. 78.

"Diante dessa situação, Somoza age com muita tranquilidade. Espera, define qual é o movimento principal de toda a atividade existente no país, concentra forças em Manágua e consegue neutralizar primeiro a capital. Ainda em Masaya e Granada, os quartéis continuam sitiados e os companheiros realizam desfiles pelas ruas, 400, 600 combatentes com bastões, bandeiras vermelhas; comícios nas praças."

"Uma vez neutralizada Manágua, o inimigo lança todos os seus meios blindados contra Masaya e, em questão de horas, a neutraliza."

"Volta a reagrupar essa mesma força e a lança 2 ou 3 dias depois contra León. Aos 17 dias termina com o nosso último reduto: Estelí. Não lhe importa que esta cidade fique ocupada por tantos dias; ele sabe que mais cedo ou mais tarde ela cairá em suas mãos."

"Depois do que aconteceu em Masaya, sabíamos que a insurreição havia falhado, que aquelas forças militares somozistas iam lançar-se contra as outras cidades. O inimigo sitiado aguardava calmamente a chegada de reforços."[106]

"Em setembro", acrescentou mais adiante, "decidiu-se lançar todas as forças no mesmo dia e à mesma hora. Às 18h todos deveriam iniciar as ações. Acreditávamos que assim iríamos desconcertar o inimigo, que esta era a melhor forma de fazê-lo. A prática nos mostrou que estávamos errados. Esta lição é assimilada e para a ofensiva final é proposto um desencadeamento progressivo da insurreição, porque esta é a única maneira que permite colocar o inimigo em movimento e atacá-lo em movimento onde ele é muito mais vulnerável do que aquartelado."

"Na ofensiva final, a Frente Sul obriga o inimigo a ir para aquela zona do país. Antes que consiga resolver aquela situação, surge outra na Frente Norte, que obriga a Guarda a deslocar tropas para aquele local, e depois para oeste. Mais tarde, aparecem Masaya, Granada,

---

[106] *Ibid.*, p. 96.

forças em movimento nas estradas, comboios vão, comboios vêm. E depois Manágua, que era o último ponto do plano."

"A insurreição de setembro é extremamente rica em experiências, não só para a vanguarda, mas para as massas que estão treinando e se exercitando aos milhares em formas de luta armada."[107]

Uma política de alianças hábil, inteligente e madura

Um dos aspectos mais notáveis da condução política da FSLN foi sua capacidade de ter aliados não apenas entre as forças de esquerda dentro e fora do país, mas também entre as forças democrático-burguesas na Nicarágua e em um número importante de países capitalistas. Estas alianças foram vitais tanto para neutralizar uma possível intervenção do imperialismo como para obter o armamento de alto nível técnico; necessidades para dar uma definição mais rápida à guerra; mas elas não caíram do céu: foram o produto do trabalho realizado pelos sandinistas.

Vejamos o que diz a esse respeito o comandante Humberto Ortega:

"Conseguimos esta política ampla porque nos fizemos respeitar, e isso outros movimentos não conseguem, porque são vistos como um jogo, porque não os respeitam. Conquistamos o direito de fazer alianças, impusemos nosso direito. Se eles tivessem nos visto como um gato, não teriam se aproximado, mas nos viram como uma força e por isso tiveram que se aliar conosco. E eles se aliaram conosco pelo programa político que propusemos, mesmo sendo um movimento armado e com uma direção revolucionária."

"As correntes progressistas perceberam que éramos um movimento revolucionário e que não estávamos totalmente de acordo com sua ideologia, mas viam que tínhamos um programa político que em parte interessava a eles, e viam que tínhamos força militar. Esses três elementos permitiram que chegássemos a uma política de

---

[107] *Ibid.*, p. 98.

MARTA HARNECKER

aliança de fatos e não de acordos. Não firmamos nenhum acordo. As regras do jogo foram simplesmente expostas e se atuou baseado nelas, elas foram realmente implementadas. Desta forma, fomos conseguindo ganhar terreno político."[108]

"Teria sido muito difícil alcançar a vitória contando apenas com o desenvolvimento alcançado", declara mais adiante. "Assim que o alcançamos, percebemos que ele deveria estar atrelado à força que havia no exterior. E para isso era preciso aplicar uma política madura e hábil, dando a conhecer as propostas programáticas revolucionárias, democráticas, patrióticas da reconstrução nacional. Foi isso que nos permitiu ter o apoio de todas as forças maduras do mundo, das forças revolucionárias, das forças progressistas."[109]

Entre as forças maduras, ele considera "as forças burguesas que vão amadurecendo um fenômeno, e não se precipitam em ações aventureiras como as da CIA, as dos reacionários retrógrados".[110]

"Existem forças maduras no mundo", acrescenta, "que conhecendo a qualidade, a força de um movimento revolucionário, mesmo tendo contradições com ele, passam a respeitá-lo. De fato, é possível chegar a determinadas alianças, a determinadas coincidências políticas, que se somam à correlação de forças necessária para dar o salto definitivo. Para isso, é importante que programaticamente sejam propostas soluções para os problemas reais do país, soluções que todos vejam como corretas."

"O que nós fazíamos era transmitir os problemas objetivos: a Nicarágua precisa de uma reconstrução por este e este fenômeno; precisa de uma unidade nacional por isso, isso e isso."

"Por outro lado, era importante conquistar o apoio de todos, não apenas dos setores de esquerda. A Frente Sandinista preocupou-se em montar uma infraestrutura de solidariedade em cada país,

---

[108] Ortega Humberto. *Op. cit.*, p. 50.
[109] *Op. cit.*, p. 51.
[110] *Ibid.*

buscando, em primeiro lugar, o apoio de todos e, em segundo lugar, o apoio daqueles que mais nos entendiam."

"Agora, passar da atitude de simpatia para o apoio material já é um salto. Quem fornecerá esse suporte material? Quem quiser, sem nenhum compromisso político, sem abrir mão dos princípios."

"Conseguir esse grande apoio foi a maestria dos sandinistas. Procuramos obter o máximo de força externa para obstruir qualquer manobra intervencionista estrangeira. E para isso conseguimos conquistar setores dos próprios Estados Unidos para a nossa causa".[111]

Concluindo a análise exposta anteriormente, podemos dizer que embora tenha sido em janeiro de 1978, a partir da repercussão da morte de Chamorro, quando começou a ocorrer uma situação revolucionária na Nicarágua (agravamento da crise dos de cima e intensificação do movimento revolucionário de massas), as contradições para o assalto ao poder só puderam ser reunidas em maio de 1979.

Nesse momento ocorre a "unidade de ruptura" da qual falamos anteriormente. Somoza está tão isolado nacional e internacionalmente que a FSLN consegue convocar uma sublevação das massas em âmbito nacional que conta com o apoio de setores patronais. A ofensiva das frentes militares combina-se assim com a insurreição urbana e a greve nacional provocando a queda do regime, sem que o imperialismo possa intervir, por se encontrar de mãos atadas pelo amplo apoio que os sandinistas têm tanto em âmbito mundial como dentro dos próprios Estados Unidos.

Da abertura de uma época de revolução social ao triunfo da revolução

Resumindo o que foi exposto ao longo dos dois últimos capítulos, podemos distinguir cinco fases em todo processo revolucionário:

---

[111] *Op. cit.*, p. 52.

Primeira: abertura de uma época de revolução, ou seja, existência de bases materiais para a revolução devido à presença de uma crise estrutural. Isso não significa que a revolução esteja na ordem do dia. Como já vimos, é necessária a existência de outra série de fatores para que uma crise estrutural produza frutos revolucionários. Além disso, diante de toda crise estrutural, existem duas saídas: uma saída revolucionária e uma saída não revolucionária.

Segunda: período pré-revolucionário, no qual a ascensão da luta de massas se torna uma ameaça objetiva à reprodução do regime político que existia até então. Quando neste período se encontram reunidas todas as condições objetivas para a revolução, falamos da existência de uma situação revolucionária[112] ou de uma crise política geral.

Terceira: período revolucionário, em que essa ameaça começa a tomar uma forma organizativa, criando-se expressões de poder popular que de fato se opõem ao poder vigente. À situação revolucionária ou às condições objetivas se acrescenta agora a mudança subjetiva, ou seja, a crise política geral desembocou em uma crise revolucionária.

Quarta: revolução madura ou crise madura, ou momento em que todas as condições objetivas e subjetivas estão reunidas para derrubar o regime estabelecido: a dinâmica das várias contradições produziu um agravamento da crise nacional e, ao mesmo tempo, a vanguarda revolucionária atingiu tal grau de coesão, liderança e capacidade de combate que é capaz de arrastar atrás de si os elementos mais ativos das massas populares em ações de magnitude suficiente para conseguir a derrubada do regime vigente.

Quinta: o triunfo da revolução, quando atinge seu objetivo político: derrubar o antigo poder e estabelecer um poder revolucionário. A partir desse momento começa um novo desafio: realizar as transformações revolucionárias daquela sociedade em todos os âmbitos.

---

[112] Já explicamos anteriormente por que não podemos identificar o período pré--revolucionário com a situação revolucionária.

A DEFESA DA REVOLUÇÃO TRIUNFANTE

A resistência contrarrevolucionária exige a ditadura das classes oprimidas

As classes dominantes jamais desistirão voluntariamente do poder

Não basta conseguir que a revolução triunfe em um determinado país; é necessário ser capaz de manter o poder do Estado nas mãos das forças revolucionárias, única forma de garantir a continuidade da revolução.

"Uma revolução só tem valor", diz Lenin, "quando é capaz de se defender".[1]

E mais tarde escreverá: "Sem a defesa armada da república socialista não era possível subsistir. A classe dominante jamais cederá seu poder à classe oprimida. E esta deve demonstrar nos fatos que é capaz não só de derrubar os exploradores, mas também de se organizar para a autodefesa e de arriscar tudo por tudo."[2]

Lenin já via claramente esse problema em 1905, no auge da primeira Revolução Russa.

---

[1] Lenin, V. I. "Fragmentos del informe en la sesión conjunta del C. E. C. de Rusia, el Soviet de Moscú, los comités Fabriles y los sindicatos" (22 out. 1918), t. 29, p. 442.

[2] Lenin, V. I. *Informe del Comité Central al VIII Congreso del PC(b)* (18 mar. 1919), t. 31, p. 21.

Ele escreveu então: "Também não basta 'derrotar juntos a autocracia', ou seja, derrubar completamente o governo autocrático. Também é necessário 'esmagar juntos' as tentativas desesperadas que inevitavelmente serão feitas para restaurar a autocracia derrubada."[3]

E, em outro texto da mesma época, esclarecia: "Os grandes problemas da vida dos povos só se resolvem pela força", e alertava premonitoriamente o que aconteceria depois do triunfo de outubro, ao afirmar: "As próprias classes reacionárias são, em geral, as primeiras a recorrer à violência, à guerra civil; são elas que 'colocam a baioneta na ordem do dia'".[4]

"Essa repressão é necessária", afirmará em 1919 com base na própria experiência russa, "por causa da resistência furiosa e desesperada dos latifundiários e capitalistas, de toda a burguesia e todos os seus lacaios, de todos os exploradores, que não se detêm diante de nada, quando começa a sua derrubada, quando começa a expropriação dos expropriadores."[5]

O dirigente bolchevique afirma que "vitória sobre a burguesia torna-se impossível sem uma guerra prolongada, tenaz, desesperada, mortal; uma guerra que exige serenidade, disciplina, firmeza, inflexibilidade e uma vontade única", porque ao ser derrubada "sua resistência aumenta *dez* vezes".[6]

"*Pode-se derrotar* com um só golpe os exploradores no caso de uma insurreição vitoriosa no centro ou uma sublevação no exército. Mas, exceto em casos muito raros e excepcionais, não se *pode destruir* os exploradores com um único golpe. É impossível expropriar de um só golpe todos os latifundiários e capitalistas de qualquer país grande. Além disso, a expropriação por si só, como ato jurídico

---

[3] Lenin, V. I. *Sobre el Gobierno Provisional Revolucionario* (jun. 1905), t. 8, p. 465-466.
[4] Lenin, V. I. *Dos tácticas...* (jun-jul. 1905), t. 9, p. 129.
[5] Lenin, V. I. *Carta a los obreros de Europa y América* (24 nov. 1919), t. 30, p. 293.
[6] Lenin, V. I. *El izquierdismo...*, t. 33, p. 128 [Ed. bras. cit., p. 47].

ou político, em nada resolve o problema, pois é preciso depor efetivamente os latifundiários e capitalistas; *substituir de forma efetiva* a administração das fábricas e fazendas por uma administração diferente, uma administração operária. Não pode haver igualdade entre os exploradores, que por muitas gerações estiveram em melhores condições por sua educação, sua riqueza e seus costumes, e os explorados, a maioria dos quais, mesmo nas repúblicas burguesas mais avançadas e democráticas, são atrasados, ignorantes, estão oprimidos, atemorizados e desunidos".[7]

Quando se trata de seus privilégios de classe – dirá em outro texto – a burguesia é capaz de "vender a pátria e fechar negócio com qualquer estrangeiro contra seu próprio povo", e a história da Revolução Russa assim o confirmou.

A força da burguesia derrotada

Mas de onde a burguesia derrotada consegue forças para resistir? A explicação encontra-se no seguinte texto de Lenin:

"Durante muito tempo depois da revolução, os exploradores inevitavelmente continuam conservando na prática uma série de grandes vantagens: eles continuam a ter dinheiro (pois não é possível abolir o dinheiro de uma vez), alguns bens móveis, muitas vezes bastante consideráveis; continuam a ter vínculos, hábitos de organização e administração, conhecimento de todos os 'segredos' (costumes, métodos, meios e possibilidades) da administração; uma instrução superior; vínculos estreitos com pessoal técnico superior (que vive e pensa como a burguesia); uma experiência incomparavelmente superior em arte militar[8] (isso é muito importante) etc. etc."

---

[7] Lenin, V. I. *La revolución proletaria y el renegado Kautsky* (out. nov. 1918), t. 30, p. 103 (sublinhado de M. H.).

[8] Esta declaração de Lenin deve ser entendida no contexto de uma insurreição armada explosiva. Uma guerra popular prolongada pode alcançar uma elevada preparação militar das forças revolucionárias.

"Se os exploradores forem derrotados em apenas um país – e este é, claro, o caso típico, já que uma revolução simultânea em vários países é uma rara exceção –, eles continuarão sendo mais fortes do que os explorados, porque os laços internacionais dos exploradores são poderosos. Além disso, até agora todas as revoluções, incluindo a Comuna [...], provaram que uma parte dos explorados entre os camponeses médios menos avançados, artesãos e outros setores semelhantes do povo, podem seguir e, em realidade, seguem os exploradores".[9]

Isso se deve, em grande medida, à impossibilidade do novo poder de mudar de um dia para o outro a ideologia dominante até então, que penetra por todos os interstícios do edifício social, produzindo efeitos também sobre o próprio proletariado, e muito mais, claro, na pequena burguesia. A isso se soma a subsistência da pequena produção que não pode ser suprimida de um dia para o outro e que gera e regenera essa ideologia.[10]

É por isso que Lenin insiste que "em qualquer revolução profunda, a regra é que os exploradores, que por vários anos tiveram importantes vantagens práticas sobre os explorados, oponham uma resistência *longa, obstinada e desesperada*. Jamais [...] os exploradores se submeterão à vontade da maioria explorada sem tentar valer-se de suas vantagens em uma última e desesperada batalha ou em uma série de batalhas."

"A transição do capitalismo para o comunismo é toda uma época histórica. Enquanto essa época histórica não termina, os exploradores inevitavelmente mantêm a esperança de restauração e essa esperança se transforma em tentativas de restauração. Depois de sua primeira

---

[9] Lenin, V. I. *La revolución proletaria y el renegado Kautsky, op. cit.*, p. 103-104.
[10] Ver *op. cit.*, p. 104-105; *Las tareas inmediatas del poder soviético* (13-2 abr. 1918), t. 28, p. 471-472 [As tarefas imediatas do poder soviético. *In: Lenin e a revolução de outubro: textos no calor da hora*, cit., p. 338-339]; e *El izquierdismo, enfermedad...*, t. 33, p. 128. [Ed. bras. cit., p. 47].

derrota séria, os exploradores depostos, que não esperavam sua derrubada, que nunca acreditaram que fosse possível, que nunca pensaram nisso, lançam-se com dez vezes mais energia, com furiosa paixão e um ódio 100 vezes maior, na batalha pela recuperação do 'paraíso' de que foram privados, em defesa dos seus familiares que levavam uma vida tão doce e que agora são condenados pela 'ralé vulgar' à ruína e à miséria (ou ao 'trabalho vulgar'...). E atrás dos capitalistas exploradores há amplos setores da pequena burguesia, sobre os quais décadas de experiência histórica em todos os países testemunham que titubeia e vacila, que hoje segue o proletariado e amanhã se assusta com as dificuldades da revolução, que é tomada de pânico diante da primeira derrota ou semiderrota dos trabalhadores, fica nervosa, vagueia sem rumo, choraminga e corre de um campo a outro [...]"[11]

Formas assumidas pela resistência dos exploradores

Lenin aponta que tanto o elemento burguês quanto o pequeno-burguês lutam contra o poder conquistado pelo proletariado de duas maneiras: de fora, fomentando "conspirações e rebeliões e por meio de seu imundo reflexo 'ideológico', com torrentes de mentiras e calúnias lançadas pela imprensa" e de dentro, "aproveitando toda manifestação de decomposição, toda fraqueza para subornar, aumentar a indisciplina, a negligência e o caos". E acrescenta: quanto mais a revolução se aproxima do "total esmagamento militar da burguesia, mais perigoso se torna o elemento da anarquia pequeno-burguesa. E a luta contra esse elemento não pode ser travada apenas por meio da agitação e propaganda, apenas por meio da organização, da emulação e da seleção de organizadores. A luta também deve ser realizada por meio da coação".[12]

---

[11] Lenin, V. I. *La revolución proletaria y el renegado Kautsky, op. cit.*, p. 104-105.
[12] Lenin, V. I. *Las tareas inmediatas, op. cit.*, p. 473. [As tarefas imediatas do poder soviético. *In: op. cit.*, p. 341]

A DEFESA DA REVOLUÇÃO TRIUNFANTE

Nenhuma "grande revolução" pode ser concebida – segundo o mais alto dirigente bolchevique – sem uma guerra interna, isto é, sem uma guerra civil que, como toda guerra, implica "estado da maior indeterminação, de desequilíbrio e de caos", que afeta em primeiro lugar a pequena burguesia, a primeira classe a ser arruinada e destruída por qualquer guerra. Esta situação caótica é um terreno fértil para "os elementos de decomposição da velha sociedade" que se manifestam no "aumento dos crimes, da vagabundagem, do suborno, da especulação e de escândalos de toda a espécie. Para acabar com isto é preciso tempo e é preciso uma mão de ferro."

Ele acrescenta: "na história não houve nenhuma grande revolução em que o povo não tenha sentido isso instintivamente e não tenha revelado uma firmeza salvadora, fuzilando os ladrões no local do crime. A infelicidade das revoluções precedentes consistiu em ter durado pouco o entusiasmo revolucionário das massas, que as mantinha em estado de tensão e lhes dava forças para exercer uma repressão implacável sobre os elementos de decomposição. A causa social, isto é, de classe, dessa pouca duração do entusiasmo revolucionário das massas residia na debilidade do proletariado, o único em condições (se é suficientemente numeroso, consciente e disciplinado) de atrair para si a maioria dos trabalhadores e explorados (a maioria dos pobres, para falar de forma mais simples e popular) e de conservar o poder por um tempo suficientemente longo para esmagar por completo não só todos os exploradores como todos os elementos de decomposição."

"Essa experiência histórica de todas as revoluções, esta lição – econômica e política – de alcance histórico universal, foi resumida por Marx ao dar uma fórmula breve, incisiva, precisa e brilhante: ditadura do proletariado".[13]

---

[13] *Op. cit.*, p. 472 [ed. bras. cit., p. 339-340].

Resposta revolucionária à resistência contrarrevolucionária

Para Lenin não há diferença entre "o conceito de 'ditadura do proletariado' e o fato de vencer a resistência dos capitalistas", dos exploradores.[14]

A necessidade de "esmagar juntos" a resistência das classes dominantes exige a aplicação de uma forma determinada de ditadura, ou seja, de um poder que não se baseia na lei, nas eleições, "mas diretamente na força armada de uma parte determinada da população."[15]

É a resistência da contrarrevolução o que exige a instauração de um regime de força. Lenin chega a afirmar a esse respeito que se "a esmagadora maioria da população" apoiasse o proletariado, a "ditadura" não seria necessária. Mas pensar que isso pode ser alcançado é uma utopia. Isso implicaria que toda a pequena burguesia estivesse do lado da classe trabalhadora, e isso é impossível, pois, à medida que a revolução avança, surgem cada vez maiores contradições entre os esquemas ideológicos e os interesses materiais da pequena burguesia e do proletariado.

"O reconhecimento da necessidade da *ditadura* do proletariado está unido do *modo mais estreito e inseparável*", afirma Lenin, "à tese do '*Manifesto comunista*' acerca de que só o proletariado é uma classe verdadeiramente revolucionária".[16]

E em sua transcendental obra *O Estado e a revolução*, escrita semanas antes do triunfo de 17 de outubro, ele expressa: "Luta de classes é o essencial na doutrina de Marx. É, pelo menos, o que se escreve e o que se diz frequentemente. Mas é inexato. Deformações oportunistas do marxismo, falsificações do marxismo tendentes a adaptá-lo às necessidades da burguesia, são frequentes

---

[14] Lenin, V. I. *Epidemos de credulidad* (21 jun. 1917), t. 26, p. 133.

[15] *Ibid.*, p. 133.

[16] Lenin, V. I. *Observaciones al 2º proyecto de programa de Plejánov* (14 mar. 1902), t. 6, p. 69.

A DEFESA DA REVOLUÇÃO TRIUNFANTE

como resultado dessa inexatidão. A doutrina da luta de classes foi concebida não por Marx, mas pela burguesia antes de Marx [...]. Limitar o marxismo à luta de classes é truncá-lo, reduzi-lo ao que é aceitável para a burguesia. Só é marxista aquele que estende o reconhecimento da luta de classes ao reconhecimento da ditadura do proletariado. A diferença mais profunda entre o marxista e o pequeno (ou grande) burguês ordinário está aí. É sobre essa pedra de toque que é preciso experimentar a compreensão efetiva do marxismo e a adesão ao marxismo."

"O oportunismo não leva o reconhecimento da luta de classes até o essencial, até o período de transição do capitalismo ao comunismo, até o período de subversão da burguesia e do seu completo aniquilamento. Na realidade, esse período é, inevitavelmente, o de uma luta de classes extremamente encarniçada, revestindo uma acuidade ainda desconhecida. O Estado dessa época deve ser, pois, um Estado democrático (para os proletários e os não possuidores em geral) inovador e um Estado ditatorial (contra a burguesia) igualmente inovador."

"As formas dos Estados burgueses são as mais variadas; mas a sua natureza fundamental é invariável: todos esses Estados se reduzem, de um modo ou de outro, mas obrigatoriamente, afinal de contas, à ditadura da burguesia. A passagem do capitalismo para o comunismo não pode deixar, naturalmente, de suscitar um grande número de formas políticas variadas, cuja natureza fundamental, porém, será igualmente inevitável: a ditadura do proletariado."[17]

E oito meses após o triunfo de outubro, ele voltará a enfatizar:

"A experiência de nossa revolução confirma as palavras que sempre diferenciam os representantes do socialismo científico, Marx e seus seguidores, dos socialistas utópicos, dos socialistas pequeno-

---

[17] Lenin, V. I. *El estado y la revolución.* t. 27, p. 45-46. [*O Estado e a revolução.* São Paulo: Expressão Popular, 2010, p. 54-55]

-burgueses, dos intelectuais socialistas e dos sonhadores socialistas. Os sonhadores intelectuais, os socialistas pequeno-burgueses, acreditavam e talvez ainda acreditem, ou sonham, que o socialismo pode ser estabelecido implantado pela persuasão. Eles acreditam que a maioria do povo será convencida e, depois de convencida, a minoria obedecerá: a maioria votará e o socialismo será implantado. Não, o mundo não é tão feliz; os exploradores, os ferozes latifundiários, a classe capitalista, não cedem à persuasão. A revolução socialista confirma o que todos viram: a furiosa resistência dos exploradores. Quanto mais forte a pressão das classes oprimidas, quanto mais perto elas estão de abolir toda opressão, toda exploração, mais resolutamente os operários e camponeses oprimidos desenvolvem sua própria iniciativa, mais furiosa se torna a resistência dos exploradores."

"Estamos atravessando o mais difícil, o mais penoso período da transição do capitalismo ao socialismo, período que inevitavelmente, em todos os países, será longo, muito longo, porque, repito, os opressores respondem a cada avanço da classe oprimida, com novas e novas tentativas de resistência, tentativas de derrubar o poder da classe oprimida."[18]

Não existe um caminho do meio

"Em nenhum lugar do mundo há um caminho intermediário, nem pode haver", dirá um pouco mais tarde. "Uma de duas: ou a ditadura da burguesia (disfarçada com frases pomposas [...] sobre a soberania do povo, uma assembleia constituinte, liberdades etc.) ou a ditadura do proletariado. Quem não aprendeu isso com a história de todo o século XIX é um idiota incorrigível."[19]

---

[18] Lenin, V. I. *IV Conferencia de sindicatos y comités de fábricas y talleres de Moscú* (27 jun. 1918), t. 29, p. 231. O autor escreve este texto no momento em que a resistência dos exploradores – antes entregues a si mesmos, derrotados no início de 1918 – volta à ofensiva com o apoio do capital internacional.

[19] Lenin, V. I. *Carta a los obreros y campesinos* (24 ago. 1919), t. 31, p. 433.

É preciso esclarecer que até aqui temos colocado o problema da ditadura do proletariado de um só ângulo, do ângulo da defesa da revolução. Há muitos outros aspectos dessa questão que não são objeto deste trabalho.[20]

A defesa: tarefa prioritária da Revolução
Cubana durante os dez primeiros anos

"O triunfo da Revolução Cubana significou um acontecimento histórico neste continente, significou um extraordinário desafio ao imperialismo ianque, às suas forças políticas, econômicas e militares." E eles não estavam dispostos a permitir tranquilamente o desenvolvimento pacífico desta Revolução.[21]

A vitória do Exército Rebelde sobre Batista foi apenas o ápice de uma etapa. Um processo político que não só visava derrotar o exército mercenário, permitindo que o povo se apoderasse de suas armas, mas que buscava seguir uma linha consistentemente revolucionária – transformar a sociedade em benefício das grandes maiorias e libertá-la de todas suas travas econômicas – não seria possível sem enfrentar as classes exploradoras nacionais, e isso implicava necessariamente uma luta frontal contra o imperialismo.

Assim começou uma longa luta. A Revolução deve enfrentar durante anos uma luta desesperada por sua sobrevivência. As classes dominantes e o imperialismo não contam apenas com armas, mas com seu grande poder econômico e com uma cultura e ideologia política inculcadas no povo há séculos para mantê-lo subjugado.

---

[20] Sobre este assunto, ver um desenvolvimento mais amplo no capítulo sobre a transição, que aparece na nova edição de *Los conceptos elementales del materialismo histórico,* México, Siglo XXI, ed. 51, 1985, p. 177-217.

[21] Castro, Fidel. "Discurso no encerramento da manobra militar", XV Aniversário do triunfo da Revolução, 30 de dezembro de 1973.

Vejamos a seguir como Fidel Castro descreve – em seu Informe ao Primeiro Congresso do Partido Comunista de Cuba – as agressões a que foi submetida a nascente revolução.

"O imperialismo não estava disposto a permitir tranquilamente o desenvolvimento de uma revolução em Cuba. Fracassados os seus planos de impedir a vitória com um golpe de Estado militar ao final da guerra, vitorioso e armado pelo povo, tentou fórmulas diplomáticas: reconheceu o governo revolucionário e enviou o seu embaixador, que foi recebido com uma extraordinária demonstração de publicidade pela imprensa burguesa, assumiu imediatamente as habituais atitudes de procônsul, que caracterizavam esses funcionários ianques em Cuba, para pressionar, deter e domesticar a Revolução. O esforço, porém, foi inútil. Pela primeira vez estavam em Cuba com um povo armado e um governo revolucionário no poder. Não havia exército mercenário a quem recorrer para impor nos últimos instantes seus ditames e proteger seus interesses. Desde os primeiros meses a missão militar norte-americana, que havia instruído o exército de Batista e que ainda pretendia permanecer em seu posto, foi dispensada sem qualquer protocolo".

*Campanha anticomunista em uma colônia
ideológica dos Estados Unidos*

"Era uma situação inteiramente nova. No entanto, o imperialismo ainda tinha recursos poderosos em nosso país. As empresas monopolistas, os latifundiários e a burguesia eram os donos da nação. Além da economia, todos os meios de comunicação de massa estavam em suas mãos e nossa sociedade estava infestada de ideologia reacionária. Para muitos de nossos cidadãos, incluindo pessoas de origem e condições humildes, a palavra socialismo infundia pavor, e muito mais ainda a palavra comunismo. Era a sequela de décadas de propaganda pérfida e caluniosa contra as ideias revolucionárias. Sem uma ideia elementar da raiz social dos problemas nacionais e das

A DEFESA DA REVOLUÇÃO TRIUNFANTE

leis objetivas que regem o desenvolvimento da sociedade humana, uma parte considerável de nosso povo era vítima de confusão e do engano. Mais do que ideias políticas, os exploradores conseguiram incutir em muitos verdadeiros reflexos reacionários. A presença de uma camada relativamente alta da pequena burguesia em nossa sociedade, o atraso cultural e o analfabetismo facilitavam o trabalho político do imperialismo e das classes dominantes. Se éramos uma colônia no econômico, também éramos ideologicamente uma colônia dos Estados Unidos [...]"

"Desde os primeiros meses da Revolução, o imperialismo e a reação, recorrendo a métodos clássicos, lançaram uma feroz campanha anticomunista apoiada por todos os meios de comunicação que ainda estavam em suas mãos. A arma do anticomunismo foi amplamente utilizada para confundir as massas quando elas ainda eram politicamente débeis; com isso, esperavam dividir o povo, as organizações revolucionárias e o próprio Exército Rebelde, reduzir o apoio ao governo e estimular correntes reacionárias. Mas a confiança do povo na Revolução, a autoridade política de seus dirigentes, o firme espírito de unidade revolucionária e, sobretudo, os fatos e as medidas inquestionavelmente justas da Revolução foram fatores que ajudaram tremendamente a derrotar esta perigosa manobra que, se bem-sucedida, teria posto fim ao processo revolucionário [...]"

"O imperialismo não poderia tolerar sequer uma revolução nacional libertadora em Cuba. Assim que a Lei da Reforma Agrária foi promulgada, os Estados Unidos começaram a dar os primeiros passos para organizar uma operação militar contra Cuba; muito menos estariam dispostos a tolerar o socialismo em nosso país. A simples ideia do exemplo que uma Revolução Cubana vitoriosa daria para a América Latina assustava os círculos governantes ianques [...]"

"Pode-se dizer que o imperialismo liderou totalmente a contrarrevolução interna. Mas não se limitou a manobras diplomáticas iniciais e campanhas ideológicas; recorreu progressivamente a todo o seu arsenal de medidas contrarrevolucionárias. Dono e senhor da América Latina, rapidamente mobilizou seu ministério das colônias neste hemisfério, a Organização dos Estados Americanos, para isolar Cuba e atacá-la no terreno político, econômico e militar."

Agressões econômicas

"Quando os Estados Unidos entenderam que a Revolução não recuaria nem cederia às suas pressões, iniciou-se a cadeia de agressões econômicas, ao mesmo tempo que recrutava mercenários e os treinava para atos de sabotagem e ações militares. No nosso caso, a agressão econômica despertou a cobiça das oligarquias corruptas que governavam a América Latina. Por quase um século, um mercado para o nosso açúcar foi criado nos Estados Unidos. Fomos os abastecedores daquele país desde a época da colônia. Durante as guerras mundiais, o povo americano recebeu um suprimento seguro de açúcar cubano a preços baixos. Além disso, esta era a única linha de nossa economia com algum desenvolvimento da qual dependia o sustento de milhões de cubanos [...]"

"Como não se podia permitir uma política de justiça social em nossa pátria, o imperialismo, pisoteando grosseiramente os direitos históricos de Cuba, se propôs a comprar, com nossa cota de açúcar no mercado dos Estados Unidos, a imoral consciência de outros governos latino-americanos. Este foi em parte o preço da embaraçosa cumplicidade das oligarquias latino-americanas em aderir a agressões imperialistas contra Cuba, além do fato de que um elementar espírito de classe e sua histórica submissão aos Estados Unidos os levaram por esse caminho. Havia muito interesse repugnante, egoísmo obscuro e podre na cínica história da OEA em relação a Cuba. No meio estava o açúcar e outros sórdidos interesses materiais escondidos sob atitudes anticomunistas e outras poses de prosti-

A DEFESA DA REVOLUÇÃO TRIUNFANTE

tutas disfarçadas de virgens vestais. Consequentemente, as cotas açucareiras cubanas foram criminalmente suprimidas e distribuídas entre outros países. Isso por si só teria sido suficiente para sufocar a economia de qualquer nação."

"Eles não eram, no entanto, os únicos recursos dos Estados Unidos. A maior parte dos nossos poucos centros industriais estava equipada com maquinaria daquele país: indústria elétrica, refinarias de petróleo, minas, oficinas têxteis, indústria alimentar etc.; o mesmo acontecia com o transporte e outros meios mecânicos de produção."

"Os Estados Unidos suprimiram completamente a exportação de peças de reposição para Cuba não só por sua indústria interna, mas também por suas numerosas subsidiárias em todo o mundo. Esse golpe também teria sido esmagador para qualquer economia."

"O terceiro golpe criminoso no campo econômico foi a supressão do combustível. Eles eram os fornecedores desse produto elementar por meio de suas empresas monopolistas, que controlavam quase todo o abastecimento mundial e eram donos das refinarias localizadas em Cuba."

"Ao conjunto destas medidas acabou por se juntar a proibição de todo o comércio com o nosso país, incluindo alimentos e medicamentos. Esses suprimentos sempre vieram principalmente dos Estados Unidos em virtude dos tratados comerciais que nos foram impostos em inícios do século. Em Cuba não havia sequer armazéns atacadistas. Estes estavam localizados naquele país, onde os pedidos eram feitos com pouco tempo de antecedência. Soma-se a isso o fato de que a maior parte das economias dos países do mundo ocidental estavam submetidas aos Estados Unidos e as medidas de bloqueio econômico eram geralmente cumpridas não apenas pelas subsidiárias ianques, mas também pelos governos desses países."

"Nenhum povo da América Latina recebeu golpes tão brutais em seus meios de subsistência."

Roubo de "cérebros"

"Mas as agressões dos Estados Unidos não se limitavam de forma alguma ao campo econômico. As portas daquele país, que no passado se limitavam a um grupo muito reduzido de cidadãos, estavam escancaradas a todos os que quisessem sair de Cuba. Latifundiários, burgueses, políticos, capangas, cafetões, exploradores do vício e até mesmo lumpemproletários aproveitaram a oportunidade. Um dos objetivos fundamentais desta política – para além das cínicas campanhas contra a Revolução, disfarçadas de ridículo humanitarismo, e do recrutamento de mercenários para futuros ataques – era privar o país de profissionais e técnicos, muitos dos quais haviam estado a serviço da burguesia e, com mentalidade francamente pequeno-burguesa, temiam as mudanças revolucionárias. Desta forma, milhares de médicos, inúmeros engenheiros, arquitetos, professores, laboratoristas e técnicos em geral foram arrancados do país. Este roubo incluiu ainda pessoal qualificado de indústrias e centros de produção importantes, parte dos quais usufruía dos privilégios inerentes à chamada aristocracia operária [...]"

Organização de grupos contrarrevolucionários

"O imperialismo, por meio da Agência Central de Inteligência, apoiado nas classes reacionárias, também assumiu a tarefa de organizar dezenas de grupos contrarrevolucionários para promover a subversão e a sabotagem."

"Mas se tudo isso falhasse, o golpe de misericórdia seria dado ao país no campo da violência contrarrevolucionária e militar. Usando elementos pseudorrevolucionários, ex-agentes da tirania e descontentes de todos os tipos, organizaram e forneceram recursos econômicos e equipamentos para numerosos bandos armados contrarrevolucionários nas montanhas de Escambray. Ali quis estabelecer, recordando as ações contrarrevolucionárias da nobreza e do clero reacionários da França depois de 1789, uma espécie de *Vendée*[22] contra a Revolução, apesar de a maioria dos camponeses e trabalhadores agrícolas da região estarem firmemente unidos à causa do povo. Esses bandos armados foram posteriormente organizados em todas as províncias, incluindo Havana. Eles eram descaradamente fornecidos por mar e por ar vindo dos Estados Unidos. Cometeram numerosos e abomináveis crimes contra professores, estudantes alfabetizadores, militantes revolucionários, operários, camponeses e administradores da economia popular. A luta contra essas gangues custou muitas vidas ao nosso povo e centenas de milhões de pesos à economia".

Sabotagem e expedição mercenária

"Nas cidades, a sabotagem aos centros de produção custou o precioso sangue de valiosos filhos de nosso povo trabalhador."

"Da mesma forma, foi organizada a expedição mercenária de Girón. A Guatemala e outros países latino-americanos emprestaram descaradamente seus territórios para esses ataques. Os aviões que atacaram nossas bases aéreas na madrugada de 15 de abril de 1961 traziam insígnias de nossa Força Aérea. Vários deles aterrissaram posteriormente em território estadunidense, enquanto o representante desse país nas Nações Unidas declarava com tranquilo cinismo que se tratava de aviões cubanos que se levantaram contra o regime. Uma força mercenária, com os mais modernos equipamentos de guerra, desembarcava dois dias depois na Baía dos Porcos para iniciar a invasão do país. O objetivo claro era ocupar um espaço em território cubano, constituir um governo provisório e solicitar a intervenção da OEA, ou seja, dos Estados Unidos."

---

[22] Referência ao movimento monarquista que pretendia restaurar o antigo regime contra a Revolução Francesa de 1789. (N. E.)

"A resposta fulminante do nosso povo, que em menos de 72 horas esmagou o exército mercenário, frustrou os planos tão cuidadosamente elaborados pela CIA e pelo Pentágono."

O que impediu a intervenção direta dos Estados Unidos

"Só havia uma alternativa aos Estados Unidos no campo militar: a invasão direta de Cuba. Fazer com nosso país o que depois fizeram com o Vietnã. A firme convicção de que o imperialismo ianque, em dado momento e sob qualquer pretexto, lançaria suas forças militares em ataque direto contra Cuba, e nossa opinião de que as medidas propostas para evitá-lo fortaleceriam o campo socialista em seu conjunto, determinaram nossa decisão de assinar o acordo cubano-soviético sobre o estabelecimento de armas nucleares em nosso território que originaram depois a Crise de Outubro."

"Os Estados Unidos não se resignaram ao direito soberano de nosso país de decidir sobre suas relações internacionais e adotar as medidas pertinentes para sua defesa. Isso ameaçava seriamente a paz mundial. A guerra foi felizmente evitada para toda a humanidade. Mas o governo dos Estados Unidos teve a oportunidade de comprovar até que ponto sua agressão insana, abusiva e aventureira contra um povo pequeno e indomável poderia levar à catástrofe e até que ponto, no mundo de hoje, sua onipotência imperial tinha um limite intransponível na crescente força e solidariedade do campo revolucionário. Como parte da solução, eles foram forçados a assumir o compromisso de não invadir Cuba [...]"

"Para aqueles que se perguntam como é possível que Cuba, a 90 milhas dos Estados Unidos, tenha escapado de uma guerra devastadora como a sofrida pelo Vietnã a 20 mil quilômetros de distância, os fatos mencionados explicam perfeitamente."

"Em linhas gerais, é assim: na guerra de libertação, eles acreditavam que se tratava de um simples problema de ordem interna e que o exército de Batista, com a ajuda de assessores ianques, esma-

A DEFESA DA REVOLUÇÃO TRIUNFANTE

garia os combatentes. Então eles nem suspeitaram de seu potencial revolucionário. Quando foram manobrar para substituir Batista e impedir o triunfo revolucionário, imaginando que dispunham de tempo, a ofensiva fulminante do Exército Rebelde no final de 1958 os surpreendeu. Em 1º de janeiro de 1959, não havia mais exército mercenário em Cuba. A ofensiva diplomática, a pressão política e a brutal agressão econômica que se seguiu também fracassaram. Subversão, bandos armados contrarrevolucionários, ataque à Playa Girón: esmagamento da invasão sem tempo para a intervenção da OEA, liquidação dos bandos armados. Finalmente, as intenções óbvias de invadir Cuba: Crise de outubro e compromisso de não realizar um ataque militar direto contra a nossa pátria."

"Cada um dos passos fundamentais que o imperialismo deu ou quis dar chegou tarde demais, e em todos os casos foram prenhes de subestimação do povo cubano, de sua capacidade de resistência e de seu espírito de luta."

"Desta forma, nosso povo, com sua firmeza e decisão heroica em cada instante, apoiado pela solidariedade revolucionária internacional, livrou-se de perigos que teriam custado a vida de milhões de seus filhos e infinita destruição material."

"Deve-se acrescentar que a CIA organizou por muitos anos dezenas de atentados contra a vida dos dirigentes da Revolução Cubana."[23]

A atitude adotada pelos Estados Unidos foi fator determinante no desenvolvimento do processo revolucionário. Frente a cada medida era tomada a contramedida necessária, e assim o processo revolucionário se aprofundava rapidamente. Os primeiros dez anos da revolução são anos caracterizados pela luta pela sua sobrevivência face à contrarrevolução interna, às agressões externas e ao bloqueio

---

[23] Castro, Fidel. *La unión nos dio la fuerza*, La Habana: Departamento de Orientación Revolucionaria del Comité Central del Partido Comunista de Cuba, 1976, p. 52 a 66. (Os subtítulos são de M. H.).

imperialista. Esta batalha absorve a maior parte de seus esforços e energias, e grande parte de seus recursos humanos e materiais.

A resistência armada da reação custou a Cuba "mais sangue e mais vítimas que a guerra revolucionária".

O problema da violência, uma vez estabelecido o regime revolucionário, "não depende dos revolucionários", esclarece Fidel Castro no Chile em conversa com estudantes da Universidade de Concepción em dezembro de 1971. "Seria absurdo, seria incompreensível, seria ilógico para os revolucionários, quando têm a possibilidade de avançar, de criar, de trabalhar, de marchar para a frente, que queiram promover a violência [...] não são os revolucionários os que nessas circunstâncias geram violência. E se vocês não sabem", lhes alerta premonitoriamente, "certamente a própria vida se encarregará de demonstrá-lo."[24]

Dez anos antes, o aumento da atividade contrarrevolucionária, de sabotagem e destruição do patrimônio físico do país e o assassinato de quadros revolucionários como o jovem alfabetizador Manuel Ascunce Domenech e seu aluno Pedro Lantigua forçaram a revolução a decretar uma lei que pune os autores desses crimes com a pena de morte.[25]

Três dias depois, em uma aparição na televisão, Fidel explicou ao povo os motivos da adoção de uma medida tão radical e alertou à contrarrevolução do que os esperava se continuassem nesse caminho.

"Os inimigos da classe trabalhadora, os inimigos dos camponeses, os inimigos dos estudantes, os inimigos do socialismo, os inimigos da independência nacional não vão encontrar um mar de rosas nesta luta. Diante dos inimigos encontrarão uma resposta,

---

[24] *Cuba-Chile*, La Habana: Ediciones Políticas, Comisión de Orientación Revolucionaria del PCC, 1972, p. 479.

[25] Trata-se da Lei 988, Diário Oficial da República de Cuba, quarta-feira, 29 nov. 1961.

A DEFESA DA REVOLUÇÃO TRIUNFANTE

encontrarão a mão pesada da Revolução, a mão pesada do proletariado, a mão pesada do povo!"

"Isto significa que não estão a passeio aqueles que deram origem à Lei que a Revolução aprovou – e que teve de aprovar por causa deles, porque perante todos os cuidados e frente a todos os esforços da revolução para não se exceder, para usar o poder discretamente, todos os esforços da revolução para ser generosa e manter essa tônica de generosidade – foram recompensados com crimes e atos tão covardes e tão bárbaros como este, e ensinaram ao povo que, diante dos inimigos, é preciso ser duro."

"Não somos desumanos, a nenhum de nós pode ser prazeroso, jamais, nenhum tipo de coisa que envolva sangue, que implique fuzilamento; não, a nenhum de nós nos agrada isso".

"Nenhum de nós é cruel, no entanto, estamos muito conscientes, somos muito conscientes de que os inimigos da Revolução merecem ser tratados com a severidade que merecem, e que nesta luta não vão encontrar um proletariado assassino, torturador, mas vão encontrar um proletariado firme, duro, e que vai aplicar o castigo que merecem, e que, portanto, esta lei não foi feita para ser proclamada. Esta Lei foi feita para ser cumprida".

"O próprio acirramento da luta de interesses entre as classes exploradas e as classes exploradoras nos levou à necessidade desta medida, e vamos adotar todas as medidas, absolutamente todas as medidas que forem necessárias, a Revolução tem força para isso".

"E repetimos que não temos prazer em ser duros; está longe do espírito de todos os revolucionários ser duros por capricho, ser duros por prazer, mas nós, revolucionários, sabemos como ser duros por dever, e seremos tão duros quanto seja necessário contra os inimigos da revolução".[26]

---

[26] "Comparecencia de Fidel Caro en la T. V. en el IX Ciclo de la Universidad Popular" (dez. 1961) Ver-Lit Habana, *Obra Revolucionaria*, n. 46, p. 48, Era, *op. cit.* p. 444-446.

A resistência da contrarrevolução exigiu uma atitude firme, um Estado capaz de defender as conquistas das classes oprimidas e construir a nova sociedade, um Estado dirigido pelos representantes da classe trabalhadora, ou seja, um Estado em que essa classe exercesse sua ditadura.

Mas essa ditadura não tem nada a ver com ditaduras militares ou ditaduras fascistas. É uma ditadura para defender os interesses de todo o povo contra um pequeno grupo de contrarrevolucionários cuja força vem principalmente do apoio do governo dos Estados Unidos.

Por isso, Fidel sente a necessidade de esclarecer este termo tão manipulado pela ideologia imperialista.

"Esse domínio da classe trabalhadora, ditadura da classe trabalhadora, não significa tortura, crime ou arbitrariedade, porque o socialismo luta contra isso, e nada disso tem a ver com o socialismo. Luta contra toda injustiça, retifica toda injustiça, luta contra toda arbitrariedade, retifica toda arbitrariedade, luta contra o crime, jamais vai tolerar o crime, jamais vai tolerar a tortura, jamais vai tolerar a covardia, jamais vai tolerar nenhum ato infame".[27]

---

[27] *Ibid.*, p. 444.

O CARÁTER DA REVOLUÇÃO

A caracterização da revolução: um problema complexo

Examinaremos a seguir como Lenin caracteriza o processo revolucionário russo em suas diferentes etapas de desenvolvimento: a Revolução de 1905, a Revolução de Fevereiro de 1917 e a Revolução de Outubro desse mesmo ano. E comprovaremos que seus esquemas de análise anteriores à Primeira Guerra Mundial Imperialista não servem mais para caracterizar os processos revolucionários que se desenrolam a partir de então, quando se abre a "era das revoluções socialistas".

O caráter concreto de toda revolução: variações da revolução burguesa

Antes de iniciar nosso estudo sobre o caráter da Revolução Russa, queremos lembrar que as revoluções sociais só acontecem em sociedades concretas e historicamente determinadas e que, portanto, não são realidades às quais se possam aplicar fórmulas simples. A mesma revolução burguesa assumiu características diferentes de um país para outro. O mesmo aconteceu e continuará a acontecer com a revolução socialista.

Alguns países realizaram plenamente a revolução burguesa abolindo as relações feudais de produção e implantando um regime estatal de tipo burguês; em outros, a burguesia preferiu conciliar seus interesses com os da classe latifundiária feudal, conquistando facilidades para o desenvolvimento capitalista industrial e desenvolvendo o capitalismo na agricultura da forma mais reacionária, sem modificar no essencial a superestrutura absolutista feudal daquela sociedade. No primeiro caso, a burguesia "radical" ou "democrática" levou a cabo a revolução democrático-burguesa, aliando-se ao campesinato e ao incipiente proletariado contra os latifundiários feudais. No segundo caso, a "burguesia territorializada",[1] ou seja, uma burguesia que já havia começado a investir na terra, temendo a ascensão do proletariado, aliou-se à decadente classe feudal, traindo o campesinato e abortando a revolução burguesa.

Marx nos aponta as diferenças entre a Revolução Francesa de 1789, protótipo da revolução burguesa promovida pela burguesia democrática, e a Revolução Alemã de 1848, uma revolução burguesa abortada.

Em um artigo da *Nova Gazeta Renana*, de 29 de junho de 1848, ele afirma: "A Revolução Alemã de 1848 nada mais é do que uma paródia da Revolução Francesa de 1789".

"Em 4 de agosto de 1789, três semanas após a tomada da Bastilha, o povo francês, em um único dia, venceu todas as cargas tributárias feudais."

"Em 11 de julho de 1848; quatro meses após as barricadas de março, os impostos feudais derrotaram o povo alemão [...]"

---

[1] "Marx aparentemente leva em conta que justamente o modo de produção burguês já se fortaleceu na propriedade privada da terra, ou seja, que essa propriedade privada se tornou muito mais burguesa do que feudal. Quando a burguesia, como classe, em vastas e predominantes proporções já se ligou à posse da terra, 'já se territorializou', se fixou na terra, e submeteu completamente ao seu poder o regime da propriedade agrária, é quando não pode haver um verdadeiro movimento social da burguesia a favor da nacionalização. E não pode haver pela simples razão de que nenhuma classe jamais irá contra seus próprios interesses" (Lenin, V. I. "El programa agrario de la Socialdemocracia", *in: Rev. Russa de 1905-1907,* nov-dic. 1907, Folheto, cap. III, ponto 7, p. 111. Também em t. 13, p. 309, embora com pequenas variações de tradução.)

"A burguesia francesa de 1789 não abandonou nem por um minuto seus aliados, os camponeses. Sabia que sua dominação se baseava na liquidação do feudalismo no campo, na criação de uma classe camponesa de proprietários livres [...]"

"A burguesia alemã de 1848 trai sem nenhum escrúpulo os camponeses, seus aliados mais naturais, que são a carne de sua carne e sem os quais ela é impotente contra a nobreza."

"A manutenção dos direitos feudais, sancionada sob a aparência ilusória do resgate: eis o resultado da Revolução Alemã de 1848. A montanha pariu um rato."[2]

Resumindo, a revolução burguesa alemã de 1848 é uma revolução incompleta, "inacabada". Agora, do que depende para que a revolução seja levada até o fim? Lenin, interpretando Marx, afirma: "Depende das mãos para as quais passe o poder imediato".[3]

E o que acontece em 1848?

"O povo venceu, conquistou liberdades de natureza decididamente democrática, mas o poder imediato não passou para as suas mãos, mas para as da grande burguesia. Em uma palavra, a revolução não foi levada até o fim. O povo permitiu que os representantes da grande burguesia formassem um ministério, e esses representantes da grande burguesia imediatamente demonstraram suas aspirações, propondo uma aliança com a velha nobreza prussiana e com a burocracia".[4]

Lenin insiste: "Mesmo após a vitória parcial na luta armada (como a dos trabalhadores de Berlim sobre as tropas, em 18 de

---

[2] Pasagem citada por Lenin em sua obra: *Dos tácticas de la socialdemocracia en la revolución democrática* (jul. 1905), t. 9 pp. 131-132. [Há edição brasileira da Nova Gazeta Renana, cf. Marx, K. *Nova Gazeta Renana*. São Paulo: Expressão Popular, 2020].

[3] *Ibid.*, p. 130.

[4] *Ibid.*, p. 130.

O CARÁTER DA REVOLUÇÃO

março de 1848), é possível uma revolução 'inacabada', 'não levada até o fim'".[5]

Mais adiante veremos como em outro contexto histórico essa caracterização pode ser utilizada para a Revolução de Fevereiro de 1917.

A Revolução de 1905: burguesa-camponesa ou revolução democrático-burguesa

Vejamos a seguir a análise de Lenin sobre o caráter da primeira Revolução Russa de 1905 em plena comoção revolucionária.

Segundo o autor, aquele país caracterizava-se, naquele momento, por um extraordinário atraso em relação ao restante da Europa no que diz respeito à situação agrária. Enquanto no Ocidente, afirma ele, o regime agrário burguês já se cristalizou completamente, a servidão há muito foi varrida, seus vestígios são insignificantes e não desempenham um papel de importância,[6] na Rússia existe uma "contradição entre o capitalismo muito desenvolvido em nossa indústria e, em grau considerável, na agricultura e no sistema de propriedade da terra, que permanece medieval, feudal".[7]

Para Lenin, como para os demais dirigentes políticos marxistas russos, não há dúvida de que, devido ao seu "conteúdo econômico-social", a Revolução Russa é uma revolução burguesa.[8]

"O que significa isto?", ele se pergunta, e logo responde: "Significa que as transformações democráticas no regime político e as transformações socioeconômicas, que se tornaram uma necessidade para a Rússia, não implicam por si mesmas a derrocada do capitalismo, não minarão a dominação da burguesia; ao contrário, pela pri-

---

[5] *Ibid.*, p. 130.
[6] Lenin, V. I. *La esencia del programa agrario en Rusia* (22 maio 1912), t. 18, p. 120.
[7] *Ibid.*, p. 122-123.
[8] Lenin, V. I. *Dos tácticas de la socialdemocracia..., op. cit.*, t. 9, p. 43.

meira vez limparão o terreno adequadamente para um desenvolvimento amplo e rápido, europeu e não asiático, do capitalismo [...]".[9]

Esta afirmação está dirigida contra os socialistas-revolucionários que estão convencidos de que uma redistribuição de toda a terra em interesses dos camponeses destruiria o capitalismo. Ao contrário, segundo Lenin, tal medida apenas acelerará seu desenvolvimento e diferenciação dentro do próprio campesinato, transformando a maioria em proletariado agrícola e uma minoria em burguesia agrária.

E polemizando com os populistas, que afirmam que a revolução burguesa vai contra os interesses do proletariado, e com os anarquistas, que rejeitam a participação do proletariado na política, na revolução e no parlamento burguês, expressa:

"Teoricamente, esta ideia implica um esquecimento das teses elementares do marxismo sobre a inevitabilidade do desenvolvimento capitalista com base na produção mercantil. O marxismo ensina que uma sociedade baseada na produção mercantil e que estabeleceu intercâmbio com nações capitalistas civilizadas, ao atingir um certo grau de desenvolvimento, inevitavelmente se coloca no caminho do capitalismo. O marxismo rompeu irrevogavelmente com as elucubrações de populistas e anarquistas, segundo os quais a Rússia, por exemplo, poderia evitar o desenvolvimento capitalista, esquivar-se ou contornar o capitalismo, por outros meios que não por meio da luta de classes no terreno e dentro dos limites desse mesmo capitalismo."[10]

E em outro texto ele explicita:

"O grau de desenvolvimento econômico da Rússia (condição objetiva) e o grau de consciência e organização das grandes massas do proletariado (condição subjetiva, indissociavelmente ligada à an-

---

[9] *Ibid.*, p. 43.
[10] *Ibid.*, p. 44.

O CARÁTER DA REVOLUÇÃO

terior) tornam impossível a imediata e absoluta libertação da classe trabalhadora".[11] Devido a esta situação objetiva, a Revolução Russa não pode ser de imediato uma revolução socialista, mas burguesa.

No entanto, também não podem ser aplicados a ela de maneira esquemática os moldes da revolução burguesa clássica, na qual a burguesia é a principal força motriz da revolução. Os mencheviques[12] caíram neste erro. Em sua opinião, a revolução na Rússia deveria seguir o mesmo caminho das revoluções burguesas anteriores na Europa Ocidental sob a direção da burguesia. A missão da classe operária era então apoiar a burguesia e evitar que esta lhe voltasse as costas, evitando assustá-la com as ações revolucionárias das massas.

Segundo Lenin, não é correto usar um único esquema, pois existem diferentes tipos de revolução burguesa: em algumas, o campesinato participa como a força motriz da revolução, em outras essa classe social está ausente do processo revolucionário. Por exemplo, escreve o dirigente bolchevique, poderia haver uma revolução agrária que abolisse a propriedade privada da terra em um país onde a agricultura já está totalmente organizada em bases capitalistas e seja realizada por agricultores capitalistas com a ajuda dos trabalhadores rurais. Como se trata de um país onde o campesinato não existe mais, uma revolução burguesa é possível sem contar com essa classe social.[13] Uma revolução burguesa também poderia ocorrer em um país com uma população camponesa considerável que deixasse in-

---

[11] *Op. cit.* t. 9 p. 24. Esta abordagem algo mecânica da necessária correspondência entre o desenvolvimento das forças produtivas e o grau de desenvolvimento político do proletariado irá variar quando ocorrer a revolução russa de 1917.

[12] Fração minoritária do POSDR, daí o seu nome, que começou a se estruturar no II Congresso daquele partido realizado em agosto de 1903. Decidiu não acatar as resoluções deste Congresso e separou-se definitivamente do Partido em 1912. Representa posições conciliatórias da direita. Nesse mesmo Congresso, a fração majoritária passou a ser chamada de "bolcheviques".

[13] Aqui não podemos nos deter no conceito de campesinato, tema que será desenvolvido em Marta Harnecker, *Instrumentos leninistas de dirección política* (em preparação) com o ponto referente à aliança operário-camponesa.

tactas as relações agrárias que afetam especialmente o campesinato e que não o aceitasse como força social que participe ativamente da revolução.[14]

Em páginas anteriores do mesmo texto, ele desenvolveu com mais amplitude essa ideia de uma revolução burguesa em um país camponês sem que ocorra uma revolução no campo.

"Os vestígios do feudalismo podem desaparecer, disse ele, como resultado da transformação da economia fundiária ou como resultado da liquidação dos latifúndios, isto é, por meio de uma reforma *ou de uma revolução*. O desenvolvimento burguês pode ocorrer impulsionado pela grande economia fundiária, que gradualmente se tornará cada vez mais burguesa, e paulatinamente substituirá os métodos feudais de exploração pelos burgueses; e também pode ocorrer encabeçada pela pequena economia camponesa, que por meios revolucionários extirpará do organismo social a "excrescência" dos latifúndios feudais e depois se desenvolverá livremente sem eles pelo caminho da economia capitalista."

"Esses dois caminhos de desenvolvimento burguês objetivamente possível, nós o denominaríamos, respectivamente, caminho prussiano e caminho norte-americano. No primeiro caso, a economia feudal do latifundiário transforma-se lentamente em uma economia burguesa *junker* que condena os camponeses a décadas inteiras da mais dolorosa expropriação e servidão, ao mesmo tempo que emerge uma pequena minoria de *Grossbauer* (grandes camponeses). No segundo caso, não existe economia fundiária ou esta foi liquidada pela revolução, que confisca e divide as propriedades feudais. Neste caso, predomina o camponês, que se torna fator exclusivo da agricultura e evolui até se tornar um agricultor capitalista. No primeiro caso, o conteúdo fundamental da evolução é a transformação da escravidão

---

[14] Lenin, V. I. *El programa agrario de la socialdemocracia en la primera Revolución Rusa de 1905-1907* (nov.- dez. 1907), t. 13, p. 340.

feudal em servidão e exploração capitalista nas terras dos senhores feudais *junkers*. No segundo caso, o fundamental é a transformação do camponês patriarcal em agricultor burguês".[15]

Portanto, não só existem diferentes tipos de revolução burguesa, mas também diferentes formas para modificar a estrutura agrária atrasada: a *via reformista e a via revolucionária*.

O erro dos mencheviques é usar "uma concepção geral, abstrata e estereotipada da revolução burguesa, sem conseguir compreender as particularidades da presente revolução burguesa, ou seja, que é uma revolução camponesa. É absolutamente natural e inevitável", diz Lenin, "que essa ala da social-democracia não tenha conseguido compreender a origem do caráter contrarrevolucionário de nossa burguesia na Revolução Russa, que não tenha podido precisar com clareza que classes são capazes de obter a vitória total nesta revolução, que não tenha podido evitar cair na visão de que em uma revolução burguesa o proletariado deve apoiar a burguesia, que em uma revolução burguesa o ator principal deve ser a burguesia, que o alcance da revolução burguesa será enfraquecido se a burguesia lhe virar as costas etc. etc.".[16]

Agora, da mesma forma que este setor da social-democracia russa tem uma concepção abstrata e geral da revolução burguesa, também tem uma concepção geral da burguesia. Não distingue as nuances que possam existir entre os diferentes setores burgueses. Por isso, não é capaz de fazer uma análise correta da correlação de classes que pode realizar a revolução que a Rússia precisa nesse momento para superar drasticamente suas estruturas arcaicas.

Lenin argumenta que a burguesia não pode ser considerada como um todo homogêneo; que não se deve confundir os "grandes

---

[15] *Ibid.*, p. 223.
[16] *Ibid.*, p. 341.

industriais" com os setores "burgueses pequenos e médios"[17] e que toda a história europeia tem demonstrado como "um governo incompatível com a classe da burguesia no seu conjunto pode especular sobre as dissensões existentes entre os diversos grupos e camadas da burguesia, pode se entender com os protecionistas contra o livre comércio, pode apoiar-se em uma camada contra a outra e manter essa política equilibrista por muitos anos".[18]

Na Rússia, existem setores burgueses que são pela revolução democrática contra o tsarismo e outros setores dessa classe que estão muito ligados a ele por milhares de vínculos para serem considerados entre as forças que impulsionam a revolução democrático--burguesa naquele país.

Entre os primeiros está a maioria dos comerciantes e industriais, principalmente os pequenos e médios, bem como (e isto é de particular importância) a maioria dos proprietários e pequenos proprietários camponeses";[19] entre os últimos estão os grandes industriais. Este setor "teme perder sua propriedade nesta luta, que o acorrenta à sociedade existente; teme uma ação revolucionária dos trabalhadores, que jamais se deterão na revolução democrática, porque aspiram à revolução socialista; teme uma ruptura total com a burocracia, cujos interesses se entrelaçam por mil fios com os das classes abastadas". Assim, sua luta pela liberdade é caracterizada "por sua pusilanimidade, sua inconsequência e suas posições tíbias".[20]

---

[17] "Ao falar de uma classe dos grandes industriais, o projeto (dos socialistas--revolucionários) confunde setores e grupos da burguesia com a burguesia em conjunto como classe. O que é ainda mais falso, uma vez que é precisamente a pequena e média burguesia que menos se satisfaz com a autocracia" (Lenin, V. I. *Del populismo al marxismo*, 3 jan. 1905, t. 8, p. 82).

[18] *Ibid.*, p. 83.

[19] Lenin, V. I. *Democracia obrera y democracia burguesa* (11 jan. 1905), t. 8, p. 72.

[20] Lenin, V. I. *Las tareas democráticas del proletariado revolucionario* (jun. 1905), t. 8, p. 590-591.

O CARÁTER DA REVOLUÇÃO

Há uma profunda contradição neste setor (liberal ou monárquico) da burguesia entre o desejo de alcançar a liberdade e o afã de proteger a todo custo a propriedade privada.[21] Por isso, "não quer a *destruição* da autocracia, mas apenas a divisão do poder"[22] entre a monarquia e os latifundiários e grandes capitalistas.

"O erro fundamental do conjunto dos mencheviques é não compreender quais são os elementos da burguesia que, com o proletariado, podem levar até o fim a revolução democrático-burguesa na Rússia", afirma Lenin. "Os mencheviques estão constantemente escorregando [...] em direção à ideia de que é a "burguesia (a burguesia em geral, sem distinção de 'cores'!) que deve fazer a revolução burguesa, enquanto o proletariado deve ajudá-la."[23]

Para determinar as peculiaridades da revolução burguesa na Rússia de 1905 é necessário perceber de forma exata "as verdadeiras forças sociais que enfrentam o tsarismo [...] e que são capazes de obter a 'vitória decisiva' sobre ele. Essas forças não podem ser a grande burguesia, os latifundiários, os fabricantes [...]. Vemos que eles nem sequer desejam uma vitória decisiva. Sabemos que são incapazes, por sua posição de classe, de levar a cabo uma luta decisiva contra o tsarismo: para ir à luta decisiva, a propriedade privada, o capital e a terra são um lastro demasiadamente pesado. Eles têm muita necessidade do tsarismo, com suas forças policiais, burocráticas e militares que empregam contra o proletariado e os camponeses, para poderem desejar sua destruição. Não, a força capaz de obter a "vitória decisiva" sobre o tsarismo só pode ser o povo, ou seja, o proletariado e o campesinato, se tomarmos as grandes e fundamentais forças e distribuirmos entre elas a pequena burguesia rural e urbana (como também parte do 'povo'). "A vitória decisiva da revolução sobre o

---

[21] *Ibid.*, p. 593.
[22] *Ibid.*, p. 593.
[23] Lenin, V. I. *Cómo argumenta Plejánov sobre la táctica* (2 maio 1906), t. 10 p. 462.

tsarismo" *é a ditadura revolucionária democrática do proletariado e do campesinato.*[24] Mas esta "vitória", adverte Lenin, "não tornará ainda, de forma alguma, nossa revolução burguesa em socialista", uma vez que ela "não ultrapassará imediatamente o marco das relações econômicas e sociais burguesas".[25]

Agora, dentro dessas forças capazes de enfrentar verdadeiramente o tsarismo, "só o proletariado é capaz de marchar com segurança até o fim",[26] daí o papel dirigente que essa classe tem na revolução democrático-burguesa.

A Revolução Russa de 1905 é então caracterizada por Lenin como uma revolução burguesa que, para atingir plenamente seus objetivos, não pode ser dirigida pela burguesia, mas deve ser dirigida pelo proletariado.

Afirmar que a revolução é burguesa e que implicará um desenvolvimento do capitalismo não significa, porém, que os setores mais conscientes da classe trabalhadora se conformem com essas metas. Ao contrário, na medida de suas forças, "o proletariado com consciência de classe e organizado" começará a lutar pela revolução socialista.[27]

"Somos partidários da revolução ininterrupta. Não ficaremos na metade do caminho", afirma Lenin, e mais adiante acrescenta: "Não prometemos nenhuma harmonia, nenhum igualitarismo, nenhuma 'socialização' depois da vitória da insurreição camponesa *atual*; ao contrário, 'prometemos' uma nova luta, uma nova desigualdade, uma nova revolução [...]".[28]

---

[24] Lenin, V. I. *Dos tácticas de la socialdemocracia...*, *op. cit.*, p. 51.
[25] *Ibid.*, p. 52.
[26] *Ibid.*, p. 93.
[27] Lenin, V. I. *La socialdemocracia frente al movimiento campesino* (1 set. 1905), t. 9, p. 232. O texto diz que "a revolução democrática começará a passar imediatamente [...] a revolução socialista". Acreditamos, como demonstra o texto que segue, que se trata de começar imediatamente a luta pela revolução socialista.
[28] *Ibid.*, p. 232.

O CARÁTER DA REVOLUÇÃO

As conclusões que podemos deduzir dessas análises são as seguintes:

Primeira: a Revolução de 1905 é uma revolução *burguesa* por seu *conteúdo econômico e social.* Se conseguir triunfar, não abaterá o capitalismo, mas o desenvolverá.

Segunda: não se trata de uma revolução burguesa clássica em que a burguesia é a classe mais interessada em implementar as tarefas burguesas. Trata-se, ao contrário, de uma *revolução burguesa camponesa,* na qual a grande burguesia já está suficientemente comprometida com a velha estrutura suficiente para desempenhar o papel de "motor principal" dessa revolução.

Terceira: as forças capazes de impulsionar a revolução e derrotar o tsarismo nesta revolução burguesa são essencialmente o proletariado e o campesinato. Este último é a força majoritária, que por seus interesses de classe (propriedade individual da terra) é, como veremos adiante, uma força democrático-burguesa.

Quarta: essas forças terão que realizar as tarefas *burguesas* que a burguesia foi incapaz de realizar.

Quinta: a força dirigente da revolução democrático-burguesa deve ser o proletariado.

Sexta: pode haver um processo revolucionário no qual certas reivindicações populares sejam conquistadas por meio de um processo armado, mas no qual o poder imediato não passe para as mãos das forças revolucionárias, mas para as mãos das classes reacionárias que tentam por todos os meios impedir ou abortar o processo revolucionário. Nesse caso, são revoluções inacabadas, abortadas, não levadas até o fim.

Sétima: uma vez que a revolução democrático-burguesa tenha triunfado, abrindo caminho para o desenvolvimento do capitalismo, o proletariado consciente iniciará imediatamente *uma luta por outra revolução,* a revolução socialista. O caráter *ininterrupto da revolução* consiste em não se contentar com o triunfo de um regime democrático que dará rédea solta ao capitalismo, mas em *continuar a luta* pelo socialismo a partir das condições criadas pela revolução democrática.

A guerra imperialista e o caráter proletário e socialista da revolução

Antes de examinar as postulações de Lenin sobre o caráter da revolução durante a Primeira Guerra Mundial Imperialista, vamos nos deter brevemente no conceito de "época imperialista"[29] e, em geral, de "época histórica".

O que define uma época histórica, segundo o dirigente bolchevique, é a classe que ocupa "o lugar central" naquele período histórico, porque é esta classe que "determina o seu conteúdo principal, a tendência principal de seu desenvolvimento, as principais particularidades da situação histórica de uma determinada época etc.".[30]

"Em toda época", explica, "há e haverá movimentos parciais, particulares, ora de avanço, ora de retrocesso; há e haverá vários desvios a respeito do tipo médio e do ritmo médio do movimento".[31]

"Uma época se chama assim justamente porque abrange a totalidade de diversos fenômenos e guerras, típicas e atípicas, grandes e pequenas, algumas próprias de países avançados, outras de países atrasados" e, por isso, para estudar um fenômeno concreto, não podemos ignorar as características concretas dessa situação.

Mas "só o conhecimento dos traços fundamentais de uma determinada época" pode servir "de base para considerar as particularidades mais detalhadas deste ou daquele país".[32]

---

[29] Supomos que o leitor esteja familiarizado com as características do imperialismo como fase superior do capitalismo.

[30] Lenin, V. I. *Bajo una bandera ajena* (depois de 1915), t. 22, p. 239.

[31] *Ibid.*, p. 239

[32] *Ibid.*, p. 240.

O CARÁTER DA REVOLUÇÃO

Vejamos a seguir a caracterização leninista das épocas do desenvolvimento capitalista na Europa

A primeira época vai da Revolução Francesa de 1789 até a Guerra Franco-Prussiana de 1871 e é a época da burguesia em ascensão, de seu pleno triunfo; a época dos movimentos democráticos burgueses, em geral, na qual a burguesia exercia sua força demolidora contra as ultrapassadas instituições feudais.[33]

A segunda época, de 1871 a 1914, ou seja, desde a Guerra Franco-Prussiana até o início da Primeira Guerra Mundial Imperialista, "é a época do domínio total e declínio da burguesia, a época da transição da burguesia progressista ao capital financeiro reacionário e ultrarreacionário. É a época em que uma nova classe (o proletariado) lentamente se prepara e reúne forças".[34] Lenin esclarece, no entanto, em outro texto que "na Europa oriental e na Ásia o período das revoluções democrático-burguesas só começou em 1905. As revoluções na Rússia, Pérsia, Turquia e China, as guerras dos Bálcãs; tal é a cadeia de acontecimentos mundiais no 'Oriente'".[35]

A terceira época começa em agosto de 1914 com a Primeira Guerra Mundial. É a época em que a repartição do mundo culminou e os diferentes países "tornam-se elos na cadeia de operações do capital financeiro mundial".[36] E é, portanto, a época "das comoções imperialistas, derivadas do imperialismo".[37] A burguesia desempenha nesse momento o mesmo papel que os senhores feudais desempe-

---

[33] Lenin, V. I. *Una caricatura del marxismo* (ago.-out. 1916), t. 24, p. 37.

[34] Lenin, V. I. *Bajo una bandera ajena,* op. cit., p. 239.

[35] Lenin, V. I. *El derecho de las naciones a la autodeterminación* (fev.-maio 1914), t. 21, p. 326.

[36] Lenin, V. I. *El imperialismo, etapa superior del capitalismo* (jan-jun. 1916), t. 23, p. 385. [*Imperialismo: estágio superior do capitalismo.* São Paulo: Expressão Popular, 2012, p. 120]. O autor sustenta que o capitalismo começa a se transformar em imperialismo nos últimos anos do século XIX, ver *op. cit.* p. 320. [ed. bras. cit, p. 44]

[37] Lenin, V. I. *Bajo una bandera ajena. Op. cit.,* p. 240.

nharam na primeira época. Tornou-se uma classe "em declínio": decadente, interiormente carcomida e reacionária. "A classe que está em ascensão é outra classe completamente diferente em ampla escala histórica": o proletariado.[38] Agora, se já em 1907, no Manifesto de Stuttgard[39] considera-se que estão maduras as condições para o socialismo nos países capitalistas avançados, e isso é ratificado novamente com mais força no Manifesto da Basileia em 1912, o início da guerra imperialista, "grande locomotiva da história" segundo expressões do próprio Lenin; "um 'diretor' grande, vigoroso, onipotente e capaz, por um lado, de acelerar extraordinariamente o passo da história mundial, e, por outro, de gerar crises econômicas e políticas mundiais, nacionais e internacionais com uma força inusitada.",[40] faz que essas condições sejam ainda mais propícias.

A guerra engendra uma "crise sem precedentes", "fome e calamidades incalculáveis", leva "muitas das nações mais ricas, mais livres e mais cultas à beira da ruína". Se medidas extremas não forem aplicadas, "é inevitável a morte, imediata e certa, de milhões de seres humanos pela fome".[41]

Alguns meses após o início da guerra, Lenin afirma que ela "marca uma virada tão grande na história"[42] que de fato inicia uma nova época: "uma época em que já amadureceram plenamente as condições objetivas para a realização do socialismo".[43]

---

[38] *Ibid.*, p. 243.

[39] Trata-se da resolução que foi aprovada no 7º Congresso da Internacional Comunista que se realizou naquela cidade em 5 de agosto de 1907.

[40] Lenin, V. I. *Cartas desde lejos* (n. 1), (7 mar. 1917), t. 24, p. 337 [Cartas de longe, ed. bras. cit., p. 115].

[41] Lenin, V. I. *Cartas desde lejos,* n. (3) (11 mar. 1917), t. 24, p. 368 [Cartas de longe, ed. bras. cit., p. 156].

[42] Lenin, V. I. *La bancarrota de la II Internacional* (maio-jun. 1915), t. 22, p. 346.

[43] Lenin, V. I. *Conferencia de las Secciones del POSDR en el extranjero* (19 fev. 1915), t. 22, p. 253.

Lenin não tem dúvidas de que a palavra de ordem correta diante dessa nova situação decorrente da guerra é chamar a "direcionar as armas, não contra os próprios irmãos, os escravos assalariados de outros países, mas contra os governos e partidos reacionários e burgueses de todos os países;"[44] chamar a "transformar a guerra imperialista entre os povos em uma guerra civil das classes oprimidas contra os seus opressores, em uma guerra pela expropriação da classe dos capitalista, pela conquista do poder político pelo proletariado, em uma guerra pela realização do socialismo".[45]

Mas os chefes da Segunda Internacional, em vez de adotar esta atitude, pregam a colaboração de classes, preconizam o chauvinismo burguês, escudando-se no patriotismo e na defesa da pátria, traindo assim a classe trabalhadora de seus respectivos países.

Durante os anos que precedem a Revolução Russa, Lenin luta ferozmente contra essas posições social-chauvinistas e contra aqueles que defendem como bandeira "a luta pela paz democrática", absolutamente impossível no âmbito do imperialismo.

"Assim como as frases sobre a 'defesa da pátria' infundem falsamente nas massas a ideologia de uma guerra de libertação nacional", afirma ele, "as frases sobre a paz democrática introduzem *indiretamente* a mesma mentira burguesa!"[46]

Por que o fazem?

Porque "com seu programa de paz democrática com base nas relações burguesas, os socialistas estão ajudando a burguesia a *enganar* o povo, para afastar o proletariado da revolução *socialista*".[47]

Em outro texto da mesma época, ele desenvolverá mais esta ideia:

---

[44] Lenin, V. I. *Las tareas de la Socialdemocracia revolucionaria en la guerra europea* (antes de 24 ago. 1914), t. 22, p. 88.

[45] Lenin, V. I. *Proyecto de resolución de la izquierda de Zimmerwald* (20 ago. 1915), t. 22, p. 455-456.

[46] Lenin, V. I. El "Programa de paz" (19 fev. -7 mar. 1916), t. 23, p. 64.

[47] *Ibid.*, p. 64.

"Esta guerra é uma guerra imperialista, isto é, uma guerra resultante das contradições de um capitalismo altamente evoluído, monopolista e maduro para a transição ao socialismo. Esta guerra está sendo travada para obter a hegemonia mundial, isto é, para submeter as nações fracas a uma nova opressão, para fazer uma nova divisão do mundo, uma nova divisão das colônias, das esferas de influência etc., uma divisão na qual as antigas potências espoliadoras, Inglaterra, França e Rússia, cederiam uma parte de seu butim a uma jovem potência espoliadora mais forte, a Alemanha."

"É por isso que, se a revolução do proletariado não derrubar os atuais governos e as atuais classes dirigentes das 'grandes' potências beligerantes, é *absolutamente* impossível *alguma* outra paz, exceto um armistício mais ou menos breve entre as potências imperialistas, uma paz acompanhada por um *recrudescimento* da reação dentro dos Estados, por uma *sobrecarga* da opressão nacional e da subjugação de nações fracas, por uma *acumulação* de material inflamável que abrirá caminho para novas guerras etc.".[48]

Ao constatar o desenvolvimento desigual do capitalismo tanto no plano econômico quanto no político, o dirigente bolchevique chegou à convicção de que a vitória do socialismo pode ser possível primeiro em alguns países capitalistas e até mesmo em um só país de forma isolada.[49] Um ano depois, essa possibilidade torna-se uma certeza: "o socialismo" diz ele "não pode triunfar simultaneamente em *todos* os países", mas começará triunfando "em um ou em vários países".[50]

---

[48] Lenin, V. I. *Primera variante de la proposición del CC del POSDR...* (fev.-mar 1916), t. 23 p. 273.
[49] Lenin, V. I. *La consigna de los Estados Unidos de Europa* (23 ago. 1915), t. 22, p. 449.
[50] Lenin, V. I. *El programa militar de la revolución proletaria* (set. 1916), t. 24, p. 83.

O CARÁTER DA REVOLUÇÃO

É importante esclarecer, porém, que quando ele faz essas afirmações, está pensando nos países de maior desenvolvimento capitalista, e não na Rússia, um dos países mais atrasados da Europa. Este desenvolvimento desigual do capitalismo também explica a natureza diferente das tarefas que a revolução vitoriosa deverá realizar em cada país. É o que Lenin expressamente aponta no seguinte texto: "a guerra civil que a social-democracia revolucionária convoca na era atual é a luta do proletariado armado contra a burguesia pela expropriação da classe dos capitalistas nos países avançados, pela revolução democrática na Rússia (república democrática, jornada de trabalho de 8 horas e confisco das terras dos latifundiários), pela república em países monárquicos atrasados em geral etc.".[51]

Meses mais tarde, polemizando com Trotsky, que argumenta que na era do imperialismo uma revolução "nacional" é impossível, pois o imperialismo não opõe "a nação burguesa ao antigo regime, mas sim o proletariado à nação burguesa",[52] afirma Lenin: "Na Rússia, as massas populares pequeno-burguesas, principalmente o campesinato, constituem, como sempre, a maioria da população. Eles são oprimidos acima de tudo pelos latifundiários [...]".

"Desta situação real pode-se deduzir claramente a tarefa do proletariado. Essa tarefa é travar a luta revolucionária contra a monarquia com audácia inflexível (usando as palavras de ordem da Conferência de janeiro de 1912, os 'três pilares'), uma luta que arrastará todas as massas democráticas, isto é, principalmente o campesinato. E, ao mesmo tempo, lutar implacavelmente contra o chauvinismo, lutar pela revolução socialista na Europa em aliança com o proletariado *europeu*. As vacilações da pequena burguesia não são casuais; elas são inevitáveis e derivam de sua situação de classe. A crise provocada pela guerra reforçou os fatores econômicos e políticos que

---

[51] Lenin, V. I. *Conferencia ante las secciones del POSDR eje el extranjero, op. cit.*, p. 254.

[52] Citações de Lenin retiradas do jornal *Nasbe Slovo*.

empurram a pequena burguesia – incluindo o campesinato – para a esquerda. Tais são as bases objetivas que tornam completamente possível a vitória da revolução democrática na Rússia [...]."

"A principal tarefa de um partido revolucionário é esclarecer a correlação de classes na revolução que se aproxima [...]."

"Trotsky não pensou que se o proletariado arrastar as massas não proletárias do campo para confiscar as terras dos latifundiários e derrubar a monarquia, isso será precisamente o ponto culminante da 'revolução burguesa nacional' na Rússia! Essa será justamente a ditadura democrática revolucionária do proletariado e do campesinato!"

"Essa é hoje a chave da questão. O proletariado luta e continuará lutando abnegadamente pela conquista do poder, pela república e pelo confisco das terras, *ou seja*, para conquistar o campesinato, para utilizar *até o fim* suas forças revolucionárias e por fazer com que 'as massas populares *não* proletárias' participem na emancipação da Rússia burguesa do 'imperialismo' militar-feudal (= tsarismo). E o proletariado aproveitará imediatamente esta libertação da Rússia burguesa do tsarismo e do poder dos latifundiários, não para ajudar os camponeses ricos em sua luta contra os trabalhadores rurais, mas para realizar a revolução socialista em aliança com os proletários da Europa [...]."[53]

"A revolução socialista", Lenin afirma em outro texto, "não é um ato único, nem uma batalha em uma única frente, mas toda uma época de acirrados conflitos de classes, uma longa série de batalhas em todas as frentes; isto é, sobre todos os problemas da economia e da política, batalhas que só podem culminar com a expropriação da burguesia".[54]

A luta pela realização das tarefas democráticas não desvia o proletariado da revolução socialista, mas aproxima-o dela.

---

[53] Lenin, V. I. *Sobre las dos líneas de la revolución* (20 nov. 1915), t. 23, p. 51-52.
[54] Lenin, V. I. *La revolución socialista y el derecho de las naciones a la autodeterminación* (Tesis) (jan.-fev. 1916), t. 23, p. 242.

O CARÁTER DA REVOLUÇÃO

Em outubro de 1916, ele insistirá que apenas os países mais avançados da Europa Ocidental e da América do Norte "amadureceram para o socialismo", e que os países não desenvolvidos do Leste Europeu, entre os quais ele considera a Rússia,[55] "têm que cumprir ainda as tarefas nacionais gerais, isto é, tarefas democráticas [...]".[56] Mas embora as tarefas do proletariado russo sejam tarefas democráticas, aparece cada vez mais claro aos olhos de Lenin – à medida que a guerra avança e se agrava a situação crítica dos países beligerantes – que essas tarefas devem ser inseridas em um novo contexto que ultrapassa os marcos da revolução democrático-burguesa. Assim o manifesta em setembro de 1915.

A crise que surgiu da guerra imperialista é tal e acelerou de tal forma o curso da história que "*vinculou* a crise revolucionária na Rússia, crise surgida no terreno da revolução democrática burguesa, à crise cada vez mais profunda da revolução proletária, socialista no Ocidente", convertendo a revolução democrático-burguesa naquele país não mais apenas no "prólogo" – como afirmava o dirigente bolchevique em 1905 –, mas em "um elemento integrante da revolução socialista do Ocidente".[57]

Se Lenin, em setembro de 1915, vinculava muito claramente a futura revolução russa à revolução socialista mundial, em janeiro de 1917 – depois de dois anos e meio de guerra, quando a crise se aprofundou, e diante de uma nova virada na política imperialista em relação ao restabelecimento da paz, com o perigo do desarmamento das forças revolucionárias que isso implica – ele reforça essas posições.

"É precisamente agora", diz ele, "que a burguesia dominante se prepara para desarmar tranquilamente milhões de proletários,

---

[55] Ver classificação de países, *op. cit.*, p. 249-250.
[56] Lenin, V. I. *Una caricatura del marxismo* (ago.-out. 1916), t. 24, p. 61.
[57] Lenin, V. I. *La derrota de Rusia y la crisis revolucionaria* (5 set. 1915), t. 23, p. 9-10.

quando adquire um significado ainda maior do que no início da guerra a palavra de ordem que nosso partido dirigiu ao povo no outono de 1914: transformar a guerra imperialista em guerra civil pelo socialismo."[58]

Linhas antes, havia expressado: "Uma paz democrática é impossível a menos que o proletariado revolucionário da Inglaterra, França, Alemanha e Rússia derrube os governos burgueses".[59]

E nesse mesmo mês, em um informe sobre a Revolução de 1905, afirma que a futura revolução europeia "só pode ser uma revolução proletária" não só porque *o proletariado será "a sua força dirigente*, a vanguarda do movimento",[60] mas "num sentido ainda mais profundo da palavra: uma revolução proletária e socialista também por *seu conteúdo*".[61]

"Assim como na Rússia em 1905, sob a direção do proletariado, começou uma insurreição popular contra o governo tsarista, cujo objetivo era a conquista da república democrática, assim os próximos anos conduzirão a Europa [...] a insurreições populares dirigidas pelo proletariado contra o poder do capital financeiro, contra os grandes bancos, contra os capitalistas. E esses cataclismos só poderão terminar com a expropriação da burguesia, com o triunfo do socialismo."[62]

Poucos dias antes, havia insistido em que a sociedade capitalista moderna estava "plenamente madura para a transição para o socialismo",[63] particularmente – e não *exclusivamente* – nos países avançados, como apontava ao se iniciar a guerra. Por quê? Porque no "transcurso da guerra o capitalismo mundial deu um passo à frente

---

[58] Lenin, V. I. "Un viraje en la política mundial" (jan. 1917), t. 24, p. 291.

[59] *Ibid*, p. 291. (o grifo é de M. H.).

[60] Lenin, V. I. *Informe sobre la revolución de 1905* (jan. 1917), t. 24, p. 260 (O grifo é de M. H.).

[61] *Ibid.*, p. 274 (O grifo é de M. H.).

[62] *Ibid.*, p. 274.

[63] Lenin, V. I. *Borrador para un llamamiento* (26 dez. 1916), t. 24, p. 224.

O CARÁTER DA REVOLUÇÃO

não apenas em direção à concentração em geral, mas também em direção à transição do monopólio em geral para o capitalismo de Estado em uma escala muito mais ampla do que antes".[64]

E dá um exemplo concreto:

"Se a Alemanha pode dirigir a partir de um *centro único* a vida econômica de 66 milhões de pessoas e tensionar as energias do povo para travar uma guerra de rapina para satisfazer os interesses de 100 ou 200 magnatas financeiros ou aristocratas, da monarquia, então as massas despossuídas podem fazer *o mesmo* em benefício dos interesses de 9/10 da população, se sua luta for dirigida por trabalhadores com consciência de classe, livres da influência dos social-imperialistas e dos social-pacifistas".[65]

Mas embora Lenin esteja otimista do ponto de vista estratégico quanto à evolução revolucionária da situação europeia, ainda vê a vitória muito longe a ponto de afirmar, em janeiro de 1917: "Nós, os da velha geração, talvez não cheguemos a ver as batalhas decisivas dessa revolução futura".[66] O seu pessimismo deve-se, sem dúvida, à atitude social-chauvinista que prevalece nos partidos social-democratas dos países mais avançados da Europa, o que determina que "o movimento revolucionário cresça com extrema lentidão e dificuldade".[67] Lenin nunca imaginou que apenas algumas semanas depois veria nascer a primeira dessas revoluções e, meses depois, se tornaria seu máximo dirigente. E menos ainda imaginava que a revolução na Rússia entregaria o poder à burguesia. Lenin pensava que o proletariado, e não a burguesia, estaria à frente da futura Revolução Russa, apoiado por todo o povo. Do anteriormente exposto, podemos tirar as seguintes conclusões:

---

[64] *Op. cit.*, p. 226-227.
[65] *Op. cit.*, p. 224.
[66] Lenin, V. I. *Informe de la revolución de 1905, op. cit.*, p. 274.
[67] Lenin, V. I. *Carta a G F. Armand* (25 dez. 1916), t. 39, p. 401.

Primeira: a guerra imperialista acelera enormemente o desenvolvimento do capitalismo, amadurecendo plenamente as condições objetivas para a realização do socialismo.

Segunda: somente o proletariado direcionando suas armas contra a burguesia poderá acabar com o regime imperialista promotor da guerra e seus horrores e conquistar a paz. E só esta classe social será capaz de realizar as tarefas econômicas e sociais capazes de tirar os países da crise resultante da guerra.

Terceira: se, com relação *classe capaz de alcançar uma vitória definitiva* contra o imperialismo, a revolução é uma revolução proletária, o proletariado deverá enfrentar diferentes *tarefas* de acordo com o grau de desenvolvimento econômico e social alcançado por cada país.

Quarta: essas tarefas já estarão enfocadas, porém, em uma perspectiva socialista. Em alguns países poderá se estabelecer o socialismo imediatamente: em outros, como a Rússia, serão dados passos nessa direção. Esse é o profundo significado de sua afirmação de que a Revolução Russa não se limita mais a ser o prólogo, como em 1905, mas é parte integrante da revolução socialista mundial.

Quinta: Lenin fala de revolução proletária e de revolução socialista. Ambos os termos não são exatamente equivalentes. Quando fala da revolução proletária, refere-se à classe que constitui a sua força dirigente, à classe que está à frente do movimento revolucionário. Quando fala de revolução socialista, refere-se ao conteúdo socioeconômico da revolução, às tarefas que devem ser promovidas para que aquele país se desenvolva.

Todas as revoluções originadas pela guerra serão revoluções proletárias porque será o proletariado quem estará na frente da luta; mas nem todas as revoluções poderão cumprir de imediato as tarefas socialistas, embora todas se encaminharão para esse objetivo no momento mesmo em que o proletariado assuma o poder.

A esta altura, em uma fase de plena expansão do capital financeiro em que cada país é apenas um elo da cadeia imperialista,

Lenin já descartou uma revolução proletária para promover o desenvolvimento do capitalismo.

Este ponto será visto com maior clareza mais adiante.

Sexta: devido ao desenvolvimento desigual do capitalismo, a revolução socialista não começará simultaneamente em todos os países mais avançados, mas poderá começar em um ou em vários países. Lenin está confiante, no entanto, que esta revolução se espalhará para o resto dos países da Europa em um tempo relativamente curto.

A complexidade da Revolução Russa de Fevereiro

O primeiro triunfo revolucionário resultante da guerra imperialista ocorreu: a Revolução Russa de Fevereiro derrotou o tsarismo. "A revolução foi obra do proletariado que deu mostras de heroísmo, que derramou seu sangue, que soube conduzir a luta até às mais amplas massas trabalhadoras e às camadas mais pobres da população: que exige pão, paz e liberdade, que exige a república e é simpatizante do socialismo."[68] Trata-se – segundo Lenin – da "primeira etapa da primeira das *revoluções proletárias* que são o inevitável resultado da guerra.[69]

Mas como – dirão vocês – uma revolução proletária que entrega o poder à burguesia?

Sim, para surpresa do dirigente bolchevique, o auge revolucionário das massas dirigidas pelo proletariado não levou esta classe ao poder como ele imaginava, mas entregou "voluntariamente" o poder à burguesia.

---

[68] Lenin, V. I. *Cartas desde lejos*, 2ª carta (9 mar. 1917), t. 24, p. 348 [Cartas de longe, ed. bras. cit., p. 130]. "O proletariado da Rússia – diz em outro texto – se transformou na vanguarda do proletariado revolucionário do mundo inteiro". (Carta de despedida a los obreros suizos (8 abr. 1917), t. 24, p. 414.

[69] Lenin, V. I. *VII Conferencia (abril) de toda Rusia del POSDR* (b) (24-29 abr. 1917), t. 25, p. 274.

Vamos rever como ele descreve e explica essa situação peculiar: "A primeira revolução engendrada pela voraz guerra mundial entre os capitalistas de vários países estourou. A guerra imperialista [...] *começa* a se transformar em guerra civil, ou seja, em guerra dos trabalhadores contra os capitalistas, guerra dos trabalhadores e oprimidos contra seus opressores, contra tsares e reis, contra latifundiários e capitalistas, em uma guerra pela completa libertação da humanidade das guerras, da miséria das massas, da opressão do homem pelo homem!"

"Os trabalhadores russos tiveram a honra e a sorte de serem os *primeiros* em começar a revolução, ou seja, a única, justa e legítima grande guerra, a guerra dos oprimidos contra os opressores."

"Os trabalhadores de Petersburgo derrubaram a monarquia dos tsares. Lutando heroicamente contra a polícia e as tropas tsaristas, os trabalhadores iniciaram a insurreição indefesos diante das metralhadoras e conseguiram conquistar para a sua causa a maioria dos soldados da guarnição de Petersburgo. A mesma coisa aconteceu em Moscou e em outras cidades. Abandonado por suas tropas, o tsar teve que se render; abdicou em seu nome e no de seu filho. Propôs entregar a coroa a seu irmão Miguel."

"Por causa da vertiginosa rapidez da revolução, do apoio direto prestado pelos capitalistas anglo- franceses, da insuficiente consciência de classe da *massa* trabalhadora e popular de Petersburgo, por causa da organização e preparação dos latifundiários e capitalistas russos, eles conseguiram se *apropriar* do poder".[70] Trata-se então de uma situação muito particular à qual os esquemas livrescos não podem ser aplicados.

A primeira etapa desta revolução proletária caracteriza-se por ter entregue o poder à burguesia de forma compartilhada com os so-

---

[70] Lenin, V. I. *La revolución en Rusia y la tarea de los obreros en todos los países* (12 mar. 1917), t. 24, p. 390-391.

vietes de trabalhadores e soldados. De um lado está a ditadura da burguesia e, do outro, "a ditadura democrática do proletariado e do campesinato" – dirá Lenin –, mas estes últimos, em vez de se apoderarem de todo o poder, colocam o poder que controlam a serviço da burguesia. A influência pequeno-burguesa nos sovietes é enorme; o peso dos soldados, em sua imensa maioria de origem camponesa, se faz sentir; os próprios trabalhadores acreditam, em sua grande maioria, que devem apoiar a burguesia porque estão convencidos de que esse governo burguês responderá às suas aspirações mais profundas: paz, pão, terra e liberdade.

Desde seus primeiros escritos, Lenin se esforça para mostrar quão falsas são essas ilusões do povo e, ao retornar à Rússia, orienta seu partido a realizar intenso trabalho de propaganda contra isso.

Poucos dias após o triunfo revolucionário, ele escreve do exílio.

O governo de outubristas e democratas-constitucionalistas, dos Guchkov e dos Miliukov, *não pode dar ao povo* – ainda que o desejassem sinceramente (apenas crianças de colo podem crer na sinceridade de Guchkov e Lvov) – *nem a paz, nem o pão, nem a liberdade.*

Não pode dar a paz porque é um governo de guerra, um governo de continuação da matança imperialista, um governo de *rapina* que deseja saquear a Armênia, a Galícia, a Turquia, deseja conquistar Constantinopla, reconquistar a Polônia, a Curlândia, o território lituano etc. Este governo está com as mãos e os pés atados pelo capital imperialista anglo-francês. O capital russo nada mais é que uma sucursal da "empresa" mundial que manipula *centenas de bilhões* de rublos, chamada "Inglaterra e França".

Não pode dar o pão, porque este governo é burguês. *Na melhor das hipóteses* dará ao povo "uma fome genialmente organizada", como o fez na Alemanha. Mas o povo não tolerará a fome. O povo descobrirá, e certamente em breve, que há pão e que é possível obtê-lo, mas apenas com medidas que não respeitem *a santidade do capital e da propriedade da terra.*

Não pode dar a liberdade, "porque este governo é um governo de latifundiários e capitalistas, que *teme* o povo e já está em conluios com a dinastia dos Romanov".[71]

Mas não é só o povo que está confuso, nem mesmo apenas os dirigentes dos partidos que representam a pequena burguesia: os mencheviques e os socialistas-revolucionários. A fórmula da "ditadura democrática revolucionária do proletariado e do campesinato", elaborada por Lenin em 1905, é a fórmula que se usa nesse momento dentro de seu partido. Havia sido ratificada em janeiro de 1912 na última conferência antes do triunfo e o próprio Lenin ainda a utiliza em setembro de 1915:

"O conteúdo social da revolução que está chegando na Rússia", afirmou então, "só pode ser a *ditadura revolucionária do proletariado e do campesinato*. A revolução não pode triunfar na Rússia sem derrubar a monarquia e os latifundiários feudais, e estes não podem ser derrubados se o proletariado não tiver o apoio do campesinato [...]. É dever do proletariado da Rússia completar a revolução democrático-burguesa na Rússia *com o objetivo* de iniciar a revolução socialista na Europa."[72]

No entanto, como vimos no capítulo anterior, à medida que a crise geral produzida pela guerra se aprofunda e que o imperialismo passa para fases superiores, concretamente, ao capitalismo monopolista de Estado, o dirigente bolchevique *muda de posição e considera* esta fórmula já ultrapassada: fala então da revolução proletária e de passos ao socialismo.

Mas essas novas postulações não parecem ter sido assimiladas por seu partido. Assim, Lenin deve empreender uma árdua luta ideológica para convencer os dirigentes bolcheviques de que não cabe mais falar em "ditadura democrático-revolucionária do prole-

---

[71] Lenin, V. I. *Cartas desde lejos. 1ª carta* (7 mar. 1917), t. 24, p. 345-346 [Cartas de longe. Ed. bras. cit., p. 126].

[72] Lenin, V. I. *Algunas tesis* (23-26 set. 1915), t. 23, p. 33-34. (O grifo é de M. H.)

O CARÁTER DA REVOLUÇÃO

tariado e do campesinato", que agora está na ordem do dia a tomada do poder político pelo proletariado e que, portanto, com o cumprimento das tarefas democrático-burguesas no campo, medidas econômicas radicais devem ser adotadas para enfrentar o desastre produzido pela guerra, medidas que *já* são passos para o socialismo. Sabendo que com essas postulações rompe com todos os esquemas que até então os dirigentes bolcheviques manejavam, Lenin se vê obrigado a insistir nos textos desse período em que o marxismo "não é um dogma, mas um guia para a ação".

O marxista – insiste mais adiante – "deve tomar conhecimento da vida real, dos fatos exatos da *realidade*, e não se aferrar a uma teoria de outrora, que, como todas as teorias, no máximo apenas esboça o fundamental e o geral, apenas se *aproxima* da tarefa de abranger a vida em toda a sua complexidade".

"A teoria", acrescenta, citando uma frase do *Fausto* de Goethe, "é cinzenta, mas a árvore da vida é eternamente verde".[73]

Vejamos agora quais são as principais proposições de Lenin sobre a nova situação política que a Rússia enfrenta: "Antes da revolução de fevereiro-março de 1917, o poder na Rússia estava nas mãos de uma antiga classe, ou seja, a nobreza feudal latifundiária, encabeçada por Nicolau Romanov."

"Depois desta revolução, o poder está nas mãos de uma classe *diferente*, uma classe nova, ou seja, *da burguesia*."

"Consequentemente, a revolução burguesa ou democrático-burguesa na Rússia foi *consumada*."

"Mas neste momento ouvimos um clamor de protesto de pessoas que gostam de se chamar 'velhos bolcheviques': por acaso, não afirmamos sempre", dizem eles, "que a revolução democrático-burguesa só culmina com a 'ditadura democrática revolucionária

---

[73] Lenin, V. I. *Cartas sobre la táctica* (8-13 abr. 1917), t. 24, p. 459-461. Na tradução de Cartago, diz: "el árbol eterno de la vida es verde".

do proletariado e campesinato? Por acaso a revolução agrária, que é também uma revolução democrático-burguesa, foi consumada? Por acaso não é um fato, ao contrário, que ela *nem sequer começou?*"

"Minha resposta é: as palavras de ordem e ideias bolcheviques *em geral* foram confirmadas pela história, mas *concretamente* as coisas aconteceram de *um modo diferente*; revelaram-se mais originais, mais peculiares, mais variadas do que se poderia esperar."

"Ignorar ou deixar de lado este fato equivaleria a assemelhar-se àqueles 'velhos bolcheviques' que mais de uma vez desempenharam um papel tão lamentável na história de nosso partido, repetindo sem sentido fórmulas aprendidas de memória; em vez de estudar as especificidades da nova situação, da realidade viva."

"A ditadura democrática revolucionária do proletariado e do campesinato já é uma realidade (de certa forma e até certo ponto) na Revolução Russa, pois esta 'fórmula' contempla apenas uma *relação de classe,* e não uma *instituição política concreta* que leva a cabo essa correlação, essa colaboração. 'O Soviete de Deputados Operários e Soldados': aí vocês têm tornada realidade a 'ditadura democrática revolucionária do proletariado e do campesinato'."

"Essa fórmula envelheceu. Os acontecimentos a transferiram do reino das fórmulas para o reino da realidade, dotaram-na de carne e osso, tornaram-na concreta e, *com isso*, a modificaram."

"Devemos agora enfrentar uma nova e diferente tarefa: produzir uma divisão *dentro* desta ditadura entre os elementos proletários (os elementos antidefensistas, internacionalistas, 'comunistas' que estão na transição para a comuna) e os elementos *pequeno-proprietários ou pequeno-burgueses* (Chjeidze, Tsereteli, Steklov, os socialistas-revolucionários e outros defensistas revolucionários, que se opõem a que se avance à comuna e são a favor de 'apoiar' a burguesia e o governo burguês)."

"Quem *no momento atual* só fala em 'ditadura democrática revolucionária do proletariado e do campesinato' está atrasado, em

O CARÁTER DA REVOLUÇÃO

consequência passou, na realidade, para a pequena burguesia e está contra a luta de classe proletária, razão pela qual deveria ser relegado a arquivo de antiguidades 'bolcheviques' pré-revolucionárias (poder-se-ia chamá-los de arquivo de 'velhos bolcheviques')."

"A ditadura democrática revolucionária do proletariado e do campesinato já foi realizada, mas de uma forma extremamente original e com uma série de modificações muito importantes."

"Tratar o problema da 'consumação' da revolução burguesa *à moda antiga* é sacrificar o marxismo vivo à letra morta."

"Segundo a antiga forma de pensar, a dominação da burguesia podia e devia ser seguida pela dominação do proletariado e do campesinato, por sua ditadura."

"Na vida real, porém, as coisas já aconteceram de forma *diferente;* produziu-se um entrelaçamento de um com o outro de forma extremamente original, nova, sem precedentes. Temos lado a lado, coexistindo simultaneamente, *tanto* a dominação da burguesia (o governo de Lvov e Guchkov) como uma ditadura democrática revolucionária e o campesinato *voluntariamente* cede o poder à burguesia, que voluntariamente se converte em apêndice da burguesia".[74]

"Por outro lado", explicita mais adiante, "no que diz respeito à 'fórmula' da ditadura do proletariado e do campesinato, convém lembrar que, em *Duas táticas* (julho de 1905), sublinhava especialmente:"

"A ditadura democrática revolucionária do proletariado e do campesinato tem, como tudo no mundo, seu passado e seu futuro. Seu passado é a autocracia, o regime feudal, a monarquia, os privilégios [...]. São seu futuro a luta contra a propriedade privada, a luta do assalariado contra o patrão, a luta pelo socialismo [...]"

"O erro do camarada Kamenev é que mesmo em 1917 ele vê apenas o *passado* da ditadura democrática revolucionária do proletariado e do campesinato. Na realidade, seu *futuro* já come-

---

[74] *Ibid.*, p. 459-461.

çou, pois *na prática* os interesses e a política do trabalhador e do pequeno proprietário já se diferenciaram, inclusive em problema tão importante quanto o do 'defensismo', o da atitude em relação à guerra imperialista".[75]

Até aqui o autor tentou demonstrar por que não se trata agora de caminhar para a consumação da revolução burguesa por meio da fórmula já ultrapassada da "ditadura do proletariado e do campesinato".

Mas o fato de Lenin afirmar que a revolução burguesa já se "consumou" significa que o dirigente bolchevique desconheça as tarefas democrático-burguesas a serem realizadas e pretenda implantar imediatamente o socialismo? Não, responde, longe disso, "eu advirto contra isso".[76] Não se trata de implantar imediatamente relações de produção socialistas, mas de adotar medidas econômicas como controle dos bancos, da distribuição de alimentos etc. que ainda não são medidas socialistas, mas sim "um passo para o socialismo".[77]

E o que obriga a dar esses passos?

"A fome. A desorganização da economia. A ruína iminente. Os horrores da guerra [...]".[78] O fato de a burguesia ter se instalado no poder em uma revolução que Lenin define como a primeira etapa da primeira das revoluções proletárias engendradas pela guerra é um fato que tem confundido muitos teóricos marxistas. Estes, baseados em citações textuais de Lenin separadas de seu contexto, esquecendo a polêmica de Lenin com os "velhos bolcheviques" e sua insistência na natureza complexa de toda revolução, eles argumentaram que a Revolução de Fevereiro na Rússia foi uma revolução burguesa e que a partir da instalação da burguesia no poder foi necessário dirigir-se para a revolução socialista.

---

[75] *Ibid.*, p. 467-468.
[76] *Ibid.*, p. 468.
[77] *Ibid.*, p. 469.
[78] *Ibid.*, p. 470.

O CARÁTER DA REVOLUÇÃO

Com efeito, Lenin afirma em alguns textos – como o que citamos a seguir – que a Revolução Russa de fevereiro foi burguesa: "A nossa é uma revolução burguesa, portanto os trabalhadores devem apoiar a burguesia, dizem os Potresovs, os Gvózdiez e os Chkheidze, como já dissera *Plekhanov*."

Nossa revolução é burguesa – dizemos nós, marxistas, e por isso os operários devem abrir os olhos do povo para que veja a mentira dos políticos burgueses e para ensiná-lo a não acreditar nas palavras, a contar unicamente com *suas próprias* forças, com *sua própria* organização, com *sua própria* união, com *seu próprio* armamento.[79]

Por que Lenin – que afirmou que a Revolução Russa de fevereiro de 1917 é uma revolução proletária, a "primeira etapa da primeira das revoluções proletárias [...]"[80] – afirma em alguns textos que é uma revolução burguesa e em outros insiste nisso como se tal já fosse "consumada"?

Estas formulações só podem ser corretamente interpretadas no contexto da polêmica que surgiu na Rússia, naquele momento histórico essencial, entre aqueles que defendem que, uma vez que o caráter da revolução é burguês, a burguesia deve ser apoiada para que ela possa terminar de realizar as tarefas democrático-burguesas; e aqueles que – como Lenin – argumentam que não se deve apoiar esse governo burguês, mas lutar para que o poder passe para as mãos do proletariado, porque somente esta classe social, com o apoio da maioria do povo, poderá realizar essas tarefas e, principalmente, pôr fim à guerra imperialista e alcançar a paz, o desejo mais profundo do povo.

Esse mesmo contexto é o que permite entender que, em outros escritos, ele insista se tratar de uma revolução burguesa já consumada, quando o dirigente bolchevique sabe perfeitamente, como

---

[79] Lenin, V. I. *Cartas desde lejos. 1ª carta*. (7 mar. 1917), t. 24, p. 344 [Cartas de longe. Ed. bras. cit., p. 125].

[80] Lenin, V. I. *VII Conferencia de toda Rusia del POSDR, op. cit.*, t. 25, p. 274.

veremos adiante, que uma parte importante das tarefas democráti-co-burguesas ainda não foram realizadas. É uma fórmula útil para alcançar os objetivos que Lenin busca: impulsionar seu partido a uma luta frontal contra esse governo burguês.

Mas a caracterização mais precisa da Revolução de Fevereiro é outra. E, para realizá-la, devemos lembrar o que Marx pensa da Revolução de 1848 na Alemanha (na época das revoluções burguesas): trata-se de uma revolução abortada, inacabada, porque não entrega o poder às classes revolucionárias, mas faz um acordo com as classes reacionárias.

Agora, na era da revolução socialista, uma revolução que, em vez de entregar o poder à classe trabalhadora e aos setores populares que a apoiavam, entregou, em sua primeira etapa, o poder à burguesia, deve, portanto, ser completada, entregando o poder ao proletariado.

Diz Lenin: "A peculiaridade do atual momento da Rússia consiste na transição da primeira etapa da revolução que deu o poder à burguesia devido ao proletariado carecer do necessário grau de consciência e organização, à sua *segunda etapa*, que deve pôr o poder nas mãos do proletariado e das camadas pobres do campesinato".[81]

Por que a insistência de Lenin na transferência do poder ao proletariado? Embora já o tenhamos indicado anteriormente, vamos agora citar textualmente o estrategista da futura revolução vitoriosa:

"Não *há* outra saída a não ser uma revolução proletária [...]. A guerra levou a humanidade *à beira do abismo*, à beira da destruição da civilização, da brutalização e aniquilação de milhões e milhões de seres humanos".[82]

---

[81] Lenin, V. I. *Las tareas del proletariado en la presente revolución* (7 abr. 1917), t. 24, p. 437 [As tarefas do proletariado na presente revolução – teses de abril. *In: Lenin e a revolução de outubro...*, cit., p. 170-171].

[82] Lenin, V. I. *Las tareas del proletariado en nuestra revolución* (Proyecto de plataforma del Partido Proletario) (10 abr. 1917), t. 24, p. 505. [As tarefas do

O CARÁTER DA REVOLUÇÃO

E então, com amargura, aponta: "E em um momento assim, no qual esta revolução começa, no qual ela dá seus primeiros passos, tímidos, inseguros, inconscientes, confiando excessivamente na burguesia; num momento como esse, a maioria [...] dos líderes 'social-democratas'[...] trai o socialismo, vende o socialismo e passa ao campo de 'sua' burguesia nacional".[83]

Do exposto anteriormente, podem ser tiradas as seguintes conclusões:

Primeiro: para Lenin, a Revolução Russa de fevereiro de 1917 é uma revolução proletária porque foi a insurreição da classe trabalhadora que derrubou o tsarismo. Isso indica que o que caracteriza a revolução, mais do que a classe que assume o poder (pode ser uma revolução inacabada), é sua *força dirigente,* ou seja, a força sobre cujos ombros recai a responsabilidade de *conduzir* a revolução para frente.

Segundo: outro dos elementos que usa para definir a revolução é a classe que assume o poder, e nesse sentido em alguns textos fala da Revolução de Fevereiro como uma revolução burguesa, mas, como vimos anteriormente, não é um elemento fundamental para determinar seu caráter, embora seja para caracterizar uma etapa determinada de seu desenvolvimento.

Terceiro: a fórmula de 1905: "ditadura democrático-revolucionária do proletariado e do campesinato" está ultrapassada; agora se trata de uma revolução que deve entregar o poder ao proletariado não para estabelecer de imediato as relações de produção socialista, mas para adotar determinadas medidas econômicas direcionadas

---

proletariado na nossa revolução (projeto de plataforma do partido proletário). *In: Lenin e a revolução de outubro...,* cit., p. 212, 220-221].

[83] *Ibid.,* p. 505 [ed. bras. cit., p. 220]. Com esses argumentos, ele tenta convencer seu partido a abandonar o nome social-democrata e adotar o de Partido Comunista.

a esse objetivo, pois só assim a Rússia poderá sair da estagnação e da crise.

Quarto: toda revolução é enormemente complexa, não permite a aplicação de fórmulas abstratas; é necessário ser capaz de dar conta de suas peculiaridades concretas em cada caso.

De Fevereiro a Outubro: não se pode avançar sem marchar para o socialismo[84]

A caracterização de Lenin da revolução proletária (a primeira das revoluções proletárias engendradas pela guerra) e depois o fato de que aponte que o passo seguinte dessa revolução inacabada consiste na tomada do poder pelo proletariado, não significa no entanto, como já vimos, que o máximo dirigente bolchevique afirme que seja necessário passar imediatamente ao "socialismo" naquele país.[85] Ao contrário, em março de 1917 ele afirma: "A Rússia é um país camponês, um dos países mais atrasados da Europa. Na Rússia, o socialismo não pode triunfar direta e imediatamente".[86]

O que significa esta afirmação? Que é necessário passar por uma etapa de desenvolvimento capitalista como Lenin postulava em 1905?

Não. A Rússia imperialista de 1917, embora ainda seja um dos países mais atrasados da Europa, também sofreu o impulso acelerador da guerra. Não apenas o capitalismo se desenvolveu rapidamente, especialmente em setores estratégicos, chegando ao âmbito de capitalismo monopolista de Estado, mas, ao mesmo tempo, a crise

---

[84] Aqui analisamos apenas os problemas que nos parecem interessantes para caracterizar a revolução. Na terceira parte de nosso próximo livro, *Instrumentos leninistas de dirección política*, nos estenderemos amplamente sobre esta fase crucial da revolução.

[85] Lenin, V. I. *Las tareas del proletariado en la presente revolución* (7 abr. 1917), t. 24, p. 438 [As tarefas do proletariado na presente revolução – teses de abril. *In: Lenin e a revolução de outubro...*, cit., p. 172].

[86] Lenin, V. I. *Carta de despedida a los obreros suizos* (26 mar. 1917), t. 24, p. 414.

O CARÁTER DA REVOLUÇÃO

produzida pela guerra exige a adoção de medidas radicais que, embora não afetem ainda a propriedade privada capitalista, pretendem submeter a gestão capitalista ao controle operário, o que implica já dar os primeiros passos rumo ao socialismo.

Desde o mês de abril, "muito antes da Revolução de Outubro, ou seja, muito antes de que tomássemos o poder", afirma Lenin, "declaramos abertamente e explicamos ao povo: a revolução não pode ser detida agora nesta etapa, porque o país avançou, o capitalismo avançou, a ruína atingiu proporções nunca antes vistas, o que (queira-se ou não) *exigirá* dar passos *rumo ao socialismo*, pois não *há* outro modo de avançar, salvar o país, esgotado pela guerra, e de *aliviar* os sofrimentos dos trabalhadores e explorados".[87]

E poucas semanas antes da Revolução de Outubro, explica exaustivamente esses argumentos repetidos ao longo dos meses anteriores:

"Na história em geral, e em tempos de guerra em particular, não se pode permanecer quieto em um lugar. Devemos avançar ou retroceder. Na Rússia do século XX, que conquistou a república e a democracia por via revolucionária, é *impossível* avançar sem marchar para o socialismo, sem dar *passos* para ele (passos condicionados e determinados pelo nível técnico e cultural: na agricultura baseada nas propriedades camponesas é impossível 'implantar' a grande produção mecanizada; na fabricação do açúcar é impossível suprimi-la)."

"E temer avançar *significa* retroceder [...]"

"A dialética da história é tal que a guerra, ao acelerar extraordinariamente a transformação do capitalismo monopolista em capitalismo monopolista de Estado, *com isso* impulsiona extraordinariamente a humanidade para o socialismo."

"A guerra imperialista é a véspera da revolução socialista. Isso não se deve apenas a que a guerra engendra, com seus horrores, a

---

[87] Lenin, V. I. *La revolución proletaria y el renegado Kautsky* (out.-nov. 1918), t. 30, p. 150.

insurreição proletária – pois não há insurreição capaz de instaurar o socialismo se as condições econômicas para o socialismo não tiverem amadurecido –, mas também porque o capitalismo monopolista de Estado é a completa preparação *material* para o socialismo, a *antessala* do socialismo, um degrau na escada da história; entre esse degrau e o degrau chamado socialismo *não há nenhum outro degrau intermediário*".[88]

O socialismo "nada mais é do que o monopólio capitalista de Estado *colocado a serviço de todo o povo* e que, portanto, *deixou* de ser monopólio capitalista".[89]

Em seguida, dá um exemplo concreto tirado do capitalismo de Estado alemão, onde o governo impôs naquele país – motivado pelas necessidades da guerra – o trabalho geral obrigatório.

"Na Alemanha, são os *junkers* e os capitalistas que implantam o trabalho geral obrigatório; por isso tal medida inevitavelmente se converte na instauração de uma prisão militar para os trabalhadores."

"Mas peguem a mesma instituição e meditem no significado que ela teria em um Estado democrático revolucionário. O trabalho geral obrigatório instituído, regulamentado e dirigido pelos sovietes de deputados operários, soldados e camponeses *ainda não seria* o socialismo, mas *não seria* mais o capitalismo. Representaria um passo gigantesco *rumo* ao socialismo, um passo após o qual seria impossível, se uma democracia plena fosse mantida, retroceder ao capitalismo sem recorrer a uma violência sem precedentes contra as massas".[90]

Medidas como a nacionalização dos bancos; a nacionalização das grandes associações monopolistas dos capitalistas (açúcar, petró-

---

[88] Lenin, V. I. *La catástrofe que nos amenaza y cómo combatirla* (10-14 set. 1917), t. 26, p. 442.
[89] *Ibid.*, p. 441.
[90] *Ibid.*, p. 443.

O CARÁTER DA REVOLUÇÃO

leo, carvão, aço e outros setores); a abolição do segredo comercial; a sindicalização compulsória e a organização obrigatória da população em cooperativas de consumo são as únicas medidas que podem tirar o país da crise em que se encontra.

Para que essas medidas produzam os efeitos desejados, é necessário que o proletariado tome o poder. Só então será possível romper de forma revolucionária com os interesses do capital e será possível exercer "um controle verdadeiramente democrático, isto é, 'a partir de baixo, o controle dos trabalhadores e dos camponeses pobres *sobre* os capitalistas [...]'";[91] só então essas medidas se transformarão em passos rumo ao socialismo.

Para levar a cabo estas medidas – afirma – é preciso observar extraordinária prudência e serenidade: é preciso conquistar uma sólida maioria popular e levar a ela a consciência de que as medidas que se implantem já são praticamente exequíveis.[92]

Lenin, que não é apenas um grande estrategista, mas também um grande tático, já em dezembro de 1916, em um artigo dirigido aos social-democratas suíços, advertia-os de que o problema não era contrapor o socialismo ao capitalismo, que isso era muito geral, mas "formular o objetivo *concreto* da 'luta revolucionária das massas' *concreta*, contra um mal *concreto*; ou seja: o alto custo de vida *atual*, o perigo da guerra *atual* ou a guerra *atual*". E mais adiante ele especifica: "O objetivo concreto da 'luta revolucionária de massas' só pode consistir em medidas concretas de uma revolução socialista, e *não* o 'socialismo' em geral". E como exemplo dessas medidas concretas se refere ao "cancelamento das dívidas do Estado e à expropriação

---

[91]   Lenin, V. I. *Las tareas del proletariado en la actual revolución* (7 abr. 1917), t. 24, p. 438.

[92]   Lenin, V. I. *VII Conferencia de toda Rusia del POSDR* (24-29 abr.), t. 25, p. 276.

dos bancos e de todas as grandes empresas".[93] Com muito mais razão essas palavras de Lenin não deverão ser aplicadas à Rússia atrasada.

O dirigente bolchevique insiste que não se trata de implantar o socialismo por decreto, quando ninguém sabe o que isso significa e há até uma rejeição a ele, mas de ir criando gradualmente nas massas, em sua imensa maioria camponesa, uma consciência da necessidade de adotar determinadas medidas para alcançar seus desejos mais sinceros: paz, pão, terra e liberdade.

O partido bolchevique, absolutamente minoritário em fevereiro de 1917, graças a um "paciente e persistente trabalho de 'esclarecimento' adaptado às necessidades *práticas das massas*",[94] seguindo as instruções de Lenin, conseguiu, em poucos meses, alcançar uma esmagadora maioria nos sovietes, condição necessária para o assalto ao poder e para iniciar a implementação dos primeiros passos rumo ao socialismo.

Resumindo, o mesmo Lenin que insiste que "acabou a etapa da revolução burguesa" contra aqueles que pretendem apoiar o governo burguês sob o pretexto de que este ainda não realizou as tarefas que lhe são próprias, e que defende a necessidade imperiosa "de lutar por um governo proletário que conduza o país ao socialismo", é aquele que reafirma reiteradamente, desde suas teses de abril, que a tarefa imediata do proletariado não é a introdução ou implantação do socialismo,[95] mas tomar uma série de medidas práticas que ainda não são socialistas, mas que realmente conduzem ao socialismo, como: nacionalizar a terra, fundir os bancos em um único, sob controle estatal, colocar a produção social e a distribuição de produtos sob o controle dos sovietes. Não se trata mais de impulsionar o desenvol-

---

[93] Lenin, V. I. "Posición de principios respecto a la guerra" (dez. 1916). *OC.*, t. 24, p. 162.

[94] Lenin, V. I. *Cartas sobre la táctica* (8-13 abr. 1917), t. 24 p. 464.

[95] Lenin, V. I. *Las tareas del proletariado en la actual revolución* (7 abr. 1917), t. 24, p. 437.

vimento do capitalismo como em 1905, mas de iniciar o caminho para o socialismo.

A Revolução de Outubro vista em retrospectiva

Quatro anos após do triunfo revolucionário de outubro de 1917, e precisamente por motivo de seu aniversário, Lenin escreve uma de suas páginas mais brilhantes sobre como caracterizar essa revolução. A primeira coisa que chama a atenção neste texto é a relação que se estabelece entre o aspecto proletário e o aspecto democrático burguês da revolução.

A Revolução de Outubro é uma "revolução proletária".[96] O regime soviético "aponta uma ruptura com a democracia *burguesa* e o surgimento de um *novo* tipo de democracia de projeção histórica, ou seja, a democracia proletária ou ditadura do proletariado".[97]

Assim começa "uma nova época da história universal, a época do domínio de uma *nova* classe": o proletariado que avança em toda parte "para a libertação da humanidade do jugo do capital e das guerras imperialistas".[98]

Mais adiante detalharemos a forma como Lenin caracteriza esse novo tipo de Estado. Agora nos interessa examinar, neste texto, como Lenin, que qualifica a Revolução de Outubro como proletária, aponta ao mesmo tempo suas características democrático-burguesas iniciais.

Em primeiro lugar, argumenta que o seu "objetivo direto e imediato" foi "um objetivo democrático-burguês",[99] isto é, destruir os resquícios da servidão: a monarquia, os estamentos, a propriedade

---

[96] Lenin, V. I. *Ante el IV Aniversario de la Revolución de Octubre* (18 out. 1921), t. 35, p. 487 [Para o IV aniversario da Revolução de Outubro. *In: Lenin e a revolução de outubro...*, cit., p. 535].

[97] *Ibid.*, p. 488. [*Ibid.*, p. 535]

[98] *Op. cit.*, p. 488-489 [*Ibid.*, p. 536].

[99] *Op. cit.*, p. 485 [*Ibid.*, p. 531].

fundiária privada e o usufruto da terra, a situação da mulher, a religião e a opressão das nacionalidades.[100] Mas depois esclarece que essas tarefas eram apenas um produto acessório da tarefa principal de caráter proletário socialista.

Em relação a isso, diz textualmente: "Mas para consolidar para os povos da Rússia as conquistas da revolução democrática burguesa, devíamos ir mais longe, e assim o fizemos. Resolvemos os problemas da revolução democrática burguesa tratando-os como um 'subproduto' de nossas atividades fundamentais genuinamente proletárias, revolucionárias e socialistas".

E mais adiante insiste: "As reformas democrático-burguesas [...] são um subproduto da revolução proletária, isto é, socialista". Segundo Lenin, os dirigentes revisionistas como Kautsky, Hilferding etc. "não souberam compreender essa correlação entre a revolução democrático-burguesa e a revolução proletária socialista. A primeira transforma-se na segunda. A segunda resolve de passagem os problemas da primeira. A segunda consolida a obra da primeira. A luta, e só a luta, determina até que ponto a segunda consegue ultrapassar a primeira".[101]

Parece-nos importante insistir em que a transformação da primeira na segunda que o dirigente bolchevique propõe aqui nada tem a ver com sua abordagem de 1905 para a transição ininterrupta da revolução democrático-burguesa para a revolução socialista. Naquela época, as únicas tarefas que a revolução se propunha eram as tarefas democrático-burguesas que conduziam o país não para o socialismo, mas, ao contrário, para o desenvolvimento do capitalismo.

Naquela ocasião, tratava-se de passar de uma revolução de um determinado caráter para outra revolução de outro caráter. Hoje trata-se de passar de uma etapa para outra etapa da mesma revolução.

---

[100] *Op. cit.,* p. 486 [*Ibid.,* p. 532].
[101] Lenin, V. I. *op. cit.,* p. 488 [*Ibid.,* p. 535].

O CARÁTER DA REVOLUÇÃO

Passaremos agora a examinar brevemente as características fundamentais do novo tipo de Estado que começa a ser construído na Rússia.

Antes, é necessário esclarecer que a ditadura do proletariado não significa o governo exclusivo de uma classe nem a eliminação da aliança com outras classes.

Ditadura do proletariado significa, segundo Lenin, "direção da política pelo proletariado". O proletariado, como classe dirigente e dominante, deve saber dirigir a política de tal modo que resolva, primeiro, as tarefas mais urgentes e mais "nevrálgicas".[102]

Foi graças a esta capacidade de condução política do partido bolchevique, vanguarda do proletariado russo, que este pôde transformar-se de partido absolutamente minoritário nos sovietes de fevereiro a partido amplamente majoritário de outubro.

O partido bolchevique soube interpretar as massas, tomou suas bandeiras e lutou consequentemente por elas: oferta imediata de uma paz democrática, abolição da propriedade privada da terra, controle operário da produção e criação de um governo soviético.[103] Soube transformar-se na força dirigente dessas massas (a grande maioria delas de origem camponesa) e, com seu apoio, conquistar o poder. O governo soviético é um governo operário-camponês porque representa as duas "classes principais" da revolução, "cuja luta ou acordo determina o destino [da] revolução em seu conjunto".[104]

Em outro texto anterior, o dirigente bolchevique reafirma a necessidade de uma série de etapas transitórias: "se o proletariado bolchevique, imediatamente, em outubro e novembro de 1917, sem esperar que se produzisse uma diferenciação de classes no campo,

---

[102] Lenin, V. I. *El impuesto en especie* (21 abr. 1921), t. 35, p. 215 [Sobre o imposto em espécie. *In: Lenin e a revolução de outubro...*, cit., p. 498].

[103] Lenin, V. I. *A los ciudadanos de Rusia* (25 out. 1917), t. 27, p. 347 [Aos cidadãos russos. *In: Lenin e a revolução de outubro...*, cit., p. 271].

[104] Lenin, V. I. *X Congreso del PC(b)* (15 mar. 1921), t. 35, p. 57.

sem ter sabido *prepará-la* nem realizá-la, tivesse tentado 'decretar' uma guerra civil ou a 'instauração do socialismo' no campo; se tivesse tentado prescindir de um bloco temporário (aliança) com os camponeses em geral, de fazer certas concessões aos camponeses médios etc., isso teria sido uma tegiversação *blanquista* do marxismo; a tentativa de uma *minoria* de impor sua vontade à maioria teria sido um absurdo teórico, demonstrativo da incompreensão de que uma revolução camponesa geral ainda é uma revolução burguesa e que *sem uma série de transições,* de etapas de *transição,* ela não pode ser transformada em uma revolução socialista em um país atrasado".[105]

A primeira concessão que o partido bolchevique, representante da vanguarda proletária, faz ao campesinato russo é o abandono de seu próprio programa agrário, defendido por aquele partido durante toda uma década, para adotar o programa agrário dos socialistas-revolucionários que recolhia as propostas do conjunto do campesinato, surgidas no calor das discussões nos sovietes camponeses.

A primeira medida que o governo proletário tomou no dia seguinte à revolução, 26 de outubro de 1917, foi aprovar um decreto reconhecendo as antigas reivindicações de todo o campesinato.

"A isso se devia nossa força", Lenin confessa; "por isso que nos foi tão fácil conquistar uma maioria esmagadora".[106]

Na Revolução de Outubro se marchou "com toda a classe camponesa" e, nesse sentido, diz o autor em outra parte do mesmo texto, "a revolução era burguesa naquele momento".[107] E continuou sendo durante uns seis meses. Só então, acrescenta, "nos vimos obrigados a iniciar a luta de classes nas aldeias por meio das organizações esta-

---

[105] Lenin, V. I. *La revolución proletaria y el renegado Kautsky* (out.-nov. 1918), t. 30, p. 155.
[106] Lenin, V. I. *I Congreso de la Internacional Comunista* (2-6 mar. 1919), t. 30, p. 342.
[107] *Ibid.*, p. 342.

O CARÁTER DA REVOLUÇÃO

tais, a estabelecer comitês de pobres, semiproletários em cada aldeia e a empreender uma luta sistemática contra a burguesia rural".[108]

Se o proletariado bolchevique dos grandes centros industriais "não tivesse sabido reunir ao seu redor os pobres do campo contra os camponeses ricos, isso sem dúvida teria demonstrado que a Rússia não estava madura para a revolução socialista: os camponeses teriam permanecido sendo 'um todo' único, isto é, teriam continuado sob a direção econômica, política e moral dos ricos, da burguesia, e a revolução não teria ido além de uma revolução democrático--burguesa".[109]

Deve-se ter em mente que, ao mesmo tempo que as tarefas democrático-burguesas são realizadas até o final, a Revolução de Outubro envereda pelo caminho certo da realização do socialismo: em primeiro lugar é criado o regime soviético, forma de realização da ditadura do proletariado, superando "a época do parlamentarismo democrático burguês",[110] os bancos são nacionalizados; cria-se o controle operário sobre a produção etc.

Trata-se de uma fusão das tarefas democrático-burguesas e socialistas em uma única revolução. É por isso que Lenin fala de "duas grandes revoluções [russas], a de 1905 e a de 1917",[111] afirmando que a segunda se estende de "fevereiro a outubro de 1917".[112]

Lenin reconhece, no entanto, que "em comparação com os países avançados, foi mais fácil para os russos iniciar a grande revolução proletária, mas, em contrapartida, será mais difícil *continuá-la*

---

[108] *Ibid.*, p. 343.
[109] Lenin, V. I. *La revolución proletaria y el renegado Kautsky, op. cit.,* p. 154-155.
[110] Lenin, V. I. *La importancia del oro ahora y después de la victoria del socialismo* (5 nov. 1921), t. 35, p, 556 [Sobre a importancia do ouro agora e depois da vitória do socialismo. *In: Lenin e a revolução de outubro...,* cit., p. 547].
[111] Lenin, V. I. *Carta a los obreros norteamericanos* (2 ago. 1918), t. 29, p. 385. Ver também *VII Conferencia de sindicatos de Moscú;* 27 jun. 1918), t. 29, p. 246.
[112] Lenin, V. I. *El izquierdismo, enfermedad infantil del comunismo* (27 abr. 1920), t. 33, p. 134. [Ed. bras. cit., p. 56]

e levá-la até o final, no sentido da completa organização de uma sociedade socialista."

"Foi fácil para nós começar", explica, "em primeiro lugar, porque o atraso político incomum – para a Europa do século XX – da monarquia tsarista deu uma força incomum ao ataque revolucionário das massas. Em segundo lugar, porque o atraso político da Rússia fundiu de maneira peculiar a revolução proletária contra a burguesia com a revolução camponesa contra os latifundiários. Assim começamos em outubro e se não tivéssemos começado assim, não teríamos alcançado então a vitória com tanta facilidade. Já em 1856, referindo-se à Prússia, Marx falava da possibilidade de uma combinação peculiar da revolução proletária com a guerra camponesa".[113]

A Revolução Russa rompe assim os esquemas manejados habitualmente pela social-democracia europeia. A revolução proletária triunfa quando ainda não existem no país as premissas objetivas para o socialismo, quando o desenvolvimento das forças produtivas ainda não atingiu um nível de desenvolvimento que permita a construção imediata do socialismo. A partir desta situação, os dirigentes da Segunda Internacional concluem que é um erro que o proletariado tenha assumido o poder e iniciado a construção do socialismo, que deveria ter seguido pelo caminho do desenvolvimento do capitalismo e da democracia burguesa na Europa Ocidental.

Lenin, em um de seus últimos textos de janeiro de 1923, polemiza contra essas teses representadas por Sukhanov, um eminente menchevique que escrevera um livro sobre o assunto: *Notas sobre a Revolução*.

Segundo o dirigente bolchevique, tanto Sukhanov quanto os dirigentes social-democratas europeus não são dialéticos, não são capazes de conceber que a revolução possa seguir um caminho dife-

---

[113] Lenin, V. I. *La tercera internacional* (jul. 1919), t. 31, p. 179.

O CARÁTER DA REVOLUÇÃO

rente, que faça "certas correções (totalmente insignificantes do ponto de vista do desenvolvimento geral da história universal)", que existem "períodos peculiares de desenvolvimento, tanto no que diz respeito à forma quanto à ordem de sucessão desse desenvolvimento".[114]

Não percebem que é lógico que apareçam "novos traços" ou "variações", tanto pela ligação entre a revolução e a Primeira Guerra Mundial quanto pelo fato de a revolução irromper em um país "que se encontra na linha divisória entre os países civilizados e os países que pela primeira vez são arrastados definitivamente, por esta guerra, para a civilização [...]".[115] Não concebem que haja diferenças entre as revoluções ocorridas nos países da Europa Ocidental e as revoluções que se deslocam para os países do Oriente. Não refletem sobre os motivos que determinam a eclosão da revolução na Rússia e não nos países avançados da Europa. Não percebem que a guerra criou naquele país uma "situação absolutamente sem saída" e com isso as condições políticas para a fusão da guerra camponesa com o movimento operário[116] originando tal correlação de forças que permitiu a derrubada do tsarismo e do grande capital imperialista.

O que deveria ser feito então?

O caminho da revolução socialista devia ser rejeitado porque os requisitos materiais e culturais para a construção do socialismo ainda não estão disponíveis?

"Vocês dizem", escreve Lenin referindo-se a seus argumentos, "que para construir o socialismo é necessária a civilização. Muito bem. Mas então por que não poderíamos primeiro criar tais pré--requisitos de civilização em nosso país, como a expulsão dos latifundiários e capitalistas russos, e então iniciar o *movimento* em direção ao socialismo?".[117]

---

[114] Lenin, V. I. "Nuestra revolución" (30 maio 1923), *OC*. t. 36, p. 505.
[115] *Ibid.*, p. 505-506.
[116] *Ibid.*, p. 506.
[117] *Ibid.*, p. 507.

"Em que livros vocês leram", acrescenta ele mais adiante, "que é inadmissível ou impossível tais variações da ordem da sucessão histórica dos acontecimentos?".[118]

Esta combinação de guerra camponesa e movimento operário será de fato o caminho que as futuras revoluções do chamado "Terceiro Mundo" seguirão.

Mas, embora Lenin considere necessário que a Rússia avance pelo caminho do socialismo como única forma de resolver os graves problemas colocados pela guerra, ele está ciente de que se trata de uma tarefa extremamente difícil e está consciente de que "o triunfo definitivo do socialismo em um só país é impossível".

A palavra "definitivo" é a chave para entender a ideia de Lenin. Não se trata da impossibilidade de começar a construir o socialismo em um só país. Isso é o que a Rússia está tentando fazer sob sua condução quando o autor escreve estas palavras. O que não se pode fazer, sem contar com o apoio da revolução triunfante, pelo menos em alguns dos países mais avançados, é acabar, terminar essa construção do socialismo.[119]

Por último, apesar de todas as suas limitações, a Revolução de Outubro, ao criar um Estado de tipo soviético, inaugura "uma nova época na história mundial, a época da dominação política do proletariado" que substituiu "a época da dominação burguesa".[120]

Conclusões

Primeira: o triunfo da revolução proletária não implica necessariamente a construção imediata do socialismo: significa a tomada do poder pelo proletariado, transformando-o na classe dominante

---

[118] *Ibid.*, p. 507.

[119] Lenin, V. I. *III Congreso de los Soviet* (10-18 jan. 1918), t. 28, p. 150. Este tema é amplamente desenvolvido neste livro no capítulo VII, no item "A revolução socialista em um só país e suas limitações".

[120] Lenin, V. I. *Notas de un publicista* (fev. 1922), t. 36, p. 165.

O CARÁTER DA REVOLUÇÃO

da sociedade, aquela que dirige o poder do Estado, e na sua classe dirigente, a classe que conduz ou arrasta atrás de si o restante das classes e setores sociais revolucionários.

Segunda: quando Lenin usa o termo burguês para qualificar a revolução proletária de outubro, ele se refere, por um lado, às tarefas que esta revolução realiza em primeira instância e, por outro, às forças sociais majoritárias que impulsionam o processo revolucionário.

Terceira: as tarefas democrático-burguesas são apenas um produto acessório da tarefa principal, que é de caráter proletário socialista. A revolução proletária socialista "resolve de passagem" os problemas da revolução democrático-burguesa. Isso diferencia radicalmente as colocações feitas por Lenin em 1905 de seus posicionamentos em 1917.

Quarta: embora Lenin pensasse que a Revolução de Outubro foi realizada com o apoio apenas dos camponeses pobres, as coisas aconteceram de outra maneira: foi todo o campesinato que apoiou o proletariado. O desenvolvimento do capitalismo no campo russo ainda não havia sido profundo o suficiente para produzir uma diferenciação de classe dentro do campesinato. É neste sentido, isto é, em relação às forças sociais majoritárias, que a Revolução de Outubro foi burguesa.

Quinta: Lenin fala de uma revolução que combina a revolução proletária nos grandes centros industriais com a revolução burguesa no campo, insistindo que uma não pode ser separada da outra por uma muralha da China.

Sexta: nos países atrasados pode ocorrer uma revolução proletária, mas não pode implementar o socialismo imediatamente, sem passar por uma série de etapas transitórias, porque para se manter no poder precisa de uma sólida aliança com o campesinato além de um determinado desenvolvimento das forças produtivas.

Sétima: o que explica o triunfo da revolução proletária e socialista na Rússia é a combinação de uma guerra camponesa e uma insurreição operária.

Oitava: é impossível que o socialismo triunfe definitivamente em um único país, especialmente se for um país atrasado como a Rússia, sem que a revolução socialista triunfe em algum dos países avançados.

Nona: a Revolução de Outubro iniciou uma nova época histórica mundial, a época das revoluções proletárias que se encaminha para construir o socialismo.

O caráter da revolução nos países oprimidos na época de Lenin

Antes do triunfo da Revolução de Outubro, as revoluções democrático-burguesas dos países coloniais e semicoloniais se inseriam no contexto da revolução democrático-burguesa mundial. Mas uma vez que o capitalismo atinge sua fase imperialista e que a guerra provoca um avanço muito rápido do capitalismo monopolista para o capitalismo monopolista de Estado, e à medida que a revolução socialista triunfa na Rússia, o caráter da revolução mundial muda: uma nova época histórica se abre, a época da revolução socialista mundial. As revoluções dos países oprimidos agora se tornam parte integrante da revolução socialista mundial, embora suas revoluções nacionais tenham características específicas próprias de sua situação como países explorados e atrasados.

O problema da revolução nos países oprimidos foi debatido na "Comissão sobre os Problemas Nacionais e Coloniais" constituída pelo Segundo Congresso da Internacional Comunista dirigida por Lenin e suas teses foram submetidas à sua consideração em 26 de julho de 1920.

A comissão partiu de um aspecto básico: a diferenciação entre "nações oprimidas e opressoras".[121]

---

[121] Lenin, V. I. "Informe de la Comisión sobre los problemas nacional y colonial", *II Congreso de la Internacional Comunista*, (19 jul. -7 ago. 1920), t. 33, p. 363.

O CARÁTER DA REVOLUÇÃO

Nesse momento, 70% da população do mundo correspondia às nações oprimidas, submetidas à dependência colonial direta ou semicolonial.[122]

A segunda ideia que orientou suas teses é a que se refere a enfatizar a situação mundial daquele momento: as "relações recíprocas dos povos e todo o sistema político mundial são determinadas pela luta de um pequeno grupo de nações imperialistas contra o movimento soviético e os Estados Soviéticos, à frente dos quais está a Rússia Soviética".

Em terceiro lugar, analisa-se a questão do movimento revolucionário nos países atrasados. Discute-se se é conveniente chamá-los de "democráticos-burgueses", já que em muitos casos os setores burgueses nacionais acabam fazendo o jogo dos interesses da burguesia dos países imperialistas. Os dirigentes operários então afirmam que é politicamente útil diferenciar os movimentos democráticos revolucionários dos movimentos democráticos reformistas.

Lenin diz sobre isso: "Após a discussão, chegamos à conclusão unânime de que se deve falar de movimento revolucionário nacional em vez de um movimento 'democrático burguês'. Não há dúvida de que todo movimento nacional só pode ser um movimento democrático-burguês, já que a massa fundamental da população nos países atrasados é composta por camponeses que representam as relações burguesas-capitalistas. Seria utópico acreditar que os partidos proletários nesses países atrasados, se neles pudessem surgir, pudessem aplicar uma tática e uma política comunistas sem manter relações definidas com o movimento camponês e sem dar-lhe apoio efetivo. Mas aqui tem sido objetado que se falamos de um movimento democrático-burguês, todas as diferenças entre o movimento reformista e o movimento revolucionário serão apagadas. No entanto, esta diferença recentemente se manifestou de maneira

---

[122] *Ibid.*, p. 364.

clara nos países atrasados e coloniais, pois a burguesia imperialista está tentando com todas as suas forças introduzir também o movimento reformista nas nações oprimidas. Entre a burguesia dos países exploradores e a das colônias tem havido uma certa aproximação, de modo que muitas vezes – talvez na maioria dos casos – a burguesia dos países oprimidos, embora apoie os movimentos nacionais, ao mesmo tempo luta de acordo com a burguesia imperialista, isto é, junto com ela, contra todos os movimentos revolucionários e contra todas as classes revolucionárias. Na comissão isso ficou irrefutavelmente provado, e decidimos que a única atitude correta era levar em conta essa diferença e substituir em quase todos os casos a expressão 'democrático-burguês' por 'nacional revolucionário'. O significado desta substituição é que nós, comunistas, devemos apoiar e apoiaremos os movimentos burgueses de libertação nas colônias somente quando esses movimentos forem verdadeiramente revolucionários, quando seus representantes não nos impedirem de educar e organizar em um espírito revolucionário o campesinato e as grandes massas de explorados. Se essas condições não existirem, os comunistas devem lutar nesses países contra a burguesia reformista".[123]

E essa revolução nos países atrasados, devido ao contexto mundial em que estão inseridos, pode passar ao socialismo sem necessidade de passar pela etapa de desenvolvimento capitalista. Isso não significa que, uma vez triunfante a revolução, o socialismo seja imediatamente estabelecido ou implantado, mas sim que a partir do momento do triunfo sejam dados passos nesse sentido.

Lenin então expressa em que termos esse problema foi exposto no Segundo Congresso da Internacional Comunista: "O problema foi colocado da seguinte forma: devemos considerar correta a afirmação de que a *etapa capitalista* de desenvolvimento econômico é inevitável para as nações atrasadas que agora estão no caminho

---

[123] *Ibid.*, p. 364-365.

O CARÁTER DA REVOLUÇÃO

da libertação? E entre as quais se percebe um avanço ao progresso desde a guerra? Nós respondemos negativamente. Se o proletariado revolucionário vitorioso faz entre eles uma propaganda sistemática e os governos soviéticos vêm em seu auxílio com todos os meios que dispõem, então seria errado supor *que a etapa de desenvolvimento capitalista deva ser inevitável para os povos atrasados*. Em todas as colônias e em todos os países atrasados, devemos não apenas forjar contingentes independentes de lutadores e organizações do partido, devemos não apenas realizar imediatamente uma campanha de propaganda para organizar sovietes camponeses e tender a adaptá-los às condições pré-capitalistas, mas a Internacional Comunista deve formular e fundamentar teoricamente a tese de que, com a ajuda do proletariado dos países avançados, os países atrasados podem passar ao regime soviético e, por meio de determinadas etapas de desenvolvimento, ao comunismo, sem ter que passar pela etapa de desenvolvimento capitalista".[124]

Em 1905, as abordagens de Lenin eram outras. Na época, ele afirmava: "o marxismo rompeu irrevogavelmente com as elucubrações dos populistas e anarquistas, segundo as quais a Rússia, por exemplo, poderia evitar o desenvolvimento capitalista, contornar o capitalismo e ignorá-lo, por outros meios que não a luta de classes *no terreno e dentro dos limites desse capitalismo"*, e, mais adiante, afirmava: "buscar a salvação da classe trabalhadora em algo que não seja o maior desenvolvimento do capitalismo é uma ideia *reacionária*; acrescentando que "a classe trabalhadora *está plenamente interessada* no desenvolvimento mais amplo, mais livre e mais rápido do capitalismo".[125]

O que determina, então, que o mesmo Lenin proponha, 15 anos depois, que esse desenvolvimento não seja necessário agora, que os países subdesenvolvidos possam pular essa etapa?

---

[124] *Ibid.*, p. 367. (o grifo é de M. H.)
[125] Lenin, V. I. *Dos tácticas de la socialdemocracia*, t. 9, p. 44-45. (o grifo é de M. H.)

No mesmo texto onde ele expressa as ideias anteriores se encontra a explicação. "O marxismo ensina que uma sociedade baseada na produção mercantil e que *tenha estabelecido o intercâmbio com as nações capitalistas civilizadas*, ao atingir um certo grau de desenvolvimento, inevitavelmente se coloca no caminho do capitalismo".[126]

Em 1905 não havia outro intercâmbio internacional a não ser o intercâmbio capitalista; em 1920 a situação mudou, já existe um país socialista.

Conclusões

Primeira: as revoluções dos países atrasados estão inseridas no quadro da revolução socialista mundial.

Segunda: do ponto de vista de suas forças motrizes e de suas tarefas mais imediatas, trata-se de revoluções democrático-nacionais. O termo democrático-burguês não é politicamente justo, pois cada vez mais setores da burguesia dos países atrasados acabam sendo aliados da política imperialista contra o movimento revolucionário.

Terceira: a existência e o apoio de regimes socialistas determinam que as revoluções triunfantes nos países atrasados possam passar ao socialismo sem passar pela etapa de desenvolvimento capitalista.

Quarta: é importante considerar que, quando Lenin e a Terceira Internacional analisam o problema dos países oprimidos, eles estão pensando nos países coloniais e semicoloniais, e não nos países de *desenvolvimento capitalista dependente* como os da América Latina após sua independência das metrópoles coloniais.

Critérios utilizados por Lenin para caracterizar a revolução

Do exposto até agora podemos deduzir que Lenin utiliza cinco critérios diferentes para caracterizar um determinado processo revo-

---

[126] *Ibid.*, p. 44. (o grifo é de M. H.)

O CARÁTER DA REVOLUÇÃO

lucionário. Estes podem ser reduzidos a três: seu *conteúdo socioeconômico,* seu conteúdo de *classe* (forças motrizes, força dirigente e classe que assume o poder) e suas *tarefas.* A seguir, analisaremos cada um desses critérios para passar, no próximo ponto, a examinar como eles são aplicados no caso da Revolução Cubana.

Caráter da revolução e conteúdo econômico-social

Já vimos como um dos critérios usados por Lenin para definir o caráter da revolução, e sem dúvida, o *mais fundamental, é o de seu conteúdo socioeconômico.*

Isso está relacionado ao tipo de transformações econômicas e sociais que é necessário realizar em um determinado país para permitir seu desenvolvimento.

Em 1905, "as transformações socioeconômicas"[127] que se tornaram uma necessidade para a Rússia (país em que o desenvolvimento do capitalismo ganhou grande impulso após a abolição legal da servidão em 1865) consistiam fundamentalmente em medidas destinadas a suprimir as relações semifeudais que ainda subsistiam no campo.

Segundo Lenin, foi "o regime social pré-capitalista, de servidão" que dificultava, "ao máximo, o desenvolvimento das forças produtivas", além de rebaixar "o nível de vida da população trabalhadora", e de determinar "as formas de barbárie asiática de extinção de muitos milhares de camponeses" e manter todo o povo na ignorância, submissão e falta de direitos.[128]

E era a "autocracia tsarista o remanescente mais importante do regime de servidão" e seu "mais poderoso baluarte".[129]

---

[127] *Ibid.,* p. 43.
[128] Lenin, V. I. *Materiales para la elaboración del programa del POSDR* (8-25 jan. 1902), t. 6, p. 29-30.
[129] *Ibid.,* p. 30.

A Revolução de 1905 é então uma revolução burguesa quanto a seu "conteúdo econômico e social" porque as transformações que pretende realizar neste terreno não acabarão com o capitalismo, mas, ao contrário, "abrirão caminho para um vasto desenvolvimento, rápido, europeu e não asiático"[130] deste regime econômico e social.

Após 12 anos, a situação russa mudou enormemente. A Primeira Guerra Mundial Imperialista, por um lado, amadureceu as condições objetivas da revolução socialista em escala mundial ao acelerar enormemente o desenvolvimento do capitalismo, que começa a passar de sua fase monopolista para o capitalismo monopolista de Estado e, por outro lado, provoca uma crise de tal magnitude que coloca a humanidade "diante de um dilema: ou perece, ou coloca seu destino nas mãos da classe mais revolucionária, a fim de passar pela via mais rápida e mais radical para um modo superior de produção".[131]

E esse dilema se coloca não apenas para os países mais desenvolvidos da Europa, mas também para a Rússia atrasada.

A Revolução de Fevereiro de 1917, Lenin afirma e continua, "fez com que a Rússia, em alguns meses alcançasse, por seu sistema *político*, os países avançados".

"Mas isto não basta. A guerra é implacável e apresenta a alternativa com dureza implacável: perecer ou alcançar e superar os países avançados também no plano econômico".[132]

Também na Rússia, embora em uma escala muito menor que nos países adiantados, o capitalismo se transformou em capitalismo monopolista nos principais ramos da produção,[133] portanto, o pro-

---

[130] Lenin, V. I. *Dos tácticas de la socialdemocracia...*, *op. cit.*, p. 43.
[131] Lenin, V. I. *La catástrofe que nos amenaza y cómo luchar contra ella* (10-14 set. 1917), t. 26, p. 447.
[132] *Ibid.*, p. 447.
[133] *Ibid.*, p. 440.

O CARÁTER DA REVOLUÇÃO

letariado, ao assumir o poder, pode realizar uma regulação estatal dos setores estratégicos da economia por meio de medidas como a nacionalização de bancos e dos grandes monopólios. Ainda não são medidas socialistas, mas são passos rumo a esse novo modo de produção.

Por esta razão, a fórmula de 1905 da transição ininterrupta da revolução democrática burguesa para a revolução socialista não pode ser aplicada à Revolução de 1917. Em 1905 Lenin pensava que mesmo com a vitória do proletariado apoiado pelo campesinato, a etapa que se abria ao país era uma etapa de desenvolvimento burguês, capitalista. Doze anos depois, embora restem fortes reminiscências feudais no campo, o grau de desenvolvimento capitalista alcançado nos centros industriais, acelerado enormemente pela guerra imperialista, e o agravamento de todas as contradições dela decorrentes, determinam que não seja mais possível avançar no desenvolvimento e na solução dos problemas mais sentidos pelo povo se não for caminhando para o socialismo.

O esquema teórico de 1905 expirou. O *caráter* burguês da Revolução de 1905 nada tem a ver com a *etapa* burguesa de 1917. No primeiro caso, o caráter da revolução é burguês e as tarefas são propostas nos marcos do desenvolvimento capitalista e se destinam a promovê-lo; em 1917 a etapa burguesa está inserida em uma revolução de caráter proletário e socialista. As tarefas democrático--burguesas inacabadas, e as novas tarefas que precisam ser desenvolvidas para enfrentar a crítica situação econômica nacional, não vão promover o desenvolvimento ampliado do capitalismo, mas vão criar as condições para o futuro desenvolvimento, no âmbito de toda a sociedade, das relações de produção socialistas.

No primeiro caso, a passagem ininterrupta da revolução burguesa à revolução socialista consiste em iniciar *uma nova luta* – uma vez alcançados os objetivos da revolução burguesa que impulsionarão o desenvolvimento do capitalismo – por uma *nova revolução*: a revolução socialista. No segundo caso, trata-se de passar de uma etapa a outra dentro de uma mesma revolução.

Generalizando o que foi exposto até aqui, podemos dizer que para determinar o caráter da revolução, do ponto de vista de seu conteúdo econômico e social, é necessário determinar quais são as contradições fundamentais que esta sociedade deve resolver para sair da crise estrutural que, como vimos, é a causa mais profunda da revolução social.

Quando a crise é produzida pelos obstáculos *semifeudais* que o capitalismo pré-industrial encontra para o seu desenvolvimento e quando se trata de desbravar o caminho do capitalismo, realizando uma reforma agrária antifeudal e democratizando o sistema político, a revolução que amadurece naquele país é uma revolução burguesa. Mas quando o capitalismo já atingiu um desenvolvimento médio (aquele que antecede grande indústria), quando no nível da formação social as relações capitalistas de produção se tornaram as relações de produção dominantes, quando a burguesia se tornou parte do bloco no poder, embora ainda não tenha alcançado uma clara hegemonia em relação à oligarquia latifundiária, só há uma saída revolucionária para a crise estrutural: a saída socialista. As tarefas democráticas burguesas inconclusas só podem ser resolvidas se o proletariado, apoiado pelas demais forças populares, assumir o poder e encaminhar o desenvolvimento do país para a construção do socialismo.

No caso específico da América Latina, o que define o caráter da revolução do ponto de vista socioeconômico é o tipo de contradições fundamentais que devem ser resolvidas para sair da crise estrutural que subsiste desde os anos 1930. Já vimos como, em meados dos anos 1950, quando esta crise entrou em uma nova fase que foi definida como "a crise estrutural do capitalismo dependente de desenvolvimento médio", sua única saída revolucionária é uma saída anti-imperialista e anticapitalista e, portanto, socialista. Cuba demonstrou sua viabilidade.

O CARÁTER DA REVOLUÇÃO

Na situação atual do continente, não há maneira mais rápida e eficaz de eliminar as relações pré-capitalistas e industrializar o país, não há maneira mais justa e eficiente de usar seus recursos naturais e humanos do que romper seus laços de dependência com o imperialismo, o que implica nacionalizar as empresas estratégicas e assim quebrar a espinha dorsal do capitalismo. Adotar medidas anti-imperialistas implica necessariamente adotar medidas anticapitalistas que atinjam os interesses econômicos da grande burguesia cada vez mais imbricados com o capital estrangeiro. Não podemos resolver nossas contradições mais profundas se não for dando passos em direção ao socialismo. Assim, do ponto de vista socioeconômico, o caráter dessas revoluções, embora em seus estágios iniciais cumpram essencialmente tarefas democráticas anti-imperialistas, já é, desde o início, socialista.

Caráter da revolução e as classes sociais

Lenin insiste em vários textos em que é fundamental para os marxistas terem uma ideia exata das "classes que *são c*apazes, como consequência das condições objetivas, de conduzir a revolução à vitória",[134] isto é, das "forças reais" da sociedade que podem obter uma vitória decisiva sobre o inimigo, das "forças motrizes"[135] ou "forças propulsoras".[136]

---

[134] Lenin, V. I. *Apreciación de la situación rusa* (abr. 1908), t. 15, p. 50.

[135] Lenin, V. I. *El problema agrario y las fuerzas de la revolución* (1 abr. 1907), t. 12, p. 320. Este termo provavelmente foi emprestado de Kautsky, pois só aparece em Lenin depois que o autor alemão escreveu, em 1906, seu artigo "Las Fuerzas Motrices y las Perspectivas de la Revolución Rusa".

[136] Lenin, V. I. "La socialdemocracia y el gobierno provisional revolucionario" (23-30 maio 1905), t. 8, p. 295. Nesse texto, o autor assinala que "o proletariado mais os milhões de pobres da cidade e do campo, cujas condições são pequeno-burguesas" constituem "a força propulsora de toda revolução democrática". (Destaque de Marta Harnecker)

O dirigente bolchevique considera que, se a vanguarda não é capaz de determinar de forma precisa quais são as forças motrizes em cada etapa da revolução, sua estratégia será "inevitavelmente vacilante e sem princípios".[137]

Agora, ao analisar a Revolução Russa de 1905, Kaustky afirma que esta não pode ser catalogada de burguesa porque a burguesia já não faz parte das forças motrizes do processo revolucionário. Esta classe odeia o absolutismo porque engendra a revolução, mas quer a liberdade política para deter a revolução. Segundo o dirigente social-democrata alemão, "onde o proletariado atua de forma independente, a burguesia deixa de ser uma classe revolucionária"[138] e, por isso, considera que já passou a "era das revoluções cuja força motriz era a burguesia".[139]

Lenin aceita plenamente o juízo de Kautsky sobre o papel da burguesia na Revolução Russa. E afirma que é isso que os bolcheviques sempre argumentaram e que esse é "o problema fundamental de sua luta contra os desvios de direita em relação ao conceito de revolução burguesa".

"Centenas de vezes dissemos e demonstramos, apoiando-nos em inúmeras declarações dos mencheviques", afirma enfaticamente, "que interpretar a categoria 'revolução burguesa' no sentido de atribuir à burguesia a hegemonia e o papel dirigente na Revolução Russa é vulgarizar o marxismo. A revolução burguesa, *apesar* da instabilidade da burguesia, e *paralisando* a instabilidade da burguesia: assim formulavam os bolcheviques a tarefa fundamental da social-democracia na revolução".[140]

---

[137] Lenin, V. I. *Apreciación de la revolución rusa, op. cit.,* p. 50.

[138] Kautsky, Las fuerzas motrices y las perspectivas de la revolución rusa, citado por Lenin en *El proletariado y su aliado en la revolución rusa* (10 dez. 1906), t. 11, p. 402.

[139] Kautsky, *op. cit.* em Lenin, V. I. *Objetivos de la lucha del proletariado* (9-21 mar. 1909), t. 15, p. 396.

[140] Lenin, V. I. *El proletariado y su aliado en la revolución rusa* (10 dez. 1906), t. 9, p. 402-403.

O CARÁTER DA REVOLUÇÃO

A classe que está efetivamente interessada em apoiar o proletariado nas tarefas democrático-burguesas da revolução é o campesinato. Daí a conhecida formulação de Lenin em *Duas táticas da social-democracia*:

"O proletariado deve realizar a revolução democrática atraindo as massas do campesinato, a fim de esmagar pela força a resistência da autocracia e compensar a instabilidade da burguesia. O proletariado deve realizar a revolução socialista atraindo as massas de elementos semiproletários da população a fim de quebrar pela força a resistência da burguesia e se contrapor à instabilidade do campesinato e da pequena burguesia".[141]

As *forças motrizes* da revolução democrática burguesa são essencialmente o proletariado e o campesinato; e as forças motrizes da revolução socialista são essencialmente o proletariado e os elementos semiproletários da população.

Kautsky também concorda com Lenin que apenas o campesinato tem "interesses econômicos comuns e estáveis com o proletariado ao longo de todo o período da revolução (burguesa)".[142]

As forças motrizes são, então, as forças capazes de conduzir a revolução à sua vitória definitiva, isto é, à plena realização das tarefas que são colocadas nessa etapa do processo revolucionário.

Mas ao mesmo tempo, afirma Lenin, apontam "os limites das transformações que podem ser realizadas de imediato", daí sua fórmula de 1905 de "ditadura democrática do proletariado e do campesinato". Naquele momento, a necessidade de contar com o apoio do campesinato em seu conjunto para realizar a revolução burguesa tornava inviável a fórmula da "ditadura socialista do proletariado".[143]

Antes de continuar, devemos esclarecer que, embora ambos os dirigentes concordem que na Revolução Russa, burguesa "por seu

---

[141] *Ibid.*, p. 96.
[142] Citado por Lenin, V. I. em *op. cit.*, p. 404.
[143] *Ibid.*

conteúdo econômico-social",[144] as forças motrizes são o proletariado e o campesinato – e que, portanto, *há uma não correspondência entre o caráter burguês do conteúdo econômico-social e as forças motrizes que não são burguesas*, no sentido de que delas é excluída a burguesia, o principal motor das revoluções burguesas clássicas –, mais tarde Lenin caracterizou as forças motrizes da Revolução Russa de 1917 em sua primeira etapa como burguesas.

A posição de Lenin sobre este problema mudou?

Não, de forma alguma; apenas que naquele momento ele especifica por que define como burguesas a forças que excluem a burguesia.

"O que revela o caráter burguês da revolução", disse ele em 1918, "é a aliança do proletariado com os camponeses em geral, porque os camponeses, em geral, são pequenos produtores, que existem na base da produção mercantil".[145]

Portanto, se a Revolução Russa de 1917 for analisada do ponto de vista das forças motrizes, tanto em fevereiro quanto em outubro, trata-se de uma revolução burguesa porque sua principal força motriz é o campesinato em seu conjunto.[146]

Embora seja possível determinar teoricamente "por meio da análise marxista da realidade" de cada país quais seriam potencialmente as classes e setores sociais que estariam objetivamente interessados em promover a revolução, é na *prática* [147] política concreta que será possível dizer quais são as forças sociais reais com as quais este processo revolucionário pode contar.[148]

---

[144] Lenin, V. I. *V Congreso del POSDR* (12 maio 1907), t. 12, p. 437.

[145] Lenin, V. I. *La revolución proletaria y el renegado Kautsky* (out. 10-nov. 1918, t. 30, p. 145).

[146] *Op. cit.*, p. 154.

[147] Lenin, V. I. *Dos tácticas de la socialdemocracia en la revolución democrática* (jul. 1905), t. 9, p. 50.

[148] Sobre o conceito de "forças sociais" e revolução, ver alguns outros aspectos teóricos em: Marta Harnecker, *Instrumentos leninistas de dirección política* (em preparação), ponto que se refere à "correlação de classes".

O CARÁTER DA REVOLUÇÃO

Um exemplo muito claro da diferença entre a análise teórica e a prática é o da Guatemala. Naquele país, teoricamente, as grandes massas indígenas superexploradas e discriminadas deveriam estar objetivamente interessadas em promover a revolução há muito tempo; porém, é apenas nos anos mais recentes que elas se integraram massivamente à luta.

Outro exemplo é o que aconteceu com os mineiros do cobre durante o governo da Unidade Popular no Chile. Em vez de lutar com o proletariado e os camponeses deste país para poder pôr em prática o programa democrático, popular e anti-imperialista daquele governo, eles se tornaram parte das forças contrarrevolucionárias mobilizadas pela burguesia chilena.

A característica de todo processo revolucionário que amadurece dia a dia é a incorporação crescente de mais e mais setores do povo a esse processo. Vão despertando os setores mais atrasados das classes que teoricamente deveriam estar interessadas na revolução e crescentes setores "médios" e marginalizados vão sendo incorporados a ela, na medida em que a crise nacional se agrava, na medida em que a vanguarda revolucionária demonstra cada vez mais maior efetividade no combate e em que as perspectivas do triunfo revolucionário vão sendo vistas cada vez mais próximas.

É fundamental determinar com que forças motrizes se pode alcançar o triunfo da revolução, já que um diagnóstico incorreto impede, de fato, que o processo revolucionário alcance seu objetivo. Se nos países atrasados, por exemplo, se trabalha apenas com o proletariado, desconsiderando o papel revolucionário do campesinato e dos setores médios e marginais; se num país de marcada população indígena não se assumir a defesa dos interesses das minorias nacionais, nunca será possível reunir força suficiente para derrotar os inimigos da revolução.

Em oposição ao desvio de esquerda apontado no parágrafo anterior, há outro, de direita, que coloca a *ênfase* do trabalho político nos mal chamados "setores democrático-burgueses", sem fazer distinções precisas entre os setores burgueses que poderiam estar com a revolução, cada vez mais escassa na América Latina, e aqueles setores que, mesmo tendo contradições com os monopólios e o imperialismo, quando a luta de classes se acirra, sempre jogarão a cartada da burguesia como classe. Ao terem como eixo de sua política a soma de forças à direita, não percebem que, de fato, o que fazem é reduzir forças do movimento revolucionário. Em vez de liderar o processo, o que fazem é marchar atrás da burguesia.[149]

Até aqui examinamos o conceito de *força motriz*. Vimos como Lenin argumenta que as únicas classes capazes de levar a revolução democrática burguesa russa à sua plena realização são o proletariado e o campesinato. Eles constituem as *forças motrizes* na etapa democrática da revolução. Mas, se analisarmos o que ocorreu em fevereiro de 1917, perceberemos que junto com aquelas forças que foram as "propulsoras", as que dinamizaram esse processo revolucionário, estavam igualmente presentes outras forças que também atuaram contra o tsar. Foi esse o caso da burguesia liberal que, com a sua atitude política concreta naquele momento, fez parte das forças de oposição, embora, como sabemos, tenha passado muito rapidamente – como diz Lenin – "para o outro lado da barricada".

Devemos então distinguir dois conceitos: o de *forças motrizes* e o de *forças opositoras*. Este último inclui todas as forças *que* participam de uma forma ou de outra na derrubada do antigo regime.

---

[149] Lembremos que para Lenin a "democracia burguesa" é constituída fundamentalmente pelos setores da pequena burguesia e da burguesia camponesa. Em nosso livro *Os conceitos elementares do materialismo histórico* usamos o termo "forças revolucionárias". Refletindo mais tarde sobre experiências históricas na América Latina, pensamos que este termo pode ser enganoso. De fato, existem forças dispostas a lutar contra o tirano do momento (Batista, Somoza etc.), mas que não estão dispostas a realizar mudanças revolucionárias. Portanto, agora usamos o termo "forças opostas".

O CARÁTER DA REVOLUÇÃO

No entanto, o caráter de classe da revolução não pode ser analisado apenas do ponto de vista das *forças motrizes*, é fundamental determinar dentro delas qual é a força motriz capaz de conduzir o processo revolucionário a atingir seus objetivos da forma mais consequente possível; qual é a classe que deve dirigir o movimento revolucionário, ou seja, qual é sua *força dirigente* ou "principal motor".[150] E este é outro critério usado por Lenin para definir o caráter da revolução. A revolução é burguesa quando quem a dirige é a burguesia. A revolução é proletária quando quem a dirige é o proletariado.

Assim, vemos que não há correspondência necessária entre o caráter socioeconômico de uma revolução e seu caráter de classe, no sentido de força dirigente. A revolução de 1905, burguesa, por seu conteúdo socioeconômico, segundo Lenin, foi uma revolução proletária pela sua condução. Em seus textos anteriores à Revolução Russa de 1917, ele concebe a existência de revoluções proletárias que não sejam ainda socialistas nos países mais atrasados.

Quando usa o termo proletário, refere-se à classe que está à frente do processo revolucionário;[151] quando usa o termo socialista, refere-se às relações de produção que esse processo revolucionário deve promover.

Somente se o poder político passar para o proletariado como *força hegemônica* é possível iniciar o caminho do socialismo. Ou seja, somente fazendo uma revolução proletária pode-se realizar uma revolução socialista em seu conteúdo econômico-social. Mas a revolução proletária não implica necessariamente a construção imediata do socialismo, mas sim *a tomada do poder pelo proletariado*, que, assim, transforma-se na classe dominante na sociedade, aquela que administra o poder do Estado, e em sua *classe dirigente*, a classe

---

[150] Lenin, V. I. *V Congreso del POSDR, op. cit.*, p. 437-438.

[151] Mais adiante veremos como, no caso da América Latina, é mais necessário falar de uma força que representa os interesses do proletariado do que do proletariado como classe.

que conduz ou arrasta atrás de si as demais classes e setores sociais revolucionários e toma a decisão de construir o socialismo, passando por todas as etapas que sejam necessárias.

Resumindo, se nos situamos do ponto de vista das classes sociais, o caráter da revolução pode ser definido tanto do ponto de vista das *forças motrizes* quanto do ponto de vista de sua *força dirigente*. E assim temos que a Revolução de Outubro foi sem dúvida uma revolução proletária do ponto de vista de sua força dirigente, mas foi uma revolução burguesa do ponto de vista de suas forças motrizes. Por acaso – vocês poderiam dizer – a revolução não se define então pela classe social que toma o poder? Na maioria dos casos existe uma correspondência entre a classe dirigente do processo revolucionário e a classe que chega ao poder, ou melhor, que exerce sua hegemonia e dominação a partir do poder do Estado, pois outras classes também podem estar ali representadas. Mas nem sempre é esse o caso. Historicamente, como vimos antes, houve "revoluções inacabadas": a revolução burguesa alemã de 1848 e a revolução proletária russa de fevereiro. Nestes casos, as classes dirigentes da revolução não quiseram ou não puderam tomar o poder.

Por isso nos parece errado determinar o caráter da revolução pela classe que chega a tomar o poder, embora saibamos que a mudança de classes no poder implica a abertura de uma nova etapa do processo revolucionário. A primeira etapa da revolução proletária inacabada de fevereiro foi, por exemplo, do ponto de vista da classe que assume o poder formal, uma revolução burguesa.[152]

Caráter da revolução e tarefas

Outro dos critérios para definir o caráter da revolução são as tarefas que ela pretende realizar, que geralmente estão contidas

---

[152] Não é nosso objetivo aqui entrar em nuances, por isso não falaremos sobre o período de dualidade de poderes.

O CARÁTER DA REVOLUÇÃO

no programa proposto pelas forças revolucionárias. Uma revolução é definida como democrática burguesa quando se propõe a realizar tarefas como a distribuição de terras aos camponeses, a democratização política, a libertação nacional contra o regime imperialista opressor, o reconhecimento de minorias nacionais até então discriminadas etc. Uma revolução é definida como socialista quando se propõe a substituir as relações de produção capitalistas por relações de produção socialistas, o que implica que os meios de produção passem para as mãos do Estado proletário. Lenin insiste, no entanto, como vimos repetidamente, que no caso dos países atrasados, o socialismo não pode ser implantado de imediato, mas apenas dar passos em direção a esse objetivo, mas passos que, como a nacionalização dos bancos e das grandes empresas em que predomina o capital imperialista, o controle por parte do Estado do comércio exterior, da reforma agrária radical etc., por mais limitados que sejam, já implicam uma ruptura na dinâmica do desenvolvimento capitalista e, portanto, têm um conteúdo democrático-anticapitalista.

Depois do anteriormente exposto, podemos compreender porque o programa revolucionário, ou seja, a exposição sistemática das tarefas que a revolução pretende promover, deve necessariamente ser adaptado às forças motrizes da revolução. O programa deve conter aquelas medidas que reflitam os interesses mais imediatos das diferentes classes e setores sociais dispostos a impulsionar o processo revolucionário para derrubar o principal inimigo. Se o programa for muito radical, a revolução perderá o apoio dos setores democráticos consequentes; se for reformista, perderá o apoio dos setores populares mais avançados.

Este é o sentido da afirmação de Lenin ao apontar que as forças motrizes determinam "o alcance da revolução".[153] Por esta razão, mui-

---

[153] Lenin, V. I. *Dos tácticas... Op. cit.*, p. 93.

tas vezes é necessário rebaixar temporariamente ou reduzir o alcance das medidas a serem adotadas com o objetivo de ganhar o apoio dos mais amplos setores do povo. O grande condutor da Revolução Russa nos ensina isso ao insistir, em vários textos, que só foi possível triunfar em outubro porque os bolcheviques adotaram o programa agrário dos socialistas-revolucionários que não era *seu* programa, mas continha as medidas que a imensa maioria do campesinato russo desejava ver realizadas.

Para conseguir conquistar para a revolução o restante das massas populares não proletárias, a vanguarda revolucionária deve levar em conta o estado de ânimo e o nível de consciência do povo e deve ser capaz de assumir como suas as tarefas democráticas que são de interesse para a grande maioria da população. Não deve assustar essas massas populares, ainda imaturas, com anúncios de medidas socialistas.

Nos países atrasados existe uma enorme população camponesa e pequeno-burguesa capaz de apoiar a realização de tarefas democráticas, mas que, imersa durante séculos na ideologia burguesa, ainda não está disposta a apoiar uma revolução socialista. Pregar a revolução socialista, ainda que pareça muito revolucionária, é na verdade uma medida que vai contra a própria revolução que se prega, porque impede que se alcance uma correlação de forças favorável para derrotar o principal inimigo naquele momento. A melhor forma de conduzir o povo ao socialismo é demonstrando de fato, de forma prática, que este regime é o único que pode resolver os problemas mais sentidos pelas massas. Este foi o caminho seguido por Lenin na Rússia e também o caminho seguido pelo 26 de julho em Cuba e pelos sandinistas na Nicarágua.

Finalmente, como as tarefas estão intimamente relacionadas com as forças motrizes da revolução, aqui há uma correspondência na qualificação do caráter da revolução: às forças motrizes majoritariamente democrático-burguesas correspondem tarefas democrático-

O CARÁTER DA REVOLUÇÃO

-burguesas, às forças motrizes proletárias ou semiproletárias correspondem tarefas socialistas.

Dificuldade das classificações teóricas

Resumindo o exposto anteriormente: para caracterizar a revolução em um determinado país devemos nos fazer as seguintes perguntas:

Que tipo de revolução o país precisa para sair da situação de crise estrutural em que se encontra, para se desenvolver, para avançar? *Qual é o conteúdo econômico-social* da revolução? Este é o critério fundamental.

Quais são os interesses de classe representados pela *força social que dirige* a revolução?

Com que forças motrizes se impulsionará a revolução? *Que* forças sociais servirão de motor do processo revolucionário e de núcleo unificador de todas as forças revolucionárias para vencer o inimigo principal?

Por último, *que tarefas* a revolução deve se propor? *Qual* é o seu programa mínimo? Que medidas devem ser reivindicadas para conquistar o povo para a revolução?

Mas, como já vimos, nem sempre há uma correspondência entre esses quatro elementos. No entanto, é importante tê-los estudado separadamente, e levá-los em consideração, pois na maioria dos textos clássicos nos encontramos com caracterizações aparentemente contraditórias, especialmente em Lenin, que estão relacionadas ao uso de diferentes pontos de vista para caracterizar o mesmo período histórico.

De tudo o que foi dito, podemos tirar uma conclusão geral.

As revoluções sociais sempre ocorrem em sociedades concretas, complexas, historicamente determinadas, inseridas no contexto do desenvolvimento econômico mundial. Isso explica a afirmação de Lenin: quem espera por "uma revolução social pura nunca a verá ". Pela mesma razão, nem sempre é fácil fazer "classificações teóricas", porque a revolução é um processo complexo, urgente e de desenvolvimento tão rápido que, em vez de encaixá-la em uma teoria estreitamente concebida, as categorias teóricas devem ser consideradas "antes de tudo e sobretudo como um guia para a ação".

Em uma formação social historicamente determinada pode acontecer – como aconteceu nos países de desenvolvimento econômico mais atrasado na atual etapa imperialista do desenvolvimento capitalista mundial – que nela germinem não uma, mas duas revoluções: uma revolução burguesa à qual a burguesia *criolla*, demasiadamente atada à oligarquia fundiária e ao capital imperialista, nunca realizou, e a revolução proletária socialista.

Por esta mesma razão, pode acontecer que não haja correspondência entre as tarefas mais urgentes a realizar e a classe que as impulsione. Devido à situação já descrita das burguesias *criollas*, é o proletariado que deve assumir a responsabilidade de impulsionar as tarefas burguesas inconclusas.

Esta não correspondência entre conteúdo socioeconômico, classes e tarefas da revolução faz com que ela possa ser denominada democrático-burguesa, democrático-revolucionária, proletária ou socialista, dependendo do ponto de vista sob o qual sua definição é enfocada.

O caráter proletário e socialista da Revolução Cubana

Em janeiro de 1959, triunfa em Cuba a primeira revolução popular e anti-imperialista da América Latina. Em 16 de abril de 1961, Fidel Castro, seu máximo dirigente, declara formalmente seu caráter socialista.

Mas isso significa que somente a partir do momento em que a Revolução Cubana se declara publicamente socialista deve ser considerada uma revolução socialista?

O CARÁTER DA REVOLUÇÃO

Do ponto de vista econômico e social, não podia ser uma revolução anti-imperialista sem ser, ao mesmo tempo, socialista

A Revolução Cubana, uma revolução em um dos países capitalistas mais dependentes do imperialismo na América Latina, do ponto de vista econômico-social não poderia ser uma revolução anti-imperialista sem ser ao mesmo tempo uma revolução socialista. Em dezembro de 1961, Fidel insiste que não havia opção: ou "a política do capitalismo, do imperialismo" ou "a política anti-imperialista, a política do socialismo".

"É preciso levar em conta que não há meio-termo entre capitalismo e socialismo", afirma, e mais adiante explica:

"Tínhamos que escolher entre permanecer sob o domínio, a exploração e a insolência imperialistas, continuar suportando aqui os embaixadores ianques que davam ordens, continuar mantendo nosso país no estado de miséria em que se encontrava, ou fazer uma revolução anti-imperialista, e fazer uma revolução socialista."

"Nisso não havia alternativa. Escolhemos o único caminho honrado, o único caminho leal que poderíamos seguir com nossa pátria, e de acordo com a tradição dos nossos *mambises*, de acordo com a tradição de todos aqueles que lutaram pelo bem do nosso país. Este é o caminho que temos seguido: o caminho da luta anti-imperialista, o caminho da revolução socialista. Porque, além disso, não cabia nenhuma outra posição".[154]

"Esse foi o caminho que a revolução tinha que seguir: o caminho da luta anti-imperialista e o caminho do socialismo. Ou seja: a nacionalização de todas as grandes indústrias, dos grandes comércios. A nacionalização e apropriação social dos meios fundamentais de produção, e o desenvolvimento planificado da nossa economia ao

---

[154] Fidel Castro, *Comparecencia ante la televisión para inaugurar el noveno ciclo de la Universidad Popular* (1 dez. 1961), La Habana: Obra Revolucionaria, 2 dez. 1961, n. 46, p. 42. Citado en *La Revolución Cubana* (1953-1962), México: Era, 2ª ed. 1975, p. 435.

ritmo que os nossos recursos nos permitam, e nos permitam a ajuda que estamos recebendo do exterior..."

"Havia que fazer a revolução anti-imperialista e socialista [...], a revolução anti-imperialista e socialista só tinha que ser uma, uma única revolução, porque só há uma revolução. Essa é a grande verdade dialética da humanidade: o imperialismo, e frente ao imperialismo, o socialismo."[155]

Um breve exame das características que tinha o desenvolvimento capitalista dependente em Cuba antes do triunfo da revolução é a melhor prova da imperiosa necessidade que tinha este país de realizar tarefas anti-imperialistas de conteúdo anticapitalista, para poder sair do atraso e da miséria que se encontrava então.

"1) Total dependência do imperialismo estadunidense, que controlava a indústria fundamental de exportação (açúcar) (1,2 milhão de hectares de terra incluindo, segundo sua própria confissão, 25% das melhores terras agrícolas), a energia elétrica, parte da indústria leiteira, o abastecimento de combustível e, em grande medida, o crédito bancário."

"2) Uma estrutura econômica predominantemente agrícola, já que a indústria mais importante, o açúcar, era uma produção primária de base agrícola e o restante da indústria representava um volume insignificante, ainda que em certa medida superior ao dos países subdesenvolvidos da Ásia, da África e de um certo número na América Latina."

"3) Uma economia agrícola extensiva, latifundiária tanto nas propriedades de empresas estrangeiras quanto nas de uma opulenta minoria cubana, com 114 grandes proprietários controlando 20% das terras, enquanto uma enorme massa camponesa sem crédito, com preços ruinosos e oprimida por intermediários viveu um pro-

---

[155] *Ibid.*, p. 44; *Ibid.*, p. 438-439.

O CARÁTER DA REVOLUÇÃO

cesso alternado de miséria absoluta e miséria atenuada por quase meio século."

"4) Desemprego e subemprego permanentes e massivos em uma proporção muito maior do que em outros países latino-americanos, atingindo mais de 25% da força de trabalho, com mais de 600 mil desempregados no período de 'tempo morto' e 300 mil desempregados permanentes. Tudo isto em consequência de uma estrutura econômica cuja tendência era a de prolongar-se e acentuar-se."

"5) Uma economia totalmente aberta, na qual a cada peso de produção bruta correspondia entre 25 e 28 centavos de importações inevitáveis e, ao mesmo tempo, assumia uma porcentagem igual de exportações. Uma monoexportação de açúcar que chegava a 80% do total exportado. E uma concentração geográfica de exportações e importações, com 60% das primeiras e 75 a 80% das segundas dependendo do mercado dos Estados Unidos."[156]

Cuba é um país capitalista não só na esfera industrial urbana, mas também no setor agrário, em que prevalecem as relações capitalistas de produção a ponto de o proletariado agrícola ter um peso relativamente muito grande dentro da classe trabalhadora. Mas o setor da burguesia que tem contradições com o imperialismo é muito "fraco" porque "não teve oportunidade histórica de crescer e se fortalecer".[157]

Também deve ser levado em conta que o Estado cubano antes do triunfo da revolução era um Estado burguês. "Muitos aspectos da revolução democrática foram alcançados, pelo menos formalmente, nos últimos 30 anos", afirma Carlos Rafael Rodríguez, e enumera os seguintes: "o voto popular, a redução da jornada de trabalho, a igualdade jurídica da mulher, o salário mínimo etc."[158]

---

[156] Rodríguez, Carlos Rafael. *Cuba en tránsito al socialismo (1959-1963)* (1966), México: Siglo XXI, 1978, p. 66-67.
[157] *Ibid.*, p. 35.
[158] *Ibid.*, p. 67.

Tudo isso apenas demonstra, como dizíamos anteriormente, que Cuba não podia desenvolver-se economicamente nem completar as tarefas democrático-burguesas senão por meio do socialismo e que, portanto, *do ponto de vista de seu conteúdo econômico-social, o caráter da revolução cubana é socialista.* Isso não significa que desde o início cumpra tarefas socialistas. Como veremos mais adiante, numa primeira etapa, o caráter das tarefas econômicas realizadas pela revolução nascente tem um conteúdo democrático-burguês anti-imperialista.

Agora, a primeira tarefa socialista realizada pela Revolução Cubana é a destruição do aparato estatal burguês, substituindo-o por um novo tipo de Estado cuja espinha dorsal é o Exército Rebelde.

No dia seguinte à tomada do poder, a "revolução tinha duas coisas", afirma Fidel, "primeiro, já tinha chegado ao poder com as massas; em segundo lugar, havia liquidado a máquina militar do regime social vigente. Tinha um exército do povo, ou seja, já tinha o povo armado. Aquela gente barbuda, que não havia passado por nenhuma academia militar, porém, era o exército do povo; e, na realidade, a posição mais sólida que a revolução tinha naquele momento era o Exército Rebelde".[159]

O que o imperialismo e a burguesia tentam manter intacto, seja como for, em qualquer crise, é o aparato militar existente até então. Se o povo não destrói este aparato e se apodera das armas, corre-se o risco de que a revolução seja "freada", "traída" ou "esmagada".

É por isso que o dirigente cubano afirma com tanta ênfase: "Quando se chega a um momento de crise, como o que Cuba atingiu em 1º de janeiro [...], *a chave de tudo* está em se o povo se apodera das armas, ou a maquinaria militar permanece intacta com as armas na mão e o povo desarmado".[160]

---

[159] Castro, Fidel, *Discurso del 1 dez. 1961, op. cit.* p. 25; Era, p. 404.
[160] *Ibid.,* p. 22; *Ibid.,* p. 398. (O grifo é de M. H.)

O CARÁTER DA REVOLUÇÃO

É verdade que várias personalidades burguesas fizeram parte do primeiro governo revolucionário, e especificamente Urrutia, o primeiro presidente desse governo, a ponto de se poder falar de "uma equipe de governo conservador",[161] mas essa presença circunstancial não muda o caráter de classe do novo Estado.

O básico é que a espinha dorsal do aparato estatal burguês foi destruída e que existe um "exército revolucionário". Agora "tanto faz se é fulano ou beltrano" quem está como presidente ou como ministro.

Fidel confessa que nunca se preocupou que "elementos reacionários pudessem se apoderar do governo" para distorcer a revolução, porque "a força das massas e as Forças Armadas estavam [...] em mãos revolucionárias".[162]

A revolução substitui, assim, o regime estatal burguês que vigorava até então por um novo tipo de Estado. Fidel a chama de "democracia operária" e explica ao povo que em termos marxistas este Estado se chama "ditadura do proletariado", esclarecendo que neste caso a palavra ditadura tem um significado muito diferente daquele que o povo cubano conhece por meio da ditadura de Batista, associada à tortura, ao assassinato, crime.[163] Trata-se do exercício do poder por uma nova classe que representa os interesses de todo o povo contra as classes expulsas do poder que estão decididas a recuperá-lo.

Pois bem, o caráter de classe do novo Estado não pode ser estranho ao caráter de classe da força dirigente do processo revolucionário. Mas pode-se afirmar que a direção do Movimento 26 de Julho foi uma direção proletária? Acaso seus quadros mais importantes não vieram da pequena burguesia?

---

[161] *Ibid.*, p. 28; *Ibid.*, p. 410.
[162] *Ibid.*, p. 27; *Ibid.*, p. 408.
[163] *Ibid.*, p. 47; *Ibid.*, p. 444.

O caráter proletário da direção do Movimento 26 de Julho

Pela importância que este tema tem para a revolução na América Latina, nos deteremos longamente em seu exame.

A primeira coisa que temos a dizer é que se as postulações de Lenin forem aplicadas de forma mecânica, antidialética, não será possível conceber uma direção proletária sem a existência nesse país de uma forte classe trabalhadora organizada em um partido classista; dito em outras palavras, não podia existir uma direção proletária se quem dirige a revolução não é o partido da classe operária, o clássico partido marxista-leninista.

Essa concepção esquece que, no nível político, no nível da luta de classes, o que importa não é a *situação de classe*, ou seja, a posição objetiva que a classe ocupa na produção social, mas a *posição de classe,* ou seja, a tomada de partido por uma ou outra classe social,[164] e assim como há pequenos burgueses que adotam posições proletárias, também há trabalhadores e partidos operários que adotam posições burguesas. Lenin os denomina, usando um termo já usado por Engels em 1891, *"partidos operários burgueses".*[165]

Feito esse esclarecimento, podemos passar a examinar o caráter de classe da condução do Movimento 26 de Julho, e para isso utilizamos os argumentos que Carlos Rafael Rodríguez expõe em seu ensaio: *Cuba em trânsito ao socialismo 1959-1961.*

O autor afirma que a Revolução Cubana não segue o caminho indicado pelas "análises usuais dos movimentos revolucionários nos países subdesenvolvidos".

Nestas análises, chega-se à conclusão de que "para completar uma revolução agrária e anti-imperialista em nosso tempo contra as

---

[164] Ver o desenvolvimento desses conceitos em: Harnecker, Marta. *Los conceptos elementales del materialismo histórico, op. cit.,* p. 239-243.

[165] Lenin, V. I. *El izquierdismo y la división del socialismo* (out. 1916), t. 24, p. 125. O autor se refere aqui aos partidos operários dos países imperialistas, cujos dirigentes foram subornados pela burguesia de seus países.

forças dominantes encabeçadas pelo imperialismo norte-americano, é indispensável a presença à frente da revolução da classe trabalhadora e de um partido radical que a represente, com a firme ideologia do marxismo-leninismo".[166]

A Revolução Cubana segue outro caminho, afirma. À sua frente "não aparece um partido comunista, mas a revolução agrária e anti-imperialista" realiza-se plenamente e a sua conversão em revolução socialista se faz "sob a direção de um grupo não definitivamente proletário, que não estava organizado em um partido marxista-leninista".[167]

Como definir o caráter de classe da direção da revolução?

Carlos Rafael responde brilhantemente a essas perguntas rompendo os marcos estreitos das concepções mecânicas e dogmáticas a esse respeito.

Faz um primeiro esclarecimento muito importante: "a hegemonia do proletariado não é um fato físico, ou seja, não significa que a classe trabalhadora exerça sua direção política por meio de um grupo governante ou dirigente formado por figuras que saem do proletariado".[168]

Ele sustenta sua afirmação na análise da composição social do primeiro governo proletário que emergiu da Revolução de Outubro, assim como da direção chinesa que leva ao triunfo a revolução naquele país.

Em ambos os casos, a presença estritamente proletária era minoritária tanto no governo quanto no partido. O que então deve ser entendido então por hegemonia proletária? O autor responde: "Hegemonia do proletariado significa que os *interesses* e as *ideias* do proletariado prevaleçam no processo revolucionário e sejam

---

[166] *Ibid.*, p. 68.
[167] *Ibid.*, p. 69.
[168] *Ibid.*, p 109-110.

expressas pela direção desse processo como as ideias e programa fundamentais".[169]

E depois afirma que, precisamente, "o grande mérito e o maior serviço prestado à revolução pelos comunistas cubanos consistiu em compreender de forma dialética e concreta o conceito de hegemonia proletária, e em perceber a tempo que havia surgido uma direção não inscrita organicamente nas fileiras comunistas, mas capaz de conduzir, com mão segura e firme, o processo revolucionário não só até a completa emancipação nacional diante de todo poderio imperialista, mas também traçar o caminho para o socialismo e empreender sua construção".[170]

Mais adiante, assinala: "A interpretação acurada de Blas Roca e sua audaciosa e precisa concepção de unidade obtida não pela incorporação de Fidel ao partido, mas pela aceitação pelo partido da direção de Fidel Castro, evitou as inevitáveis contradições dos primeiros dias entre o *26 de julho* e o *PSP* se convertessem em uma divisão estéril em torno da disputa, não tanto pela hegemonia do proletariado mas pela *representação* da hegemonia que o proletariado já estava exercendo por meio da sua conduta e do programa do grupo dirigente".[171]

De tudo até aqui exposto por Carlos Rafael pode-se deduzir que, desde o próprio triunfo da revolução, o caráter de classe do novo poder era predominantemente proletário.

Para chegar a essa conclusão, ele faz um longo desenvolvimento cujos principais marcos resumiremos a seguir.

Em primeiro lugar, analisa as razões pelas quais o partido marxista-leninista daquela época não foi capaz de ser a vanguarda do processo.

---

[169] *Ibid.*, p. 110.
[170] *Ibid.*, p. 109.
[171] *Ibid.*, p. 111.

"Foi precisamente Fidel Castro", diz o autor, "quem mais claramente expôs as dificuldades quase intransponíveis que se apresentavam no caminho do partido que em Cuba representava ideologicamente o proletariado revolucionário para conduzir uma revolução vitoriosa. Não se tratava, evidentemente, de fatores subjetivos, ou seja, de erros estratégicos ou táticos que pudessem afastar o conjunto do povo da direção de um partido político".[172]

Carlos Rafael reconhece que houve erros e que estes "posteriormente tiveram a ver com aspectos concretos do problema". E cita como exemplo a autocrítica realizada por Blas Roca na VII Assembleia Nacional da PSP.

O dirigente comunista afirmou nessa ocasião que, embora o seu partido tivesse previsto a possibilidade de que a luta de massas conduzisse a uma luta armada ou a uma insurreição popular armada, ele não se preparou adequadamente para isso. "Não nos preparamos adequadamente, não nos organizamos, não instruímos, não formamos quadros com a antecipação necessária para preparar e desenvolver tal perspectiva", afirma e acrescenta: "Isso foi uma falha nossa. É um mérito histórico de Fidel Castro ter preparado, organizado, instruído e disposto os elementos de combate necessários para iniciar e sustentar a luta armada como meio de derrubar a tirania e abrir caminho para a Revolução Cubana".[173]

Mas não foram esses erros, e sim a influência esmagadora da ideologia burguesa-imperialista que tornou "extremamente difícil – se não impossível – para um partido comunista reunir em torno de si as principais forças do proletariado e dos camponeses, as classes médias urbanas, conquistar o apoio de importantes setores da burguesia nacional e neutralizar, como se conseguiu na última fase da luta, a própria oligarquia".[174]

---

[172] *Ibid.*, p. 88
[173] *Ibid.*, p. 88.
[174] *Ibid.*, p. 89.

Durante 30 anos, "o movimento comunista cubano foi apresentado como um grupo de agentes estrangeiros engajados em uma política antinacional e a serviço de uma potência estrangeira".[175] Soma-se a isso a repressão sindical em geral e contra os comunistas em particular.

Tudo isso explica – segundo Carlos Rafael – por que o partido marxista-leninista não chegava a ser "uma minoria influente e ativa" que, no entanto, não conseguia se tornar "a força condutora da revolução".[176] Depois se detém para analisar o grupo dirigente que conduz a revolução a seu triunfo sobre Batista.

Em primeiro lugar, destaca o papel de Fidel Castro no processo revolucionário, o que mostra, segundo o escritor, que "toda grande conquista histórica vem acompanhada de inevitáveis elementos pessoais".

Carlos Rafael afirma que a "personalidade máxima de Fidel, sua excepcional sagacidade para apreciar as necessidades e possibilidades dos vários momentos históricos com uma maestria tanto política quanto militar, sua enorme influência como líder de multidões têm um papel decisivo na maneira até então imprevista como se desenrolou a Revolução Cubana de 1959. E também contribuiu nessa direção o fato de que em torno de Fidel reuniram-se homens como Ernesto Guevara, Raúl Castro, Camilo Cienfuegos e Juan Almeida, para mencionar apenas alguns dos protagonistas mais importantes".[177] Fidel "não era um típico ideólogo pequeno-burguês", pois em seu pensamento operavam "correntes nitidamente socialistas".[178]

Acrescente-se que, se o programa de Moncada não foi "um programa idêntico ao dos comunistas em profundidade", isso foi

---

[175] *Ibid.*, p. 90.
[176] *Ibid.*, p. 91.
[177] *Ibid.*, p. 93.
[178] *Ibid.*, p. 99.

O CARÁTER DA REVOLUÇÃO

devido fundamentalmente a razões táticas.[179] Fidel tinha, além disso, absolutamente claro um dos pontos básicos da teoria marxista: "a necessidade de destruir o aparato político das classes dominantes". É preciso dizer – enfatiza Carlos Rafael – que "estes últimos constituíam praticamente uma obsessão para Fidel Castro nos últimos dias de 1958. Toda a experiência na América Latina lhe mostrava que, se a direção profissional dos exércitos permanecesse intacta após a queda do tirano de turno, a revolução jamais estaria assegurada, pois mais cedo ou mais tarde o imperialismo e as oligarquias teriam que utilizar esses profissionais da repressão para o contragolpe que os devolveria ao poder perdido".

"As experiências muito recentes da Revolução Venezuelana confirmavam essa tese. Por isso, em sua concepção militar de enviar as colunas invasoras do Che a Las Villas e as de Camilo a Pinar del Río – este era seu destino final – estava implícita a necessidade de cercar Havana com um cinturão de forças rebeldes que, com a ação das massas proletárias, impedisse que qualquer grupo militar substituísse o tirano no momento da derrota".[180]

Por último, Fidel, "em sua estratégia e em sua tática, não deixou de situar as forças do proletariado numa posição decisiva".[181] Em 1958, preparou na Sierra uma reunião de representantes dos trabalhadores – que por razões conjunturais nunca se realizou. O 1º de Janeiro de 1959 atribui uma tarefa fundamental ao proletariado "na hora dos combates decisivos", colocando "em primeiro plano a convocação da greve geral, destinada a paralisar a vida da nação até que ela passasse às mãos da verdadeira revolução todo o poder e não um fragmento dele."[182]

---

[179] *Ibid.*, p. 99
[180] *Ibid.*, p. 103-104.
[181] *Ibid.*, p. 102.
[182] *Ibid.*, p. 103.

Todos esses elementos levam Carlos Rafael a afirmar que essa vanguarda revolucionária não é pequeno-burguesa, e a seguir resume suas principais características:

"1) É decisivamente influenciada pelo marxismo e baseia-se nele em suas concepções fundamentais."

"2) Não é anticomunista nem no sentido ideológico nem no sentido político imediato. Respeita os comunistas e entende a necessidade da colaboração com eles."

"3) Compreende, portanto, o papel histórico do proletariado como classe."

"4) Aspira a uma verdadeira revolução e a concebe não só como uma revolução em seu caráter anti-imperialista destinada a obter a plena libertação de Cuba, mas também mais além, como uma revolução de profundo conteúdo social que se identifica em quase todos os seus contornos com a revolução socialista e que, sob o fogo das contradições com seus inimigos, se transforma em tal."[183]

Finalmente, podemos nos perguntar por que essa vanguarda revolucionária não se integra organicamente ao movimento comunista.

Apresentamos a seguir o que o próprio Fidel levanta a esse respeito em entrevista concedida a jornalistas suecos em 1978 por ocasião do 25º aniversário do assalto ao quartel Moncada.

O máximo dirigente cubano reconhece que, quando se inicia o Movimento 26 de Julho, "não se falava de socialismo", já que "o principal objetivo do povo era a derrubada de Batista", mas acrescenta que a "extração social" das pessoas que recrutavam "favorecia a doutrinação política".[184] Pessoas eram selecionadas entre "os

---

[183] *Ibid.*, p. 107.
[184] Revista *Casa de las Américas*, La Habana, n. 109, jul-ago. 1978, p. 8.

setores humildes do povo"[185] que tinham uma atitude de oposição a Batista.

Em contrapartida, a direção do Movimento "eram pessoas com ideias muito avançadas.[186]

"Nós", diz ele, "tínhamos cursos de marxismo. E o grupo de direção, durante todo aquele período, estudou o marxismo. E poderíamos dizer que os principais dirigentes da organização já eram marxistas".[187]

Por que então Fidel e seus companheiros não se filiam ao Partido Socialista Popular, cuja ideologia é marxista e representa as ideias mais avançadas?

Fidel explica as razões dessa aparente contradição.

No momento em que ocorre o golpe de Estado de 10 de março de 1952, ele, que já havia adquirido "uma concepção marxista da política"[188] estava, no entanto, por diversas razões, dentro de um partido que não era marxista, mas populista, mas que tinha "uma grande força política de massas."[189]

Trata-se do Partido Ortodoxo que, embora tivesse uma direção burguesa, era formado por setores humildes do povo: operários, camponeses e pequena burguesia; e era liderado por Chibas, "um líder carismático, com muito apoio popular", cuja principal bandeira era a luta contra a corrupção pública, contra o roubo e contra o peculato.[190]

O PSP, por sua vez, era um partido "relativamente pequeno" e "estava muito isolado. Nessas circunstâncias, toda a época do

---

[185] *Ibid.*, p. 7.
[186] *Ibid.*, p. 8.
[187] *Ibid.*, p. 8.
[188] *Ibid.*, p. 8.
[189] *Ibid.*, p. 10.
[190] *Ibid.*, p. 8.

macarthismo, do anticomunismo, havia conseguido [...] bloquear o Partido Comunista".[191]

O que fazer então? Militar em um partido com o qual tem coincidências ideológicas fundamentais, mas que está muito isolado do povo, ou continuar militando num partido com grande base popular, mas mal dirigido, sem orientação?

Fidel, que tinha muita clareza que "sem as massas não há revolução", decide "elaborar uma estratégia para conduzir essas massas" (influenciadas pelo Partido Ortodoxo a uma posição revolucionária...,[192] massas que então respondiam a um "pensamento político progressista, reformista", ainda não comunista.[193]Assim, dedica-se a organizar a juventude naquele Partido, à parte da direção oficial, fazendo "um trabalho de base com os jovens principalmente de extração humilde da cidade" e recrutando-os para lutar contra Batista, sem lhes falar de socialismo, para o qual ainda não estavam preparados.

É interessante notar que Carlos Rafael Rodríguez, antigo militante do PSP, não lamenta que Fidel e o seu grupo não tenham se integrado a seu partido mas, ao contrário, afirma: "não há dúvida de que ao se manter Fidel Castro como uma liderança independente, Cuba encontrou um caminho que a colocou na vanguarda da América Latina e dos movimentos de libertação nacional do resto do mundo."[194]

As forças motrizes e as tarefas da primeira etapa da Revolução Cubana

Até aqui analisamos o conteúdo econômico e social da revolução e o caráter de sua força dirigente. Vejamos agora com que

---

[191] *Ibid.*, p. 8.
[192] *Ibid.*, p. 8.
[193] *Ibid.*, p. 8.
[194] *Op. cit.*, p. 107.

O CARÁTER DA REVOLUÇÃO

forças sociais a vitória foi alcançada e quais foram as tarefas da primeira etapa da revolução.

Dado o desenvolvimento capitalista dependente do país, era impossível que a burguesia cubana estivesse disposta a lutar por tarefas anti-imperialistas, seus interesses de classe estavam intimamente ligados aos interesses da metrópole, embora pudessem surgir contradições secundárias como as que realmente surgiram e das quais o Movimento 26 de Julho se aproveitou. As *forças motrizes* do processo revolucionário foram fundamentalmente a classe trabalhadora, o campesinato, os estudantes e camadas mais ou menos amplas da pequena burguesia, bem como importantes setores marginalizados.

A essas forças se somaram nos últimos meses setores representativos dos interesses dos latifundiários e da grande burguesia. A direção do Movimento 26 de Julho foi suficientemente hábil e flexível para conseguir aglutinar todas essas forças. Embora seja preciso levar em conta que essa ampla frente contra Batista só consegue se concretizar quando já ninguém contesta a superioridade militar dos rebeldes e tudo aponta para a derrocada de Batista.

Em 20 de julho de 1958, em Caracas, capital da Venezuela, 11 partidos e organizações políticas assinam um apelo ao povo de Cuba, mais conhecido como Pacto de Caracas. Entre os signatários estão nomes de conhecidos políticos ligados à burguesia cubana, como o ex-presidente Carlos Prío Socarras e José Miró Carmona.

"Existem três pilares desta união das forças de oposição cubana:"

"Primeiro: estratégia comum de luta para derrubar a tirania por meio da insurreição armada, reforçando em um prazo mínimo todas as frentes de combate, armando os milhares de cubanos que estão dispostos a lutar pela liberdade. Mobilização popular de todas as forças trabalhadoras, cívicas, profissionais, econômicas, para culminar o esforço cívico numa grande greve geral, e o bélico numa ação armada conjuntamente com todo o país. Deste empenho comum, Cuba sairá livre e se evitará uma nova e dolorosa efusão de sangue das melhores reservas do país. A vitória será possível sempre, mas se tardará se não forem coordenadas as atividades das forças oposicionistas."

"Segundo: Conduzir o país, após a queda do tirano, por meio de um breve governo provisório, à sua normalidade, encaminhando-o mediante procedimento constitucional e democrático."

"Terceiro: Programa mínimo de governo que garanta a punição dos culpados, os direitos dos trabalhadores, a ordem, a paz, a liberdade, o cumprimento dos compromissos internacionais e o progresso econômico, social e institucional do povo cubano".[195]

A decisão política de apoio da burguesia cubana[196] ao pacto de Caracas é transcendental, pois com sua atitude não produziu, como outras burguesias latino-americanas, a intervenção do imperialismo na solução dos problemas da nação cubana.

Com grande unanimidade, a revolução triunfou em 1º de janeiro de 1959 e passou a cumprir uma série de tarefas de cunho claramente democrático-burguês que, não obstante, já afetavam importantes interesses norte-americanos:

- punição exemplar para os principais crimes cometidos pela ditadura de Batista;
- confisco imediato de todos os bens adquiridos de forma ilícita pelos funcionários do sangrento regime;
- eliminação da administração pública dos cúmplices da tirania;
- erradicação do desvio de verbas públicas, de regalias e da prática de receber salários sem exercer o cargo;

---

[195] "Pacto de Caracas", en *La revolución cubana... Op. cit.*, p. 124.
[196] Sobre o papel da burguesia açucareira na Revolução Cubana, ver Winocur, Marcos: *Las clases olvidadas de la Revolución Cubana*, Barcelona: Crítica, 1979, p. 21-64 e p. 163-170.

O CARÁTER DA REVOLUÇÃO

- eliminação dos partidos políticos que serviram à opressão;
- reintegração dos trabalhadores demitidos pela tirania a seus postos;
- intervenção da Companhia Cubana de Telefones (monopólio ianque envolvido em negócios obscuros com a tirania contra os interesses do povo) (3 de março de 1959);
- promulgação de uma lei que reduz em até 50% os aluguéis onerosos pagos pelo povo, medida que desperta grande entusiasmo na população urbana e causa verdadeiro choque nos meios burgueses (6 de março);
- todas as praias do país são de uso público, suprimindo o exclusivismo e a odiosa discriminação estabelecida pela burguesia em muitos desses centros (21 de abril);
- promulgação da primeira Lei de Reforma Agrária (7 de maio). Esta lei atinge apenas propriedades maiores que 4.022 hectares, atingindo assim os interesses da oligarquia fundiária e do imperialismo. Havia empresas estadunidenses que possuíam até 227 mil hectares.
- Redução das tarifas de eletricidade, pondo fim ao abuso de outro monopólio imperialista.

"Além das medidas mencionadas que foram implementadas no curto espaço de poucos meses, a revolução desde os primeiros instantes deu passos para enfrentar o terrível flagelo do desemprego, e prestou especial atenção à luta para melhorar as péssimas condições da educação e da saúde pública. Milhares de professores foram enviados para zonas rurais e numerosos hospitais começaram a ser construídos nos cantos mais remotos de nossos campos."

"O jogo, o narcotráfico e o contrabando foram radicalmente suprimidos, ao que se seguiriam as medidas necessárias para eliminar a prostituição, que impunha um destino tão humilhante a tantas humildes mulheres da cidade, por meio de medidas humanas e justas que incluíam educação e emprego para suas dezenas de milhares de vítimas."

"Em um tempo relativamente curto, começaram os trabalhos para erradicar com sucesso os bairros pobres, tão abundantes nas grandes cidades da América Latina."

"Pouco a pouco, a mendicância desapareceu e não se via mais o espetáculo de crianças descalças e abandonadas pedindo esmola nas ruas".[197]

Somente em 8 de agosto de 1960, todas as empresas estadunidenses em Cuba foram nacionalizadas: refinarias de petróleo, usinas de açúcar, empresas de telefonia e eletricidade, e em 13 de outubro do mesmo ano foram nacionalizados todos os bancos nacionais e estrangeiros (exceto os canadenses) e 382 grandes empresas existentes no país.[198]

Não há dúvida de que as nacionalizações decisivas são as nacionalizações que atingiram o imperialismo e a grande burguesia agrária e que, ao adotar essas medidas, a revolução está, de fato, quebrando a espinha dorsal do regime capitalista neste país. Com a estatização dessas empresas, e sem a necessidade de expropriar todos os capitalistas – medida que a direção da revolução não desejou, mas foi obrigada a tomar devido à resistência contrarrevolucionária desse setor[199] –, o Estado revolucionário cubano tinha em suas mãos

---

[197] Informe do Comité Central del Partido Comunista de Cuba ao Primeiro Congresso, apresentado por Fidel Castro em 17 de dezembro de 1975. *In: La unidad nos dio la victoria,* Habana: Depto. de Orientação Revolucionária do CC do PCC, 1976, p. 48-51.

[198] *22 anos da Revolução (cronologia),* Havana: Editora Política, 1983. Entre essas 382 empresas estavam: 105 engenhos de açúcar, 50 fábricas têxteis, oito empresas ferroviárias, 11 circuitos cinematográficos, 13 grandes armazéns, 16 engenhos de arroz, 6 fábricas de bebidas alcoólicas, 11 torrefadoras de café, 47 armazéns comerciais e 6 fábricas de leite condensado. *Op. cit.,* p. 14.

[199] "existem certas medidas que obrigam outras a serem tomadas, mesmo que não fosse a princípio pretendida. Por exemplo, um problema trabalhista ou uma atitude contrarrevolucionária de algum empregador obriga o Governo a intervir em uma indústria e isso provoca receio ou retraimento em outras empresas do mesmo setor que obrigam o Governo a tomar medidas para o evitar. [...] Não é que queremos intervir em todas as empresas. Faríamos uma

O CARÁTER DA REVOLUÇÃO

os setores estratégicos da economia e, por meio desse controle e de outra série de medidas que não precisavam levar à expropriação, podia dirigir o desenvolvimento econômico do país durante todo um primeiro período, direcionando-o para a construção das bases materiais do socialismo.

Ora, se não se discute a hegemonia proletária na condução da revolução; se o poder revolucionário passou para as mãos de setores que representam os interesses do proletariado e da pequena burguesia urbana e rural; se o triunfo do processo significou a destruição do aparelho de Estado burguês e a instauração de um novo Estado cujo pilar fundamental é o Exército Rebelde; se no setor agrário, dadas as características específicas da agricultura cubana, mesmo a primeira Reforma Agrária não implicou uma massiva distribuição individual de terras, mas, ao contrário, a maior parte foi estatizada, algo que não aconteceu em nenhum outro país socialista em seu estágio inicial de desenvolvimento; se uma das primeiras medidas adotadas pela revolução no campo econômico é a nacionalização dos setores estratégicos da economia; se a revolução ocorre em um contexto mundial em que a correlação de forças é cada vez mais favorável ao campo socialista; se todas essas características estão presentes, por que não definir o processo revolucionário cubano desde o início como uma revolução socialista por seu conteúdo econômico-social e proletário por sua condução?

Isso, de nenhuma maneira, significa ignorar que em seus estágios iniciais as tarefas econômicas e sociais realizadas tiveram

---

loucura. Teríamos que administrar 50 mil empresas, ter 50 mil auditores, 50 mil pessoas capazes de administrar e às vezes não se encontram nem 5 mil, e às vezes bons, nem 500". (Fidel Castro, Discurso no Congresso Nacional Extraordinário da Federação Nacional dos Trabalhadores da Indústria de Calçados e seus anexos [8 set. 1960]), publicado no jornal *Revolución* de 9 de setembro de 1960, p. 4, coluna 4.

um conteúdo democrático nacional anti-imperialista, e que suas forças motrizes foram o proletariado, o campesinato e a pequena burguesia.

Uma revolução socialista antes que o proletariado e as massas populares adquiram consciência socialista

É evidente, porém, que há uma diferença marcante entre o caráter proletário da Revolução Cubana e o caráter proletário da Revolução Russa.

Neste último caso, a hegemonia proletária correspondia a uma hegemonia dessa classe social na sociedade russa. O partido bolchevique representava os interesses de classe de um proletariado já maduro, com consciência de classe proletária, ou seja, de uma classe trabalhadora cujos setores mais conscientes sabiam que somente com o socialismo poderiam alcançar sua plena emancipação. Em contrapartida, antes do triunfo de outubro de 1917, ou seja, antes do triunfo da revolução socialista, os setores revolucionários haviam tomado consciência de que somente por meio do socialismo podiam resolver seus desejos mais profundos de paz, pão e liberdade. A paciente propaganda bolchevique sobre o caráter de classe burguês imperialista do novo governo surgido da Revolução de Fevereiro, comprovada na prática pelas ações a favor da continuação da guerra que promoveu, determinara que as massas mais ativas da grande cidade (os operários e soldados que faziam parte dos sovietes) foram passando rapidamente de posições de classe pequeno-burguesa às posições das classes proletárias.

É necessário lembrar que na Rússia a classe trabalhadora como tal era o motor fundamental do processo.

No caso da Revolução Cubana a situação foi bem diferente. Embora a direção máxima do 26 de Julho representasse – como vimos – os interesses de classe do proletariado, dentro desse movimento os quadros com consciência socialista eram minoria e não havia

O CARÁTER DA REVOLUÇÃO

uma consciência revolucionária profunda na maioria do proletariado cubano, nem muito menos nos demais setores do povo.

A classe operária – em si bastante pequena e cujo máximo contingente estava constituído pelo proletariado rural – não tinha, salvo uma pequena minoria, consciência socialista. Para explicar isso, devemos lembrar a intensa campanha anticomunista realizada pelos governos anteriores e o peso do *"mujalismo"* ou sindicalismo oficialista. Fidel explica a esse respeito:

"Aquela era uma classe trabalhadora que viveu, durante sete anos, sob a opressão, sob o *mujalismo*, e uma classe trabalhadora que não lhe mostravam o caminho correto, uma classe trabalhadora que não foi ensinada que era vítima da exploração daqueles interesses, uma classe trabalhadora à qual queriam resignar-se a que o poder permanecesse para sempre em mãos dos inimigos dessa classe, dos inimigos da classe trabalhadora, dos exploradores da classe operária [...], a resignar-se com a perene e interminável luta por uma migalha a mais de salário, por uma vantagem a mais."

"E isso, além de um elemento anárquico dentro da sociedade, não deixava de ir se tornando um vício. Porque os trabalhadores não pensavam como classe. Os trabalhadores pensavam como setor, como sindicato, e as batalhas até onde os orientavam não eram batalhas pela classe, nem muito menos por todo o povo. Levavam-nos a lutar por uma pequena migalha a mais."

"Para o setor não importavam os demais setores operários, não importava o restante da classe trabalhadora, não importava o restante da nação, não importava o que estava sem emprego, não importava o futuro. E trocavam tudo, como aquele da Bíblia, por um miserável prato de lentilhas, trocaram o direito de primogenitura da classe trabalhadora, o direito da classe trabalhadora de governar e dirigir o país por um miserável prato de lentilhas [...]."

"Aos trabalhadores urbanos não lhes ensinavam a pensar nos trabalhadores rurais, e os trabalhadores rurais iam ficando para trás. Foi somente após o triunfo da revolução que os trabalhadores da cidade começaram a despertar o sentimento de solidariedade, o companheirismo e a fraternidade com os trabalhadores do campo."

"A classe trabalhadora era mantida impotente, era mantida dividida sem lutar pelos verdadeiros objetivos pelos quais a classe trabalhadora deve lutar": a conquista do poder político.[200]

Ora, se a consciência da maioria do proletariado não era uma consciência socialista, muito menos o era das amplas massas populares, consideradas por Fidel como "progressistas ou reformistas" no início do processo revolucionário.[201]

Mas à medida que a luta avança e, sobretudo, após o triunfo da revolução, "as ideias revolucionárias foram conquistando as massas; o povo de Cuba, massivamente, foi abraçando as ideias revolucionárias, exaltando as ideias revolucionárias. Esse ímpeto, essa rebeldia, o espírito de indignado protesto contra a tirania, contra os abusos, contra a injustiça, foram se convertendo em consciência revolucionária firme das massas de nosso povo", afirma Fidel.

E mais adiante acrescenta: "as massas operárias, camponesas, estudantis, as massas humildes, as camadas menos favorecidas de nosso país, importantes setores da classe média, setores da pequena burguesia, trabalhadores intelectuais, endossaram as ideias do marxismo-leninismo, endossaram a luta contra o imperialismo, assumiram como sua a batalha pela revolução socialista".

"Não foi um capricho, não foi algo imposto às massas", explica o máximo dirigente cubano. "As próprias leis revolucionárias, os próprios fatos da revolução foram conquistando as massas para a revolução, foram convertendo as massas em revolucionárias. Uma série de fatos que começaram por uma série de leis de benefício popular

---

[200] Castro, Fidel. "Discurso de 14 dez. 1960 en una asamblea de trabajadores de la industria eléctrica en cl teatro de la CTC", Havana. *Obra Revolucionaria*, n. 32, p. 4-5; *La Revolución Cubana 953-196, op. cit.*, p. 294-295.

[201] *Id.*, "La estrategia del Moncada", *op. cit.*, p. 10.

O CARÁTER DA REVOLUÇÃO

[...]; depois as leis de reforma agrária, depois as leis de nacionalização das empresas estrangeiras e depois as leis de nacionalização das grandes empresas. Foram pilares, pedras que marcaram o caminho da revolução, o avanço da revolução, o avanço do povo".[202]

E entre esses acontecimentos, outro fator fundamental dessa tomada de consciência revolucionária foi a atitude da contrarrevolução e do imperialismo que se desmascararam como os verdadeiros inimigos do povo cubano, o que culminou com os bombardeios aéreos de três cidades cubanas e a invasão de Playa Girón de 15 a 17 de abril de 1962.

Considerando esse salto qualitativo na consciência das massas inflamadas pelos crimes do imperialismo, Fidel proclama publicamente, em 16 de abril daquele ano, o caráter socialista da revolução. Trata-se de um batismo tardio de uma obra que havia sido dada à luz em 1º de janeiro de 1959.

Aqui, então, algo absolutamente novo é produzido em relação à Revolução de Outubro: os passos para o socialismo são dados antes que o proletariado como classe e as massas populares tenham adquirido uma consciência socialista.

O que existia na primeira etapa da revolução era o que podia denominar-se uma consciência democrático-popular, que depois se transforma em consciência anti-imperialista e, finalmente, em consciência socialista.

Discurso para a vanguarda e discurso para as massas

Depois do que expusemos, fica perfeitamente explicado por que a direção da revolução não define explicitamente o objetivo que pretende alcançar. Há razões políticas muito justas. Primeira: o povo

---

[202] *Id.*, "Comparecencia en la televisión ante un panel de periodistas" (26 mar. 1962), Havana, *Obra Revolucionaria,* n. 10, p. 11; *La revolución cubana...". Op. cit.,* p. 505-506.

cubano, submetido ao peso da ideologia burguesa-imperialista, só podia vencer sua resistência ao socialismo experimentando na prática seus benefícios. Segunda: os Estados Unidos teriam impedido, a qualquer preço, o triunfo de uma revolução socialista a 150 quilômetros de suas fronteiras.

"Foram feitos e foram proclamados em cada etapa os objetivos que estavam na ordem do dia e para os quais o movimento revolucionário e o povo haviam adquirido maturidade suficiente", afirma Fidel Castro em seu Informe ao Primeiro Congresso do Partido Comunista de Cuba, e acrescenta: "A proclamação do socialismo no período da luta insurrecional não teria sido ainda compreendida pelo povo, e o imperialismo teria intervido diretamente com suas forças militares em nossa pátria. Naquele momento, a derrubada da sangrenta tirania de Batista e o programa do Moncada uniam todo o povo. Quando mais tarde a revolução pujante e vitoriosa não vacilou em avançar, alguns disseram que ela havia sido traída, sem levar em conta que a verdadeira traição teria ocorrido se a revolução houvesse se detido no meio do caminho. Derramar o sangue de milhares de filhos do povo humilde para manter a dominação burguesa e imperialista e a exploração do homem pelo homem teria sido a mais escandalosa traição aos mortos e a todos aqueles que lutaram desde 1868 pelo futuro, pela justiça e pelo progresso da pátria".[203]

Da análise da experiência cubana e de outras experiências revolucionárias, podemos concluir que o problema do caráter da revolução, considerado do ponto de vista econômico e social, é um problema que interessa *especificamente à vanguarda revolucionária*. Ela deve saber até onde deve encaminhar o processo revolucionário e qual é a classe capaz de conduzi-lo a esse objetivo. Nesta visão, deve educar os seus militantes e preparar os seus quadros para enfrentar as tarefas futuras.

---

[203] Castro, Fidel. "Informe al Primer Congreso del PCC", *op. cit.*, p. 44-45.

O CARÁTER DA REVOLUÇÃO

A correta definição das tarefas imediatas é algo que interessa ao povo em geral. É por meio da justa formulação do programa mínimo de cada etapa e das tarefas mais sentidas pelas massas nesse momento histórico que será possível fazê-las participar da revolução.

É sempre importante diferenciar o discurso político dirigido à vanguarda do discurso dirigido às grandes massas. Estas, especialmente se são massas atrasadas, devem ser informadas apenas sobre as tarefas imediatas que a revolução pretende realizar; não é necessário falar ainda sobre as tarefas posteriores, nem insistir no caráter socialista da revolução, muito menos na ditadura do proletariado. Ambos os conceitos foram profundamente distorcidos pela poderosa propaganda burguesa, e é necessário que a vanguarda faça um paciente trabalho de esclarecimento teórico e prático sobre isso antes de incluí-los em seu discurso para as massas.

PROGRAMA E OBJETIVOS REVOLUCIONÁRIOS

Programa máximo e programa mínimo

Antes de terminar esta primeira parte dedicada ao estudo da revolução social, vamos nos deter no exame *do programa político*, pois é nele em que ficam plasmados os objetivos revolucionários que a vanguarda pretende alcançar.

Um programa político, diz Lenin, "é a explicação breve, clara e precisa de *todas as coisas a que um partido aspira e pelo quais luta*"[1] e tem uma "enorme importância" pela sua "atividade coesa e consequente".[2]

O programa não só tem grande significado para a coesão ideológica do partido como também tem um importante papel prático. Nele se plasma o fundamento de toda atividade do partido e são traçados tanto os objetivos finais como os imediatos do processo revolucionário. O programa constitui uma síntese científica fundamentada do rumo a seguir e das medidas e metas a alcançar numa etapa histórica determinada. E, se estiver correto, é de fato "uma antecipação científica do possível e inevitável fruto das transformações políticas".[3]

---

[1] Lenin, V. I. *A los pobres del campo* (mar. 1903), t. 6, p. 424.

[2] Lenin, V. I. *Proyecto de Programa de nuestro Partido* (finais de 1899) t. 4, p. 233.

[3] Lenin, V. I. Discurso en la discusión del programa agrario (31 jul. 1903), en *II Congreso del POSDR*, t. 6, p. 540.

Sem um programa, dizia Lenin, o partido não pode existir como um organismo político mais ou menos íntegro, capaz de sempre manter uma linha em qualquer reviravolta dos acontecimentos. "O programa vem a ser para o partido o que o mapa de navegação é para os marinheiros. Por ele os comunistas orientam-se para não perder o rumo, para se guiarem com precisão, para não confundirem o que deve ser feito agora com o que deve ser feito depois, para saberem quais os passos a dar e como os dar, tanto antes como após a tomada do poder."[4]

Ponto de partida: análise marxista do próprio país

O programa deve estar baseado numa análise objetiva do país, de sua inserção no contexto mundial, análise que só pode ser conseguida se essa realidade for estudada séria e profundamente usando o instrumento legado por Marx: a teoria do materialismo histórico.

Antes de elaborar o primeiro projeto de programa para seu partido, Lenin já havia estudado conscienciosamente *O capital* de Marx, cujo primeiro livro devorou aos 18 anos, e analisou a fundo as características da formação econômico-social russa em seu livro *O desenvolvimento do capitalismo na Rússia*.[5] Nessa obra de 650 páginas cuja pesquisa se iniciou na prisão em finais de 1896 e que foi terminada no começo de 1899,[6] Lenin constata a existência de um nível crescente de desenvolvimento do capitalismo, não apenas nas cidades, mas também no campo russo, embora neste último caso esteja refreado pela existência de significativas reminiscências feudais.

---

[4] Hidalgo, Secundino Guerra. "El Congreso: la reunión más importante y decisiva del Congreso y de la nación" en la revista del PCC: *El militante comunista*, La Habana, dez. 1973, p. 12.

[5] *El desarrollo del capitalismo en Rusia*. t. 3, p. 1-667.

[6] Sobre esta obra, ver mais detalhes em Harnecker, Marta. *Los conceptos elementales del materialismo histórico. Op. cit.* cap. XII, ponto 5, p. 276-278.

A partir de suas análises sobre a formação social russa no final do século XIX, ele conclui que o caráter da revolução naquele país é burguês e que o inimigo imediato contra o qual o proletariado deve lutar com outros setores do povo é o tsarismo e os senhores feudais. Naquele momento, o desenvolvimento do capitalismo ainda desempenhava um papel progressista dentro daquela sociedade. Uma vez alcançado este objetivo, o proletariado continuará lutando por seu objetivo final: o socialismo.

Ambos os objetivos devem ser indicados no programa, mas deve se estabelecer uma clara diferenciação entre eles.

Finalidades políticas cumpridas pelo programa

Agora, que características deve ter o programa?

Não deve ter um caráter acadêmico, mas deve estar a serviço da luta prática do partido. Recordemos aqui a crítica que Lenin fazia em 1902 ao segundo projeto de programa de Plekhanov.

"Na minha opinião, o defeito principal e básico que torna este projeto inaceitável é o *próprio caráter* do programa. Para ser preciso, não é o programa de um partido dedicado à luta prática, mas uma *Prinzipienerklárung* (Declaração de Princípios); é antes um programa *para estudantes* (particularmente a parte mais importante, dedicada a definir o capitalismo) e, além disso, para alunos de primeiro ano, que conhecem o capitalismo em geral, mas ainda não conhecem o capitalismo russo [...]."[7]

Um dos objetivos fundamentais do programa é "fornecer ao partido diretrizes para sua propaganda e agitação cotidianas".[8]

O programa – dizia Lenin – deve ser uma síntese para fins de agitação, uma síntese como o foram todos os programas, por

---

[7] Lenin, V. I. *Observaciones al segundo proyecto del programa de Plejánov,* (antes de 14 mar. 1902), t. 6, p. 52.

[8] Lenin, V. I. *Opinión sobre el segundo proyecto de Plejánov* (antes de 14 mar. 1902), t. 6, p. 76-77.

PROGRAMA E OBJETIVOS REVOLUCIONÁRIOS

exemplo, o programa de Erfurt. Cada um de seus pontos continha material para que os agitadores o utilizassem em centenas de milhares de discursos e artigos. "Cada ponto do nosso programa é algo que todo trabalhador e trabalhadora deve conhecer, assimilar e compreender".[9]

E como se trata de um instrumento para agitação e propaganda e não para um estudo acadêmico, deve conter *"testes breves"*, sem uma única palavra supérflua, e deixar as *explicações* para os comentários, os folhetos, a agitação etc.".[10]

Mas se o programa não pode ter o caráter de uma enciclopédia, e deve servir para orientar tarefas práticas, também não deve ter o caráter de um simples panfleto que se limita a refletir os desejos sem levar em conta as condições objetivas.

O conteúdo do programa

O programa do partido dos trabalhadores deve expressar, segundo Lenin, os conceitos fundamentais sobre sua concepção de sociedade, do papel do proletariado nela e do sistema social que eliminará para sempre a exploração do homem pelo homem; deve definir com precisão suas tarefas políticas e apontar as reivindicações mais próximas, que são as que devem determinar o conteúdo do trabalho de agitação, dar-lhe unidade, torná-la mais ampla e profunda e transformá-la de agitação parcial e fragmentária em favor de pequenas reivindicações, desconectadas umas das outras, em agitação pelo conjunto de todas as reivindicações para modificar o sistema de dominação imperante.[11]

---

[9] Lenin, V. I. *VIII Congreso del PC(b)* (19 mar. 1919), t. 31, p. 58.
[10] Lenin, V. I. *Opinión sobre el segundo proyecto de programa de Plejánov, op. cit.* p. 77-78.
[11] Lenin, V. I. *Proyecto de programa de nuestro Partido* (fines de 1899), t. 4, p. 234.

Eis os 10 pontos indicados por Lenin no final de 1899 como partes integrantes do Programa do Partido Operário Social-Democrata da Rússia:

1. referência ao caráter fundamental do desenvolvimento econômico da Rússia;
2. referência às consequências inevitáveis do capitalismo;
3. crescimento da miséria e da indignação dos trabalhadores, referência à luta de classes do proletariado como base do movimento;
4. referência aos objetivos finais do movimento operário social-democrata, à sua aspiração à conquista do poder político para alcançar esses objetivos e ao caráter internacional do movimento;
5. referência ao caráter necessariamente político da luta de classes;
6. referência ao fato de que o absolutismo russo – que determina a falta de direitos e a opressão do povo e protege os exploradores – é o principal obstáculo ao movimento operário, razão pela qual a conquista da liberdade política é necessária para todo o desenvolvimento social e constitui a tarefa imediata do partido;
7. referência ao fato de o partido ter de apoiar todos os partidos e camadas da população que lutam contra o absolutismo e combater as manobras demagógicas do governo;
8. enumeração das reivindicações democráticas fundamentais;
9. reivindicações em favor da classe trabalhadora;
10. reivindicações em favor dos camponeses, explicando o caráter geral destas.[12]

Como se pode observar, os primeiros cinco pontos referem-se a questões teóricas. Há um sexto ponto destinado à análise da situa-

---

[12] Ibid., p. 258.

ção política enfrentada pela classe trabalhadora naquele momento e um sétimo relacionado ao apoio político necessário para superar esse obstáculo e avançar rumo ao socialismo. Finalmente, termina com os pontos 8, 9 e 10, que são as reivindicações imediatas.

A parte teórica do programa que se refere aos objetivos perseguidos pelo proletariado em última instância (suprimir o regime de produção capitalista e instaurar o socialismo e depois o comunismo) foi chamada por Lenin de *programa máximo* e as reivindicações imediatas, de *programa mínimo*.

Antes da vitória de outubro de 1917, o dirigente bolchevique relaciona o programa máximo com as tarefas da revolução socialista e o programa mínimo com as tarefas da revolução democrático-burguesa, conforme expresso no seguinte texto:

"Em 1850, Marx e Engels não estabeleciam qualquer diferença entre a ditadura democrática e socialista, ou, mais precisamente, não falavam absolutamente da primeira, pois consideravam o capitalismo ultrapassado e o socialismo muito próximo. Por isso, naqueles anos, também não distinguirão entre o programa mínimo e o programa máximo."[13]

Mas, acrescenta mais adiante, estabelecida essa diferença como o fazem todos os marxistas, devem diferenciar ambos os programas: o programa mínimo relacionado com a revolução democrático-burguesa e o programa máximo com a revolução socialista.

Essa relação entre o programa mínimo e a revolução democrático-burguesa será modificada após o triunfo de outubro, como veremos posteriormente.

Por último, quanto ao conteúdo do programa, Lenin insiste que problemas táticos devem ser dele excluídos. "O programa", dizia no final de 1899, "deve deixar em aberto a questão dos meios, e permi-

---

[13] Lenin, V. I. *Sobre el gobierno provisional revolucionario* (21-27 maio 1905), t. 8, p. 547.

tir às organizações que lutam e aos congressos do partido, que são os que determinam sua *tática*, a escolha dos meios".[14]

Reivindicações fundamentais e luta revolucionária

Agora, em junho de 1905, em plena ascensão do movimento revolucionário, quando se propunha a derrubada do tsarismo e a instauração de um governo provisório, o dirigente bolchevique defende que o partido deve apenas fazer propaganda sobre as reivindicações fundamentais do programa, deixando de lado outras de menor importância que derivam daquelas. Assim é possível conscientizar todo o povo, toda a massa, mesmo a mais atrasada, com breves formulações, claras, nítidas as metas desse governo e suas tarefas que dizem respeito a todo o povo.

"Em nossa opinião", diz ele, "existem seis desses pontos fundamentais, que deverão se tornar a bandeira política e o programa imediato de todo governo revolucionário, e que conquistarão a simpatia do povo para o governo. Neles deve concentrar-se da forma mais urgente toda a energia revolucionária do povo".

"Esses seis pontos são: 1) uma assembleia constituinte eleita por todo o povo; 2) o armamento do povo; 3) a liberdade política; 4) plena liberdade para as nacionalidades oprimidas e negligenciadas; 5) jornada de oito horas; e 6) comitês camponeses revolucionários. Evidentemente", esclarece, "é apenas uma enumeração aproximada de *título* ou designações de toda uma série de transformações imediatamente necessárias para conquistar a república democrática. Não temos a pretensão de apresentá-los exaustivamente aqui. Queremos apenas esclarecer em termos concretos o que pensamos sobre a importância de determinadas reivindicações fundamentais. O governo revolucionário deve tender a apoiar-se nas camadas inferiores do povo, na massa da classe operária e dos camponeses, porque

---

[14] Lenin, V. I. *Proyecto de programa de nuestro partido, op. cit.*, p. 242.

PROGRAMA E OBJETIVOS REVOLUCIONÁRIOS

sem isso não poderá se manter; sem a atividade revolucionária do povo será um zero à esquerda, pior que nada. Devemos alertar o povo contra as promessas aventureiras e grandiosas, mas carentes de sentido (por exemplo, a da socialização imediata da qual quem a formula não tem a mais remota noção), e ao mesmo tempo propor transformações realmente praticáveis neste momento e realmente necessárias para consolidar a revolução."[15]

Lenin acrescenta uma observação interessante cujo acerto foi historicamente comprovado em outras revoluções: que essas transformações deviam "ser colocadas em prática imediatamente", mesmo que apenas em uma pequena área tomada do tsarismo porque, segundo o dirigente bolchevique, "a realização prática é mil vezes mais importante que todos os possíveis manifestos [...]".[16]

Como é evidente, essas tarefas concretas que constam do programa mínimo variam de uma época histórica para outra no mesmo país e, portanto, ao mudar a situação econômica e política se deve mudar também o programa mínimo.

Em 1917, poucos dias antes do triunfo da revolução proletária, Lenin defendia a necessidade de cumprir tarefas muito diferentes daquelas propostas na revolução de 1905, embora ainda não socialistas, porque a situação havia mudado enormemente desde o triunfo da revolução de fevereiro. Entre essas tarefas estavam: o estabelecimento da república dos sovietes, a nacionalização dos bancos e dos monopólios, a implantação do controle operário e da obrigação geral de trabalhar, a nacionalização da terra, o confisco dos instrumentos de trabalho dos latifundiários.

Em contrapartida, não pode haver um programa mínimo idêntico para vários países, ainda que todos já estejam inseridos no modo de produção capitalista mundial, pois o desenvolvimento do capita-

---

[15] Lenin, V. I. *Ejército revolucionario y gobierno revolucionario* (27 jun. 1905), t. 8, p. 646-647.
[16] *Ibid.*, p. 647.

lismo é desigual em cada país e existem realidades nacionais étnico--culturais diferentes.[17]

Programa mínimo: forma de aglutinar forças

A vanguarda revolucionária deve ser capaz de determinar com muita clareza qual é o "obstáculo principal" que deve ser superado ou o "objetivo primeiro" que a classe trabalhadora deve estabelecer para avançar em direção ao seu objetivo final, o socialismo, e é essa definição básica que determina o conteúdo das tarefas políticas imediatas ou *programa mínimo,* tarefas que devem refletir os interesses de todos aqueles setores da população que são objetivamente prejudicados pela atual situação política, econômica e social, ou seja, de todos os seus possíveis aliados.

Se a revolução é democrática, dizia Lenin, o "programa mínimo" deve ser democrático e não socialista. Se o partido revolucionário dos trabalhadores, nesta situação, estabelecesse como objetivo imediato a implementação de medidas socialistas, "só conseguiria desacreditar-se".[18]

"A marcha das coisas nos 'imporá'", afirmava em abril de 1905, "a imperiosa necessidade de lutar tenazmente pela república [...]. A marcha das coisas nos imporá inevitavelmente, no curso da revolução democrática, uma multidão de aliados procedentes do campo da pequena burguesia e do campesinato [...] cujas necessidades reais exigirão a realização do programa mínimo [...]".[19]

E tão relacionado está "o programa mínimo com a política de alianças do proletariado que Lenin, para conquistar o apoio de todo o campesinato, decide, às vésperas da Revolução de Outubro, renunciar à parte agrária do programa mínimo bolchevique – que,

---

[17] Lenin, V. I. *Materiales sobre la revisión del Programa del Partido* (abr.-maio de 1917), t. 25, p. 454.

[18] Lenin, V. I. *La dictadura democrática del proletariado y el campesinado* (12 abr. 1905), t. 8, p. 304.

[19] *Ibid.,* p. 307.

embora teoricamente mais correto, não refletia o sentimento da massa do campesinato, ainda fortemente influenciada pela pequena burguesia radical – e adotar como programa da revolução triunfante o programa dos socialistas-revolucionários.

Vigência do programa mínimo

Mas até quando é válido o programa mínimo? Por acaso ele não está diretamente relacionado ao caráter democrático-burguês da revolução? Não deve desaparecer quando o caráter da revolução já é socialista?

Não, Lenin nos ensina que o programa mínimo é necessário mesmo que se esteja às portas da revolução socialista. Seria presunçoso suprimi-lo – afirma dias antes do triunfo de outubro – uma vez que o poder ainda não foi conquistado, não se "realizou o socialismo", nem começou a "revolução socialista mundial".[20]

Este programa é *"indispensável"*, afirma, "enquanto vivamos no âmbito da sociedade burguesa, enquanto não tenhamos destruído esse marco, enquanto não tenhamos alcançado os requisitos fundamentais para passar ao socialismo, enquanto não tenhamos esmagado o inimigo (a burguesia), e não apenas esmagado, mas destruído".[21]

E o que pensa após a vitória de outubro?

Perguntando-se, em seu discurso no VII Congresso Extraordinário do PC(b) da Rússia, em 8 de março de 1918, se já é oportuno eliminar "a diferença entre o programa máximo e o programa mínimo", Lenin afirma:

"Sim e não. Não temo essa supressão, porque o ponto de vista que defendemos no verão não é mais válido. Quando ainda não tínhamos tomado o poder, disse que 'era prematuro', mas agora que tomamos o poder e o colocamos à prova, não é prematuro. Hoje,

---

[20] Lenin, V. I. *Revisión del programa del Partido* (out. de 1917), t. 27, p. 283.
[21] *Ibid.*, p. 283-284.

em vez do velho programa, devemos escrever um novo programa do poder soviético [...]".[22]

Além disso, se coloca uma pergunta: em que sentido o programa mínimo está ultrapassado e em que sentido não está?

Para responder a esta pergunta, devemos lembrar o que o próprio autor dizia naquele verão de outubro de 1917.[23] Dessas declarações se deduz que embora tenha se conquistado o poder, não se pode dizer, em nenhum caso, que já se realizou o socialismo; de fato só foram aplicadas as primeiras medidas de transição ao socialismo e, não se deve esquecer que a revolução mundial ainda não começou. O que acontece é que o programa mínimo proposto antes da tomada do poder já caducou e, nesse sentido, deve ser suprimido, mas isso não implica que não seja necessário implementar outro programa mínimo: "o programa do poder soviético" em que a "definição do 'novo tipo' de Estado deve ocupar um lugar importante" e em que também deve se fazer "uma exposição detalhada das *tarefas concretas imediatas* que o poder soviético se propõe, derivada dos passos práticos já dados [...] para expropriar os expropriados".[24]

Lenin insiste que o programa do partido bolchevique deve apontar o que já se começou a fazer e os passos seguintes que se querem dar, mas não deve pretender "oferecer uma caracterização do socialismo" porque não se sabe nesse momento "como será o socialismo quando chegar à sua forma definitiva", isto é, o comunismo. "Ainda não foram fabricados os tijolos com os quais se construirá o socialismo.[25] Pela mesma razão, também é prematuro falar sobre quando o Estado será extinto.[26]

---

[22] Lenin, V. I. *Informe sobre la revisión del programa y sobre el cambio de nombre del Partido* (8 mar. 1918), t. 28, p. 339.

[23] Lenin, V. I. *Revisión del Programa del Partido*, t. 27, p. 283.

[24] Lenin, V. I. *Informe sobre la revisión del programa...* t. 28, p. 343.

[25] *Ibid.*, p. 351.

[26] *Ibid.*, p. 352-353: e Lenin acrescenta: "Até então teremos tempo para convocar mais de dois congressos e dizer; vejam como nosso Estado está se extinguindo".

Só quando o comunismo for alcançado haverá uma correspondência entre o programa mínimo e o programa máximo e, portanto, este último deixará de fazer sentido.

Resumindo, em todo programa de uma vanguarda revolucionária dois aspectos devem ser combinados de forma dialética: o programa máximo e o programa mínimo. O primeiro refere-se aos aspectos socialistas ou, mais precisamente, comunistas do programa que indicam o objetivo final do proletariado: o segundo refere-se às tarefas imediatas ou medidas concretas que devem ser adotadas, em correspondência com as condições objetivas daquele período histórico, para aglutinar forças e fazer avançar o processo revolucionário na perspectiva de seu objetivo final.

Esses passos práticos refletem os interesses de amplos setores sociais que não necessariamente compartilham o objetivo final socialista da classe trabalhadora.

O Programa Moncada e a consciência política do povo cubano

É interessante notar que nem o Movimento 26 de Julho em Cuba nem a Frente Sandinista de Libertação Nacional na Nicarágua elaboraram um programa político no sentido integral proposto por Lenin.

No caso do Movimento 26 de Julho, embora os principais dirigentes da organização já fossem marxistas na ocasião do assalto ao quartel Moncada,[27] o Movimento enquanto tal nunca se definiu como marxista, por um lado e, por outro, a estratégia de Fidel era conquistar a base de massas do Partido Ortodoxo do qual era militante na universidade, um partido populista com grande influência popular, e "conduzi-la a uma posição revolucionária",[28] daí sua preocupação em elaborar um programa que fosse compreendido por

---

[27] Castro, Fidel. "La estrategia del Moncada", entrevista publicada na revista *Casa de las Américas, La Habana, n.* 409, jul-ago. 1978, p. 8.

[28] *Ibid.*, p. 10.

aquelas massas – que, naquele momento, respondiam "a um pensamento político progressista, reformista, e não a um pensamento comunista"[29]– e servisse de bandeira para suas lutas.

Assim surgiu o programa do Moncada, que é apresentado publicamente pela primeira vez, por Fidel Castro em sua autodefesa perante o Tribunal de Urgência de Santiago de Cuba, em 16 de dezembro de 1953.[30]

"Na súmula desta causa", diz então, "hão de constar as cinco leis revolucionárias que seriam proclamadas imediatamente após a tomada do quartel de Moncada e transmitidas à nação pela rádio. É possível que o Coronel Chaviano tenha destruído intencionalmente esses documentos, mas se os destruiu, guardo-os na memória".

"A primeira lei revolucionária restituía a soberania ao povo e proclamava a Constituição de 1940[31] como a verdadeira lei suprema do Estado, até que o povo decidisse modificá-la ou substituí-la. E, como consequência de sua implantação, do castigo exemplar imposto a todos os que a atraiçoaram, e, devido à inexistência de órgãos de representação popular para sua execução, o movimento revolucionário, como encarnação momentânea dessa soberania, única fonte legítima de poder, assumiria todas as funções que lhe são inerentes, exceto a de modificar a própria Constituição: a de legislar, a de executar e a de julgar."

"Tal atitude não podia ser mais diáfana e despida de idiotices e charlatanismos estéreis: um governo aclamado pela massa de combatentes teria todas as atribuições necessárias para que se fizessem efetivas a vontade popular e a verdadeira justiça. A partir desse instante, o Poder Judiciário, que se colocou desde o 10 de março contra a Constituição e fora da Constituição, deixaria de funcionar como

---

[29] *Ibid.*, p. 10.
[30] Esta autodefesa ficou mundialmente conhecida por suas últimas palavras: a *História me absolverá.*
[31] Uma das constituições burguesas mais avançadas de América Latina na época.

tal e procederia à sua imediata e total depuração, antes de voltar a desempenhar novamente as faculdades que lhe concede a Suprema Lei da República. Sem essas medidas prévias, o retorno à legalidade, colocando sua proteção em mãos daqueles que claudicaram desonrosamente, seria uma fraude, um engodo e mais uma traição."

"A segunda lei revolucionária concedia a propriedade da terra, desimpedida e intransferível, a todos os colonos, subcolonos, arrendatários, parceiros e posseiros que ocupassem parcelas de cinco ou menos *caballerías*[32] de terra, indenizando o Estado a seus antigos proprietários à base da renda média das referidas parcelas no curso de dez anos."

"A terceira lei revolucionária outorgava aos operários e empregados o direito à participação de 30% dos lucros de todas as grandes empresas industriais, mercantis e mineiras, inclusive as centrais açucareiras. Excetuavam-se as empresas exclusivamente agrícolas, em face de outras leis de caráter agrário que seriam implantadas."

"A quarta lei revolucionária concedia a todos os colonos o direito de participar em 55% do rendimento da cana e a cota mínima de 40 mil arrobas a todos os pequenos colonos que fossem estabelecidos há três ou mais anos."

"A quinta lei revolucionária ordenava o confisco total dos bens de todos os dilapidadores dos bens públicos de todos os governos e dos seus coniventes e herdeiros, tanto dos bens percebidos por testamento ou sem testamento de maneira fraudulenta. Esse confisco se daria por meio de tribunais especiais com pleno direito de acesso a todas as fontes de investigação, de intervenção nas sociedades anônimas registradas no país, sociedades nas quais possam ocultar-se bens do malversador, e de solicitação aos governos estrangeiros da extradição de pessoas e embargos de bens. A metade dos bens

---

[32] Medida agrária, 1 *caballería* = 134.200 m².

recuperados iria para as caixas dos pensionistas operários e a outra metade, para os hospitais, asilos e casas beneficentes."

"Além disso, a política cubana na América seria de estreita solidariedade com os povos democráticos do continente, e os perseguidos políticos pelas tiranias sangrentas que oprimem as nações irmãs não encontrariam, como hoje, na pátria de Martí, perseguição, fome e traição, mas sim asilo generoso, fraternidade e pão. Cuba deveria transformar-se em baluarte da liberdade, e não em símbolo vergonhoso do despotismo."

"Tais leis seriam logo proclamadas. A seguir, uma vez terminada a luta e com o estudo prévio e minucioso de seu conteúdo e alcance, viria outra série de leis e medidas igualmente fundamentais: a Reforma Agrária, a Reforma Integral do Ensino e a Nacionalização do Truste de Eletricidade e do Truste Telefônico, a devolução ao povo do excesso ilegal na cobrança de suas tarifas e o pagamento de todas as quantias sonegadas à Fazenda Pública."

"Todas essas e outras medidas estariam inspiradas no cumprimento estrito de dois artigos essenciais da nossa Constituição: o que determina a proscrição do latifúndio, sendo necessário para efeito de sua liquidação que a Lei assinale o máximo de extensão de terra que cada pessoa ou entidade possa ter para cada tipo de exploração agrícola, adotando-se medidas que tendam a reverter a terra ao cubano; e o que determina categoricamente ao Estado o emprego de todos os meios que estejam a seu alcance para proporcionar ocupação a todos que dela careçam e assegurar a cada trabalhador manual ou intelectual uma vida decente. Portanto, nenhuma das medidas poderá ser qualificada de inconstitucional. O primeiro governo oriundo de eleição popular deveria respeitá-las, não só porque teria um compromisso moral com a nação, como porque os povos, quando alcançam as conquistas ansiadas durante várias gerações, nenhuma força do mundo será capaz de arrebatá-las."

PROGRAMA E OBJETIVOS REVOLUCIONÁRIOS

"Os problemas relacionados com a terra, a industrialização, a moradia, o desemprego, a educação e a saúde do povo – eis os seis pontos para cuja solução, juntamente com a restauração das liberdades públicas e da democracia política, se teriam encaminhado resolutamente nossos esforços. Talvez esta exposição pareça fria e teórica aos que não conhecem a espantosa tragédia que vive o país no que diz respeito a essas seis questões, às quais se junta a mais humilhante opressão política".[33]

Referindo-se a este programa, em conversa com estudantes chilenos da Universidade de Concepción durante sua visita a esse país em 1971, Fidel se pergunta:

"Era o programa que eu queria?" Ele responde enfaticamente: "Não". E explica os motivos: "propor um programa mais alto, um programa mais avançado naquela época [não era] nada realista, ninguém teria entendido".

"Fizemos o programa máximo que, a nosso ver, estava em condições de ser compreendido em um país cujo corpo estudantil, de 15 mil, tinha apenas 30 anti-imperialistas em seu seio".[34]

E em outra parte de sua precisa exposição:

"Nosso programa na luta contra Batista não era um programa socialista e nem podia ser realmente um programa socialista. Porque os objetivos imediatos de nossa luta ainda não eram, nem podiam ser, objetivos socialistas. Teriam superado o nível de consciência política da sociedade cubana naquela fase; eles teriam excedido o nível das possibilidades de nosso povo naquela fase."

---

[33] *Op. cit.* La Habana, Editorial Ciencias Sociales, 1975, p. 71-77. Este texto se encontra também em *La revolución cubana (1953-1962), op. cit.,* p. 38-39. [A história me absolverá. *In: A história me absolverá e o movimento 26 de julho. 70 anos do assalto ao Quartel Moncada.* São Paulo: Expressão Popular, 2023, p. 160-163.

[34] 18 nov. 1971, en *Cuba-Chile,* La Habana, Ediciones Políticas, COR. 1972, p. 277.

"Nosso programa quando do Moncada não era um programa socialista. Mas era o máximo programa social e revolucionário que naquele momento nosso povo podia considerar."

"Alguns opositores da Revolução Cubana diziam que ela havia sido enganada. Explicamos a eles que um verdadeiro revolucionário sempre busca o máximo de mudança social. Mas buscar o máximo de mudança social não significa que a qualquer instante seja possível propor esse máximo, mas sim que em um determinado momento – e considerando o nível de desenvolvimento da consciência e as correlações de forças – se possa propor um determinado objetivo. E uma vez alcançado esse objetivo, defina outro objetivo mais adiante".[35]

Falando sobre esse mesmo tema dez anos antes, afirmava:

"Se não tivéssemos escrito aquele documento com cuidado, se fosse um programa mais radical [...], é claro que o movimento revolucionário de luta contra Batista não teria adquirido a amplitude que teve e que possibilitou a vitória". E mais adiante acrescentou: "Algumas proposições daquela época foram proposições feitas, simplesmente, com o cuidado de não prejudicar a amplitude do movimento revolucionário".[36]

Fidel considerava a divulgação do Programa Moncada tão importante para o avanço do movimento revolucionário em seu país que, da prisão de Isla de Pinos onde estava confinado, em meados de junho de 1954, quase um ano após o assalto ao quartel Moncada, insiste que a tarefa central do momento não é de tipo organizativo, mas de propaganda política. O documento básico será "sua autodefesa – que já conseguiu redigir e enviar ao exterior – e que, segundo

---

[35] *Ibid.*, p. 266.
[36] Castro, Fidel. "Comparecencia del 1 de diciembre de 1961", La Habana, *Obra Revolucionaria*, n. 46, p. 34-35. *La Revolución Cubana 1953-1962, op. cit.*, p. 421-422.

ele, deverá ser reproduzida em pelo menos 100 mil exemplares e distribuída em toda Cuba no prazo de quatro meses".[37]

No dia 19 do mesmo mês, escreveu a Haydee Santamaría e Melba Hernández:

"Nossa missão agora, quero que se convençam completamente, não é organizar células revolucionárias para poder dispor de mais ou menos homens; isso seria um erro fatal. Nossa tarefa imediata agora é mobilizar a opinião pública a nosso favor; difundir nossas ideias e ganhar o apoio das massas populares. Nosso programa revolucionário é o *mais* completo, nossa linha é a mais clara, nossa história é a mais sacrificada: temos o direito de merecer a fé do povo, sem a qual, repito mil vezes, não há revolução possível."[38]

No dia anterior, lhes havia escrito:

"Considero que a propaganda é vital neste momento; sem propaganda não há movimento de massas; e sem movimento de massa não há revolução possível."[39]

O programa na Revolução Nicaraguense

Definição socialista e etapas de desenvolvimento da vanguarda

Num folheto clandestino de 1969 assinado por Carlos Fonseca, considerado o máximo dirigente da FSLN, lemos:

"A reivindicação socialista e a emancipação nacional se combinam na Revolução Popular Sandinista. Identificamo-nos com o socialismo, sem deixar de lado uma abordagem crítica das experiências socialistas".

---

[37] Castro, Fidel. "Carta a Haydee y Melba", em: Mario Mencía, *La prisión fecunda,* La Habana, Editora Política, 1980, p. 129.
[38] *Ibid.,* p. 130-131.
[39] *Ibid.,* p. 130.

"No fundamental, o socialismo tem respondido às esperanças que a história e a humanidade depositaram nele [...]".[40]

Nesse panfleto são acrescentados os pontos que compõem o que a FSLN chama de "O Programa da Revolução Popular Sandinista". São os seguintes:

"1) combate popular guerrilheiro; 2) poder popular; 3) plano especial para a Costa Atlântica e região em máximo abandono; 4) terra para camponeses; 5) não mais exploração nem miséria; 6) emancipação da mulher; 7) honestidade administrativa; 8) Exército patriótico popular; 9) revolução na cultura e na educação; 10) respeito às crenças religiosas; 11) política exterior independente; 12) abolição do tratado Chamorro-Bryan; 13) unidade popular centro--americana; 14) solidariedade entre os povos; 15) veneração dos mártires."[41]

Carlos Fonseca está convicto de que neste momento é preciso afirmar "com muita ênfase" que o "magno objetivo" da FSLN é "a revolução socialista, uma revolução que pretende derrotar o imperialismo ianque, os seus agentes locais, os falsos opositores e falsos revolucionários. Esta propaganda", afirma então, "com o respaldo consequente da ação armada, permitirá à Frente conquistar o apoio de um setor das massas populares que esteja consciente de toda a profundidade da luta que estamos realizando".[42]

As razões pelas quais é necessário definir-se publicamente pelo socialismo estão explicadas numa mensagem dirigida pela FSLN aos estudantes revolucionários em abril de 1968, da autoria de Carlos Fonseca.

Ali é dito:

---

[40] "Proclama del FSLN", *In*: Fonseca, Carlos. *Obras,* tomo I: *Bajo la bandera del sandinismo,* Managua: Editorial Nueva Nicaragua, 1982, p. 267.

[41] *Ibid., p.* 268.

[42] *Nicaragua Hora Cero* (finales 1969), editado clandestinamente em mimeógrafo. *Op. cit.,* p. 93.

PROGRAMA E OBJETIVOS REVOLUCIONÁRIOS

"Um dos defeitos sofridos pelo movimento estudantil revolucionário na Nicarágua é a hesitação em levantar um programa revolucionário que proclame sem rodeios os ideais dos grandes revolucionários da história: Karl Marx e Augusto Cesar Sandino, Camilo Torres e Ernesto Che Guevara."

"Essa hesitação precede a influência exercida na luta nacional contemporânea pelo setor de oposição comprometido com a classe capitalista [...]."

"A experiência nacional demonstra que o movimento revolucionário deve dispor de sua própria organização, sua própria tática, seu próprio programa. De acordo com a realidade da Nicarágua, torna-se extremamente urgente que o movimento revolucionário esteja preparado para enfrentar as armadilhas que inevitavelmente serão armadas pelos representantes da classe capitalista que ainda influenciam certos setores do povo. Em tal confronto, não podemos subestimar o papel que corresponde ao programa revolucionário. Nosso povo, que por muito tempo continuará sofrendo com um baixo nível político, ficará confuso se falarmos com eles com meias palavras."

"Portanto, é necessário que declaremos sem muitos rodeios que queremos acabar com a sociedade dividida em exploradores e explorados, a sociedade dividida em opressores e oprimidos. Declaramos que nosso grande propósito é devolver aos operários e camponeses, a todos os trabalhadores, as riquezas que lhes foram tiradas pela violência. A independência nacional e a derrota do imperialismo estrangeiro são requisitos para a construção de um mundo novo, pleno de felicidade. Na busca dessa nova vida, somos guiados pelos nobres princípios de Karl Marx."

"A história moderna demonstra que os princípios marxistas são a bússola dos mais resolutos defensores dos humildes, dos humilhados, dos seres humanos subjugados."

"O sacrifício de Ernesto Che Guevara, identificado com os ideais marxistas, veio ensinar que a época dos conformistas que se disfarçavam de marxistas pertence ao passado. O marxismo já é a ideologia dos mais ardentes defensores do homem latino-americano. Já é tempo de que a mente dos revolucionários nicaraguenses compartilhe o ideal marxista de libertação proletária."

"A convicção marxista não exclui o respeito às crenças religiosas da população nicaraguense. Os revolucionários marxistas continuam e fortalecem as tradições de defesa dos humildes, cujos principais precursores históricos são os primeiros cristãos, muitos dos quais, como os revolucionários de hoje, generosamente deram suas vidas para que um dia os pobres tivessem justiça. Esta verdade foi compreendida pelo padre Camilo Torres, que heroicamente expôs e entregou sua vida empunhando o fuzil guerrilheiro ao lado dos defensores dos explorados da Colômbia [...]."

"Sustentar um programa revolucionário radical é uma garantia para o desenvolvimento de uma força independente que difere claramente dos partidos políticos capitalistas. Com um programa de cunho revolucionário, marxista, será impossível ao povo atribuir ações revolucionárias aos setores políticos capitalistas da oposição que possuem uma máquina de propaganda para seus próprios fins."[43]

Oito anos depois, em novembro de 1975, num período em que a FSLN se consolidava internamente como a alternativa revolucionária ao somozismo e suas ações armadas começavam a ganhar repercussão internacional, o máximo dirigente sandinista considera necessário modificar o conteúdo da propaganda da sua organização.

Vejamos o que ele escreve então:

"Declamar o nome do socialismo e o título das teorias revolucionárias mais conhecidas não garantem a profundidade das transformações que propomos. Em uma palavra: a fraseologia revolucionária não garante a profundidade da mudança, ao contrário, pode

---

[43] *Ibid.*, p. 66-68.

PROGRAMA E OBJETIVOS REVOLUCIONÁRIOS

dificultá-la e até impedi-la, ao implicar toda uma via equivocada. Podemos encontrar palavras em nosso vocabulário histórico tradicional e na própria riqueza do idioma para dar uma imagem da radicalidade do nosso processo, sem a necessidade de recorrer aos mais conhecidos clichês. Às vezes se afirma, para justificar a ostentação de frases revolucionárias, que a experiência cubana não permite mais *surpreender* o imperialismo. A isso devemos responder que tal premissa não autoriza a provocar o inimigo. Essa mesma resposta está implícita nos exemplos do Vietnã do Sul, Laos, Camboja e até mesmo da Coreia do Sul. Em tais lugares, eles se abstêm de declarar sua ligação com uma teoria determinada; e o mesmo em relação ao objetivo socialista. Isso não se opõe a usar uma linguagem para se dirigir à militância de vanguarda e outra para se dirigir às grandes massas populares. Esta questão também tem a ver com a necessidade de medir na devida proporção toda uma série de preconceitos reacionários que o inimigo está em condições de incutir no povo. Devemos aperfeiçoar um estilo próprio para aguçar, de acordo com as condições concretas do país, a luta dos explorados contra os exploradores, dos trabalhadores contra a burguesia [...]."

"Isso significa que as referências feitas no passado à teoria marxista e a menção ao termo socialismo foram erradas? Não, não foi um erro, pois em toda uma fase foi necessário educar as promoções dos militantes no espírito das ideias proletárias, o que garante uma tradição deste tipo nos tempos que se avizinham. Embora se deva notar também que, na medida em que a maturidade dos quadros o permitiu, a Frente Sandinista sempre se preocupou em encontrar um estilo próprio para conduzir as massas na luta pela mudança revolucionária. Podemos acrescentar ao que está expresso neste ponto, que o importante não é recitar frases dos grandes revolucionários universais, mas aplicar seus ensinamentos criativamente na realidade. Em todo caso, esses revolucionários não legaram meras frases, mas toda uma ação criadora [...]."

"Não queremos terminar este ponto sem nos referir à conveniência de buscar, nas representações da cultura nacional do passado, as expressões patrióticas e contra a exploração, e divulgar amplamente tais citações. Essas referências dão prestígio à linguagem mais radical."[44]

*O programa mínimo da vanguarda e o programa
da frente política*

Em maio de 1977, os dirigentes sandinistas consideravam que uma das tarefas de "importância estratégica e tática" era "desenvolver" e "adequar devidamente" o Programa de Reivindicações Populares (programa mínimo) às exigências de luta antissomozista e patriótica daquele momento. "Tal programa deve refletir as bases para o estabelecimento do Governo Revolucionário Democrático Popular. Deve ser o centro sobre o qual devem ser realizadas as funções de agitação, mobilização e organização na luta contra a tirania somozista. Deve se identificar com os interesses das mais amplas massas do povo nicaraguense, desde os setores explorados e oprimidos, inclusive aqueles setores que não sofrem diretamente a exploração e a opressão, mas são afetados pela tirania somozista. Ao mesmo tempo, tal Programa Reivindicativo Popular deve permitir que a maioria das forças progressistas do mundo – não apenas socialistas – apoiem [a] luta sandinista, patriótica e antissomozista".[45]

Em setembro de 1978 aparece esse programa mínimo que aqui apenas daremos a conhecer o enunciado dos pontos que contém: 1) recuperação das propriedades de Somoza; 2) revolução agrária; 3) mudança das condições de trabalho no campo; 4) mudança das

---

[44] Fonseca, Carlos. "Síntesis de algunos problemas actuales" (3 nov. 1975), *op. cit.,* p. 98-99.

[45] "Plataforma Geral Político-Militar da FSLN para o Triunfo da Revolução Popular Sandinista", *In*: Ortega, Humberto. *Sobre a Insurreição.* Havana: Editorial de Ciencias Sociales, 1981, p. 29.

PROGRAMA E OBJETIVOS REVOLUCIONÁRIOS

condições de trabalho nas minas; 5) mudança nas condições de trabalho nas cidades; 6) novo tratamento para os professores; 7) novo tratamento para os empregados; 8) livre sindicalização dos trabalhadores; 9) controle de preços; 10) transformações no transporte para torná-lo mais barato e eficiente; 11) ampliação do serviço de água potável e eletricidade para todo o país; 12) construção de casas para o povo; 13) saúde e bem-estar para o povo; 14) educação para todos; 15) incorporação e desenvolvimento da Costa Atlântica; 16) defesa dos recursos naturais; 17) bancos a serviço do desenvolvimento popular; 18) desaparecimento do crime organizado; 19) combate ao crime; 20) supressão à tortura e ao assassinato político; 21) liberdades democráticas; 22) erradicação da discriminação contra as mulheres; 23) estabelecimento de relações com todos os países do mundo; 24) exército democrático e popular.[46]

E alguns meses depois, em dezembro do mesmo ano, foi fundada uma ampla frente anti-Somoza: a Frente Patriótica Nacional,[47] cuja plataforma programática é a seguinte:

> Soberania nacional
>
> 1) Exigir e defender o direito à autodeterminação política, social e econômica do povo nicaraguense. Portanto:
>
> a) Rejeitar todo o tipo de intervenção estrangeira que pretenda impor fórmulas para a nossa vida política, econômica e social.
>
> b) Denunciar como intervenção criminosa qualquer colaboração que governos e organizações estrangeiras prestem ao ilegítimo, inconstitucional e genocida regime somozista, que tende a fortalecer e manter a ditadura.

---

[46] Assinado por Daniel Ortega, Víctor Tirado López e Humberto Ortega. O texto aparece em versão quase completa no livro *Nicarágua: a estratégia da vitória*, México: Editorial Nuestro Tiempo, 1980, p. 225-233 (Este livro é feito com a compilação de vários documentos).

[47] Esta Frente reuniu as seguintes organizações: Movimento Povo Unido (MPU); Partido Liberal Independente (PLI), Associação de "Los Doce", Central de Trabalhadores da Nicarágua (CTN), Partido Popular Social Cristão (PPSC), Sindicato dos Radiojornalistas de Manágua; Frente Operária.

Democracia efetiva

2) Derrubada da ditadura somozista e erradicação de todos os seus vestígios, rejeitando qualquer manobra que signifique um 'somozismo sem Somoza' [...]

3) Dissolução do Congresso Nacional e integração de uma Assembleia Democrática que [...] será composta por representantes das organizações que participaram da luta pela derrubada da ditadura de Somoza.

4) Formação de um governo de unidade democrática de caráter nacional, integrado pelas forças políticas e sociais que efetivamente participaram da erradicação da ditadura.

5) Criação e organização de um novo Exército Nacional de caráter patriótico [...], constituído pelos soldados e oficiais que tenham demonstrado conduta honesta e patriótica [...]; por todos os setores da nação que lutaram pela libertação e desejam ingressar no novo exército; pelos cidadãos aptos que oportunamente prestem o serviço militar obrigatório, que será estabelecido.

6) Abolição de todas as instituições repressivas como o Gabinete de Segurança Nacional (OSN) e o Serviço de Inteligência (SIM)...

7) Constituição de Corpo de Polícia sob autoridade civil direta.

8) Tramitação nos Tribunais de Justiça dos elementos militares e civis envolvidos em crimes contra o povo.

9) Eliminação do terror como sistema de governo e abolição de todas as leis repressivas [...]

10) Plena autonomia política, econômica e administrativa dos municípios com autoridades livremente eleitas pelo povo, restabelecendo a municipalidade de Manágua.

11) Reestruturação do Poder Judiciário, erradicando a corrupção na administração da Justiça.

12) Estabelecimento de um regime democrático que garanta plenamente o direito dos cidadãos à participação política, sem discriminação ideológica e sem restrições quanto ao livre registro de partidos, com exceção dos partidos e organizações que representem ou pretendam o retorno do somozismo ao poder.

Justiça e Progresso Social

13) Confisco de todos os bens e propriedades da família Somoza e de todas as riquezas acumuladas por seus familiares oriundos de assassinato, repressão e todo tipo de arbitrariedade contra o povo...

14) Realização de uma reforma agrária integral que, além de garantir aos trabalhadores rurais diferentes formas de acesso à ter-

PROGRAMA E OBJETIVOS REVOLUCIONÁRIOS

ra, também lhes proporcione a indispensável assistência técnica, educacional e financeira. Isso será feito inicialmente com base nas terras e explorações agrícolas recuperadas da família Somoza e sua camarilha, das terras não cultivadas dos latifúndios existentes e das terras ociosas do Estado.

15) Colocar nas mãos do Estado o domínio, controle e exploração de todos os recursos naturais: minas, florestas, pesca, energia etc.

16) Promulgação de um Código do Trabalho que dê verdadeira proteção aos trabalhadores, trabalhadores agrícolas e todos os tipos de assalariados, que estabeleça a competência sindical e garanta efetivamente o direito de greve.

17) Promulgação de lei da função pública que garanta a proteção dos trabalhadores do Estado.

18) Promoção do desenvolvimento nacional de forma planejada e coordenada, subordinando os interesses individuais aos interesses gerais da nação, por meio de um Plano Nacional que nos liberte do subdesenvolvimento e da dependência externa e dê preferência à industrialização baseada no aproveitamento das matérias-primas do país.

As empresas nacionais, especialmente as pequenas e médias, serão protegidas pelo Estado contra as empresas transnacionais e amparadas por políticas de incentivo que atendam aos interesses do Plano Nacional de Desenvolvimento.

A poupança e o crédito bancários serão orientados para a consecução do Plano Nacional de Desenvolvimento. A Costa Atlântica será impulsionada, ao máximo, no seu desenvolvimento econômico e social para a integrá-la plenamente ao restante do país.

19) Realização de uma verdadeira reforma urbana que resolva os problemas dos bairros marginalizados, das distribuições irregulares, da insalubridade ambiental, da especulação com aluguéis e outros problemas correlatos...

20) Reforma do sistema tributário de forma a assegurar a equidade da carga tributária e acabar com a arbitrariedade e a evasão na arrecadação de impostos...

21) Abertura a todos os nicaraguenses da possibilidade real de melhorar a qualidade de vida, estabelecendo uma política de pleno emprego e combatendo o desemprego e garantindo o direito à moradia, saúde, seguridade social, transporte eficiente, educação, cultura, esportes e entretenimento saudável. As mulheres e os jovens terão garantida a sua plena participação na vida econômica, política e social do país.

22) Realização de uma reforma educacional que elimine o analfabetismo, promova a educação de adultos e estabeleça um novo sistema educacional obrigatório e gratuito que dote as pessoas com uma mentalidade crítica em benefício de todas as outras mudanças que este programa postule. Os planos e programas educativos terão carácter científico e serão adaptados às necessidades de desenvolvimento do país.[48]

Temos aqui um exemplo concreto de como, se há uma vanguarda de linha justa e de grande prestígio entre as massas, as reivindicações de seu programa mínimo constituem o eixo do programa da frente política que reúne as forças mais amplas contra o regime imperante.

Programa: desvios à esquerda e à direita

De tudo o que foi exposto, podemos inferir que o programa mínimo deve servir como instrumento para aglutinar as forças sociais que *objetivamente* se veem prejudicadas pela situação imperante. Não se deve, portanto, limitar-se apenas a convocar ou propor medidas para aqueles setores já definidos, nos quais já exista disposição para lutar contra esta situação.

Se as medidas ou tarefas imediatas propostas pela vanguarda respondem objetivamente aos mais amplos setores sociais prejudicados pela situação imperante, e se isso tem conquistado – por sua coragem, honestidade, disciplina e iniciativa criadora – o respeito e a admiração das massas, seu programa mínimo pode se transformar, sem grandes modificações, no programa de todas essas forças, no programa da frente política que se constitua para derrubar aquele inimigo concreto.

Se a vanguarda for fraca, se não tiver prestígio perante as massas, se propõe medidas inadequadas, não será o seu programa mínimo, mas outro que triunfará e prevalecerá na frente política.

---

[48] Assinado por Daniel Ortega, Víctor Tirado López e Humberto Ortega. O texto aparece em versão quase completa no livro *Nicarágua: a estratégia da vitória*, cit., p. 250-253 (Versão abreviada pelos editores).

Por isso, quando os militantes de um partido revolucionário menosprezam as tarefas do programa mínimo, considerado por eles como excessivamente limitadas ou "reformistas", quando não estão dispostos a lutar por esses objetivos limitados, mas se contentam em fazer grandes declarações sobre a ditadura do proletariado, do socialismo e do comunismo, estão, consciente ou inconscientemente, impedindo a consecução dos objetivos pelos quais dizem lutar.

Devemos insistir que o *único* programa revolucionário é aquele que leva em conta a situação concreta e que serve para unir o máximo de forças contra o principal obstáculo que se opõe ao avanço do movimento revolucionário.

Muitos programas muito revolucionários no papel podem se tornar um freio ao processo se pretendem ser usados como bandeira para a luta imediata. Em vez de unir forças, eles as afugentam.

Um dos erros mais frequentes da esquerda de certos setores revolucionários latino-americanos tem sido não conseguir elaborar um programa mínimo que, de acordo com uma análise exaustiva da realidade concreta de seu país, indique as tarefas do tempo presente, aquelas que permitam mobilizar as mais amplas massas contra o principal obstáculo que o movimento revolucionário enfrenta naquele momento.

Mas, embora seja um erro de esquerda não ter um programa mínimo, também é importante ressaltar que não seria menos errado – e neste caso é um desvio da direita – que um partido proletário fizesse de seu programa mínimo seu único programa, ou seja, fazer do seu programa mínimo seu programa máximo.

REVOLUÇÃO: PECULIARIDADES E CONTEXTO MUNDIAL

**A revolução: nem sucessão mecânica de etapas,
nem salto direto ao socialismo**

Os clássicos do marxismo, a começar pelo próprio Marx, sempre insistiram na natureza ininterrupta, contínua ou permanente do processo revolucionário. A revolução não termina após esta ou aquela conquista, mas se desenvolve posteriormente. Só a sociedade comunista coloca um limite à revolução social.

Marx e Engels afirmaram a esse respeito: "Enquanto os pequenos burgueses democráticos querem acabar com a revolução o mais rápido possível", depois de terem obtido algumas reivindicações, "nossos interesses e nossas tarefas consistem em tornar a revolução permanente até que seja descartada a dominação das classes mais ou menos possuidoras, até que o proletariado conquiste o poder do Estado, até que a associação dos proletários se desenvolva, e não apenas em um país, mas em todos os países dominantes do mundo, em tais proporções que cesse a competição entre os proletários desses países e, pelo menos, até que as forças produtivas decisivas estejam concentradas nas mãos do proletariado".[1]

---

[1] *Mensaje del Comité Central a la Liga de los Comunistas,* Londres, mar. 1850, *Obras Escogidas,* t. I, p. 183.

Mas alguns marxistas parecem ter esquecido essas afirmações de Marx e, com base em outros textos do mesmo autor que se referem a leis muito gerais e abstratas do desenvolvimento da sociedade, perderam de vista o caráter ininterrupto do processo e colocaram ênfase em objetivos parciais ou imediatos.

O texto de Marx que mais se presta a essa concepção mecanicista do marxismo – e ao qual a Segunda Internacional mais recorreu para justificar suas posições reformistas – é o prefácio à *Contribuição à crítica da Economia Política.*

Neste texto, o autor sintetiza em duas páginas o fio condutor que o guiou no estudo da sociedade: o materialismo histórico. Portanto, é um texto necessariamente esquemático, que em nenhum caso pode ser aplicado mecanicamente a situações complexas.

Transcreveremos aqui aqueles parágrafos que têm sido mais propensos a interpretações errôneas:

"Em uma certa etapa de seu desenvolvimento, as forças produtivas materiais da sociedade entram em contradição com as relações de produção existentes [...] De formas evolutivas das forças produtivas que eram, essas relações convertem-se em entraves. Abre-se, então, uma época de revolução social. A transformação que se produziu na base econômica transforma mais ou menos lenta ou rapidamente toda a colossal superestrutura [...]. Uma sociedade jamais desaparece antes que estejam desenvolvidas todas as forças produtivas que possa conter, e as relações de produção novas e superiores não tomam jamais seu lugar antes que as condições materiais de existência dessas relações tenham sido incubadas no próprio seio da velha sociedade. Eis porque a humanidade não se propõe nunca senão os problemas que ela pode resolver, pois, aprofundando a análise, ver-se-á sempre que o próprio problema só se apresenta quando as condições materiais para resolvê-lo existem ou estão em vias de existir. Em grandes traços, podem ser os modos de produção asiático, antigo, feudal e burguês moderno designados como outras tantas épocas progressivas da formação da sociedade econômica. As relações de produção burguesas são a última forma antagônica do processo de produção social, antagônica não no sentido de um antagonismo individual, mas de um antagonismo que nasce das condições de existência sociais dos indivíduos; as forças produtivas que se desenvolvem no seio da sociedade burguesa criam, ao mesmo tempo, as condições materiais para resolver esse antagonismo. Com essa formação social termina, pois, a pré-história da sociedade humana."[2]

Muitos reformistas se basearam neste texto para defender posições evolucionistas. Negaram a possibilidade de passar a etapas superiores da revolução se as tarefas das etapas anteriores não foram esgotadas e, com muito mais razão, não podem conceber que um país possa pular uma etapa. Eles aplicaram o mesmo esquema proposto por Marx a realidades sociais muito diferentes, como por exemplo, as sociedades latino-americanas. Durante muito tempo, o atraso econômico de nossas sociedades foi explicado pela existência de relações feudais ou semifeudais no campo, sem que se chegasse a compreender que a persistência dessas relações estava diretamente ligada à nossa dependência econômica do imperialismo, principal interessado em mantê-las e, mais adiante, a um desenvolvimento capitalista no campo pela via mais reacionária ou *via junker*.[3] Contra essa tendência de esgotar as etapas, a considerar que as condições para avançar a uma nova etapa nunca estão prontas, Lenin teve que lutar arduamente quando chegou de seu exílio após o triunfo da revolução de fevereiro. Não nos deteremos aqui neste assunto, visto que já foi amplamente exposto em capítulos anteriores.

---

[2] Marx, K.-Engels, F. *Obras Escogidas,* t. 1, p. 518-519. [Marx, K. Prefácio. *In: Contribuição à crítica da Economia Política*, cit., p. 47-48]

[3] A via "junker" é aquela em que o capitalismo se desenvolve no campo, não distribuindo terras aos camponeses, mas transformando grandes propriedades fundiárias de origem servil em explorações de tipo capitalista.

REVOLUÇÃO: PECULIARIDADES E CONTEXTO MUNDIAL

Mas Lenin não só lutou contra essa tese direitista-evolucionista sobre o desenvolvimento da revolução como também lutou contra a tese esquerdista do salto direto para o socialismo. Seus defensores defendem sempre o socialismo como meta imediata do processo revolucionário sem analisar as condições concretas em que se encontra um determinado país que, se é um país subdesenvolvido, requer a implementação de uma série de passos transitórios.

"[...] se o proletariado bolchevique, imediatamente, em outubro ou novembro de 1917, sem esperar que uma diferenciação de classes ocorresse no campo, sem ter sabido como *prepará-la* ou realizá-la, tivesse tentado 'decretar' uma guerra civil ou a 'instauração do socialismo' no campo; se ele houvesse tentado prescindir de um bloco (aliança) transitório com os camponeses em geral, de fazer certas concessões aos camponeses médios etc., isso teria sido uma deturpação *blanquista* do marxismo; a tentativa de uma *minoria* de impor sua vontade à maioria; teria sido um absurdo teórico, demonstrativo da incompreensão de que uma revolução camponesa geral *é ainda* uma revolução burguesa e que *sem uma série de transições, de etapas de transição*, não pode ser transformada em uma revolução socialista num país atrasado."[4]

Esta tese de um salto imediato para o socialismo é geralmente acompanhada por uma concepção sectária da política de alianças e de uma recusa em elaborar um programa mínimo[5] que coloque tarefas não socialistas. Como é o objetivo final o que se persegue de imediato, só se maneja um programa máximo que desconsidera os interesses concretos das amplas massas populares; que isola o proletariado, não apenas de seus aliados táticos, mas também de seus aliados estratégicos.[6] Ao longo de todos os seus textos, Lenin

---

[4] Lenin, V. I. *La revolución proletaria y el renegado Kautsky*, t. 30, p. 155.

[5] Ver capítulo VI, "Programa e objetivos revolucionários", ponto 1, e) Programa mínimo: forma de aglutinar forças.

[6] Os conceitos de aliados estratégicos e táticos serão aprofundados no livro *Instrumentos leninistas de direción política*, México: Siglo XXI (em preparação).

MARTA HARNECKER

argumenta que as tarefas democrático-burguesas expressas no programa mínimo são tarefas transitórias, mas, ainda assim, insiste na necessidade absoluta de passar por elas antes de propor as tarefas socialistas, mesmo quando a Revolução Russa já está às portas do socialismo.

E, uma vez triunfante a Revolução de Fevereiro, afirma: "O proletariado da Rússia, que opera num dos países mais atrasados da Europa, no meio de uma enorme população de pequenos camponeses, não pode fixar-se como objetivo imediato de pôr em prática mudanças socialistas".[7]

"O principal defeito, o principal erro de todos os argumentos dos socialistas é que este problema é colocado de forma demasiadamente geral, como o problema da transição ao socialismo, quando o que corresponde é falar de passos e medidas concretas".[8]

Lenin sustenta que os sovietes devem tomar o poder "não para implantar uma república burguesa comum nem para a transição direta ao socialismo. Isto é impossível. Para quê então? Os sovietes devem tomar o poder para dar os primeiros passos concretos para essa transição, passos que podem e devem ser dados".

E acrescenta mais adiante:

"Não podemos afirmar que o socialismo deve ser 'implantado', isso seria o maior dos absurdos. Devemos pregar o socialismo. A maioria da população da Rússia é composta por camponeses, por pequenos agricultores que não fazem ideia do que é o socialismo".[9]

Resumindo: há dois erros na concepção do desenvolvimento do processo revolucionário: aquele que insiste que este é um processo por etapas; que para passar de uma a outra é necessário consolidar a anterior e que estas seguem um processo evolutivo do feudalismo ao

---

[7] Lenin, V. I. *VII Conferencia de toda Rusia del POSDR* (Conferencia de abril) t. 25, p. 275.

[8] *Ibid.*, p. 185.

[9] *Ibid.*, p. 186.

REVOLUÇÃO: PECULIARIDADES E CONTEXTO MUNDIAL

capitalismo e do capitalismo ao socialismo. E aquela outra posição que, por se opor ao mecanicismo da primeira, chega ao extremo de insistir que o processo revolucionário não pode ser concebido por etapas, que é um processo no qual a revolução socialista – entendida como a implantação imediata de relações de produção socialistas – está sempre na ordem do dia.

A tese que tem se mostrado historicamente correta é a que afirma que o processo revolucionário é um processo ininterrupto, mas que passa por diferentes fases ou etapas de desenvolvimento que não se concatenam umas às outras de forma mecânica e que muitas vezes se sobrepõem, até conseguir a edificação do socialismo.

A revolução social é, como diz Marx, uma revolução permanente ou ininterrupta, essencialmente dinâmica, e toda a arte da direção revolucionária é saber conduzi-la passo a passo rumo ao seu objetivo final.

A revolução socialista em um só país e suas limitações
O triunfo da revolução socialista em um só país

Em agosto de 1915, em plena guerra imperialista, que deu grande impulso ao desenvolvimento mundial do capitalismo e que inicia uma nova época em que amadureceram plenamente as condições objetivas para a realizar o socialismo,[10] Lenin levantou a possibilidade de que a revolução socialista triunfe em um só país.

"A desigualdade do desenvolvimento econômico e político é uma lei absoluta do capitalismo", diz ele. Portanto, que a vitória do socialismo seja possível primeiro em uns poucos países capitalistas e até mesmo em um só país, de forma isolada. O proletariado vitorioso desse país, depois de expropriar os capitalistas e nele organizar a produção socialista, se levantaria *contra* o restante do

---

[10] Lenin, V. I. *Conferencia de las secciones del POSDR en el extranjero* (19 fev. 1915), t. 22, p. 253.

mundo capitalista, atraindo para o seu lado as classes oprimidas dos demais países, provocando neles a insurreição contra os capitalistas e utilizando-se, se necessário, até a força militar contra as classes exploradoras e seus Estados."[11]

Um ano depois chegou à conclusão – segundo ele "indiscutível" – de que "o socialismo não pode triunfar simultaneamente em *todos* os países. Triunfará primeiro em um ou em vários países, enquanto os outros continuarão a ser, durante algum tempo, burgueses ou pré-burgueses", afirma,[12] e prediz com extraordinária exatidão o que, nesse caso, iria ocorrer com a burguesia dos outros países: "Isto não só provocará atritos, mas também a tentativa direta da burguesia dos demais países de esmagar o proletariado triunfante do Estado socialista."

E nesse caso uma "guerra defensiva" seria absolutamente legal, seria "a defesa do proletariado triunfante contra a burguesia de outros países".[13]

A ideia de que a revolução poderá começar por um só país já havia sido exposta por Marx e Engels. Seus prognósticos afirmavam que a revolução socialista estouraria no final do século XIX, começando pela França e terminando na Alemanha, mas ambos os autores viam claramente, como Lenin, que, para garantir a vitória definitiva do socialismo, seria necessária a colaboração dos trabalhadores de todos os países.[14]

Mas as coisas ocorreram de forma diferente do que Marx e Engels esperavam, e inclusive Lenin foi pego de surpresa, pois nunca

---

[11] Lenin, V. I. *La consigna de los Estados Unidos de Europa* (23 ago. 1915), t. 22, p. 449.
[12] Lenin, V. I. *El programa militar de la revolución proletaria* (set. 1916), t. 24, p. 83.
[13] *Ibid.*, p. 83, Lenin condena as "guerras defensivas" no que diz respeito à defesa da pátria burguesa, quando essa defesa favorece os capitalistas; coisa muito diferente é a defesa da pátria quando a burguesia foi expulsa daquele país.
[14] Lenin, V. I. *Tercer Congreso de toda Rusia de los Soviets* (jan. 1918), t. 28, p. 150.

REVOLUÇÃO: PECULIARIDADES E CONTEXTO MUNDIAL

pensou que a revolução socialista aconteceria primeiro em seu próprio país, um dos países capitalistas mais atrasados da Europa.[15]

No entanto, uma vez que os eventos ocorreram, ele foi o primeiro a insistir que a Revolução Russa de Fevereiro, que entregou o poder à burguesia, era uma revolução inacabada ou apenas a primeira etapa da primeira das revoluções proletárias engendradas pela guerra, e que era necessário avançar para sua segunda etapa: a tomada do poder pelo proletariado. O dirigente bolchevique tinha plena consciência de que a situação de atraso de seu país lhe impediria de *implantar imediatamente o socialismo*, mas também via, com absoluta clareza, que somente dando passos nessa direção se conseguiria tirar o país da crítica situação a que a guerra o levou.[16]

Esperança colocada no triunfo do socialismo na Europa

E quando a Revolução de Outubro triunfa, afirma que esta marchará "com passo firme e seguro rumo à vitória do socialismo", embora acrescente um postulado que se repetirá ao longo de todas as suas obras posteriores: que esta vitória só será consolidada pelos "trabalhadores de vanguarda dos países mais civilizados".[17]

"Não está longe o dia", dirá Lenin em janeiro de 1918, "em que os trabalhadores de todos os países se unirão em um só Estado abrangendo toda a humanidade para construir, por um esforço comum, um novo edifício socialista".[18]

---

[15] Lembremos aqui que semanas antes do triunfo de fevereiro ele havia declarado: "nós, da geração mais velha, talvez não cheguemos a ver as batalhas decisivas dessa futura revolução" (Relatório sobre a Revolução de 1905), jan. 1917, t. 24, p. 274.

[16] Ver, neste livro, as seções "De fevereiro a outubro: não se pode avançar sem marchar para o socialismo" e "A revolução de outubro vista em retrospectiva", capítulo 5, p. 217-231.

[17] Lenin, V. I. *A la población* (5 nov. 1917), t. 27, p. 409. [À população. *In: Lenin e a revolução de outubro...*, cit., p. 293]

[18] Lenin, V. I. *Tercer Congreso de toda Rusia de los Soviets*, t. 28, p. 159. A mesma coisa afirma em março no *IV Congreso de toda Rusia de los Soviets*, t. 28, p. 405.

"Não há dúvida", insistirá naqueles dias, "de que a revolução socialista na Europa deve começar e começará. Todas as nossas esperanças na vitória *final* do socialismo se baseiam nesta certeza e nesta previsão científica".[19]

Ela é a "condição necessária e a premissa essencial de sua vitória".[20]

Mas o que entender por esta vitória *final* sublinhada pelo próprio Lenin? Alguns dias depois – no Terceiro Congresso de toda Rússia dos Sovietes –, explicita um pouco mais seu pensamento: "Estamos longe de ter completado sequer o período de transição do capitalismo ao socialismo. Jamais acalentamos a esperança de que poderíamos terminá-lo sem ajuda do proletariado internacional", [21] mas era preciso trilhar esse caminho e assim o fez a República dos Sovietes, por isso deve ser qualificada como socialista.[22]

E então esclarece que é falso que o "triunfo do socialismo" só seja possível em escala mundial,[23] embora seja evidente "que a vitória *completa* do socialismo em um só país é impossível".[24]

Pensamos que Lenin interpreta aqui "triunfo do socialismo" no sentido do triunfo da revolução proletária que inicia a construção do socialismo, razão pela qual mais tarde ele fala que a vitória *completa* desse sistema só é possível com o apoio da revolução de outros países mais avançados.

---

[19] Lenin, V. I. *Para la historia de una paz infortunada* (7 jan. 1918), t. 28, p. 119. Em abril de 1919 afirma: "Agora apenas uns quantos meses nos separam da vitória sobre os capitalistas no mundo inteiro". "Sesión Plenaria del Consejo Central de Sindicatos de toda Rusia", t. 31, p. 170.

[20] Lenin, V. I. *Informe en la Conferencia de la Provincia de Moscú de los Comités de Fábricas,* (25 jul. 1918), t. 29, p. 314.

[21] Nos textos mais teóricos, Lenin usará os termos com mais precisão e dirá: período de transição do capitalismo ao comunismo.

[22] Lenin, V. I. *Tercer Congreso de toda Rusia de los Soviets* (informe sobre la atividade do Consejo de Comisarios del Pueblo, 11 jan. 1918), t. 28, p. 144.

[23] *Ibid.,* p. 149.

[24] *Ibid.,* p. 150.

Revolução: peculiaridades e contexto mundial

E isso é reafirmado com o que foi expresso algumas semanas depois. Então ele diz: "Se examinarmos a situação do ponto de vista histórico mundial, sem dúvida não haveria esperança de vitória final de nossa revolução se não houvesse movimentos revolucionários em outros países. Quando o partido bolchevique encarou a tarefa sozinho, o fez convencido de que a revolução estava amadurecendo em todos os países e que, no final, mas não no início, e apesar das dificuldades que teríamos de enfrentar, apesar das derrotas que pudessem nos esperar, a revolução socialista mundial chegaria, pois já chega; amadureceria, bem, já amadurece, e chegaria e alcançará maturidade plena. A nossa salvação de todas essas dificuldades – repito – está na revolução de toda a Europa"[25] ou "pelo menos, de vários países avançados, que não inclui a Rússia", especifica em outro texto.[26]

Alguns meses depois ele dirá: "A tarefa do nosso partido é derrubar o jugo do capitalismo; e isso só pode acontecer por meio da revolução internacional. Mas, camaradas", esclarece, "vocês devem estar conscientes de que as revoluções não se fazem por encomenda". E que se a Rússia conseguiu, devido a determinadas condições, livrar-se do jugo do capital em seu país, o capitalismo só "será definitivamente derrubado quando pelo menos alguns países se juntarem a nós nessa campanha".[27]

Nunca tivemos "ilusões de que com as forças do proletariado e das massas revolucionárias de um só país, por maior que seja o heroísmo que manifestassem, por mais elevado que fosse seu grau de organização e disciplina, se pudesse derrubar o imperialismo internacional: isso só pode ser feito com os esforços conjuntos do proletariado de todos os países", Lenin afirma em outro texto, acres-

---

[25] Lenin, V. I. *Séptimo Congreso Extraordinario del PC(b)R* (7 mar. 1918), t. 28, p. 301.
[26] Lenin, V. I. *VI Congreso Extraordinario de los Soviets* (8 nov. 1918), t. 29, p. 471.
[27] Lenin, V. I. *Discurso en el Club de Sokólniki* (21 jun. 1918), t. 29, p. 217.

centando que, no entanto, ele está convencido de que a revolução russa levará "inevitavelmente à revolução mundial". E expressa que, enquanto isso não ocorrer, a "tarefa imediata" do novo Estado soviético é "manter esse poder, essa tocha do socialismo, para que se desprendam dela as faíscas que avivam o crescente incêndio da revolução socialista".[28]

O triunfo da revolução na Rússia o faz meditar sobre suas causas e chega à conclusão de que, em vez de começar pelos países avançados, é mais fácil que a revolução "se inicie em países que não estão entre os exploradores"; estes últimos "têm mais possibilidades de saque e podem subornar as camadas superiores de seus trabalhadores".[29]

Nenhuma correspondência entre maturidade econômica e política para a revolução

Na Rússia, "a debilidade e o atraso do capitalismo e, sobretudo, as difíceis condições militares e estratégicas" fizeram com que, ao longo dos acontecimentos, o proletariado daquele país passasse "a ocupar um lugar avançado em relação a outros destacamentos" sem esperar que eles se levantarão primeiro contra a guerra e o capital.[30]

A guerra imperialista engendrou as *condições políticas* para a tomada do poder pelo proletariado na Rússia, ainda que seu desenvolvimento econômico não tivesse atingido o patamar mais adequado para a construção imediata do socialismo.

Aquele país estava "*atrás* do mais atrasado dos países da Europa Ocidental em termos de organização de um bom capitalismo de

---

[28] Lenin, V. I. *Discurso en la reunión conjunta del CEC de toda Rusia...* (29 jul. 1918, t. 29, p. 330-331).

[29] Lenin, V. I. *Tercer Congreso de toda Rusia de los Soviets, op. cit.,* p. 150-151.

[30] Lenin, V. I. *Discurso sobre el aniversario de la Revolución* (6 nov. 1918), t. 29, p. 457-458.

REVOLUÇÃO: PECULIARIDADES E CONTEXTO MUNDIAL

Estado"[31] e quanto ao "nível cultural e ao grau de preparação da produção material para a implantação do socialismo", mas "seria um erro irreparável afirmar que, por falta de correspondência entre nossas 'forças' econômicas e nossas forças políticas, por conseguinte, não devia haver tomado o poder". Lenin afirma enfaticamente e acrescenta: "Assim argumentam os 'homens embainhados', que esquecem que sempre haverá tal 'falta de correspondência', que sempre existe no desenvolvimento da natureza e da sociedade, e que somente por meio de uma série de tentativas – cada uma das quais, tomada separadamente, será unilateral e sofrerá de certas inconsistências – será criado o socialismo integral como resultado da colaboração revolucionária dos proletários de *todos* os países".[32]

Aqueles que sustentam que o poder não deveria ter sido tomado até que a revolução estourasse em todos os países não percebem, diz ele, "que falando assim eles estão se afastando da revolução e passando para o campo da burguesia. Esperar que as classes trabalhadoras façam a revolução em escala internacional equivale a deixar todos suspensos no ar. Isso é um absurdo. Todos conhecem as dificuldades da revolução. Começada com um sucesso brilhante em um país, pode passar por períodos dolorosos, pois só pode triunfar definitivamente em escala mundial e somente com os esforços conjunto dos trabalhadores de todos os países. Nossa tarefa consiste em saber dar provas de serenidade e prudência; devemos manobrar e recuar enquanto não recebamos reforços. A mudança para esta tática é inevitável, não importa o quanto ela seja ridicularizada por aqueles que se dizem revolucionários, mas que não têm ideia do que significa revolução".[33]

---

[31] Lembremos aqui que para Lenin o capitalismo de Estado era, do ponto de vista econômico, a antessala do socialismo.

[32] Lenin, V. I. *Infantilismo de "izquierda" y la mentalidad pequeñoburguesa* (5 maio 1918), t. 29, p. 99.

[33] Lenin, V. I. *Informe sobre la política exterior en la Sesión Conjunta del CEC de toda Rusia y el Soviet de Moscú*, t. 29, p. 127.

Então passam os três anos de guerra civil, a contrarrevolução apoiada pelo imperialismo internacional é derrotada. A paz é assinada com a Polônia, Finlândia, Estônia e Letônia. Assim começa um novo período no desenvolvimento da Revolução Russa.

Vejamos como Lenin analisa esta situação:

"Quando há três anos definimos as tarefas e condições para a vitória da revolução proletária na Rússia, sempre afirmamos enfaticamente que esta vitória não poderia ser estável a menos que fosse seguida pela revolução proletária no Ocidente, e que uma avaliação correta da nossa revolução só era possível do ponto de vista internacional. Para obter uma vitória duradoura, devíamos conseguir a vitória da revolução proletária em todos, ou pelo menos, em vários dos principais países capitalistas. Após três anos de guerra feroz e persistente, vemos em que sentido nossas previsões não se concretizaram e em que sentido se materializaram. Não se concretizaram no sentido de que não houve uma solução rápida ou simples do problema. Naturalmente, nenhum de nós esperava que uma luta tão desigual como a da Rússia contra todas as potências capitalistas do mundo pudesse prolongar-se durante três anos. Ocorreu que nenhuma das partes, nem a República Soviética da Rússia nem todo o resto do mundo capitalista, obteve para si a vitória ou foi derrotada; ao mesmo tempo, ocorreu que, embora nossas previsões não se materializassem de maneira simples, rápida e direta, elas se cumpriram na medida em que obtivemos o essencial, pois o essencial era manter a possibilidade de existência do poder proletário e da República Soviética, inclusive no caso de que a revolução socialista mundial se demorasse. E, nesse sentido, é necessário dizer que a situação internacional da República demonstra hoje a melhor e mais precisa confirmação de todos os nossos planos e de toda a nossa política."[34]

---

[34] Lenin, V. I. *Conferencia del PC(b) de la provincia de Moscú*, "Discurso sobre la situación exterior e interior y las tareas del partido" (1 nov. 1920), t. 34, p. 115.

Sete meses depois, ele diz sobre isso:

Embora "o movimento revolucionário internacional tenha feito progressos", o desenvolvimento da revolução internacional, em contrapartida, não seguiu "um caminho tão reto quanto esperávamos".[35]

O avanço do movimento revolucionário não levou ao triunfo da revolução na Europa como esperavam os bolcheviques, condição para a vitória definitiva do socialismo em seu país, mas pelo menos conseguiu evitar que o primeiro Estado proletário fosse estrangulado pelas potências imperialistas: seu poder militar muito superior não poderia ser eficaz porque suas tropas não estavam dispostas a se lançar contra a República dos Sovietes.

"Os estados burgueses conseguiram sair da guerra imperialista mantendo intacto seu regime burguês. Puderam demorar e adiar a crise que pairava diretamente sobre eles, mas basicamente minaram sua situação de tal forma que, depois de três anos, e apesar de todas as suas gigantescas forças militares, tiveram que admitir que não estavam em condições de esmagar a República Soviética, que apenas tem forças militares. Assim, pois, resultou que ficaram confirmadas fundamentalmente, em todo sentido, nossa política e nossas previsões e que nossos aliados eram realmente as massas oprimidas de todo Estado capitalista, pois eles pararam a guerra. Encontramo-nos na situação em que, sem ter conseguido uma vitória internacional, a única vitória certa para nós, conquistamos as condições que nos permitem subsistir ao lado das potências capitalistas, agora obrigadas a estabelecer relações comerciais conosco. No processo desta luta, conquistamos o direito a uma existência independente."[36]

Frustradas as tentativas da contrarrevolução e conseguida a assinatura formal da paz com os Estados do Ocidente, "fica claro",

---

[35] Lenin, V. I. *III Congreso de la Internacional Comunista,* "Informe sobre la táctica del PCR", (5 jul. 1921), t. 35, p. 383.

[36] Lenin, V. I. *Conferencia del PC(b)R de la provincia de Moscú, op. cit.,* p. 116.

diz Lenin, "que temos algo mais que uma trégua: entramos em um novo período em que conquistamos nossa existência internacional fundamental, no sistema de Estados capitalistas".[37]

"O estabelecimento de relações comerciais do país socialista com os países capitalistas é o fator mais importante que garante nossa subsistência em uma situação tão complexa e absolutamente excepcional".[38]

E reage energicamente contra aqueles que afirmam que ter chegado a transações com as potências capitalistas implica um fracasso do comunismo e um desmoronamento de seu programa.[39]

Ao contrário, diz ele, é "impossível encontrar melhor prova da vitória material e moral da República Soviética da Rússia sobre os capitalistas de todo o mundo do que o fato de que as potências que pegaram em armas contra nós devido ao nosso terror e a todo o nosso sistema foram obrigadas, contra a sua vontade, a enveredar pelo caminho dos contatos comerciais, sabendo que com isso nos fortalecem. Seria possível apresentar isso como prova do fracasso do comunismo apenas se tivéssemos prometido ou sonhado em transformar o mundo inteiro apenas com as forças da Rússia. Mas nunca tivemos ideias tão extravagantes e sempre dissemos que nossa revolução vencerá quando for apoiada pelos trabalhadores de todos os países. Na verdade, eles meio que a apoiaram, pois enfraqueceram o braço que foi levantado contra nós, mas fazendo isso eles nos ajudaram".[40]

O deslocamento da revolução para países atrasados e a nova estratégia de construção do socialismo

Em contrapartida, a guerra imperialista produziu efeitos importantes no desenvolvimento capitalista dos países europeus. Em vez

---

[37] *Ibid.*, p. 117.
[38] *Ibid.*, p. 118.
[39] *Ibid.*, p. 118.
[40] *Ibid.*, p. 118-119.

de provocar um desenvolvimento interno cada vez mais acelerado das suas forças produtivas, os seus sucessos econômicos passaram a se basear na exploração do primeiro dos países derrotados pela guerra, conjugada com a exploração de todo o Oriente. E esta, ao mesmo tempo que permite fazer concessões às classes trabalhadoras dos países capitalistas avançados, mediando assim temporariamente o movimento revolucionário, tem arrastado esta região do mundo "a juntar-se definitivamente ao movimento revolucionário mundial".[41]

As perspectivas da revolução agora parecem passar mais pelos países subdesenvolvidos do que pelos países desenvolvidos.

Já no Terceiro Congresso da Internacional Comunista, Lenin afirmava que "as massas trabalhadoras, os camponeses dos países coloniais, apesar de ainda atrasados", desempenhariam "um papel revolucionário fundamental nas fases futuras da revolução mundial".[42]

Lenin não tem dúvidas de que o resultado dos confrontos de amanhã entre o "Ocidente imperialista contrarrevolucionário e o Oriente revolucionário e nacionalista; entre os Estados mais civilizados do mundo e os afundados num atraso de tipo oriental, que, no entanto, constituem a maioria por sua população", levarão à vitória definitiva do socialismo.[43]

O fim da guerra civil, a assinatura da paz com os Estados capitalistas, as escassas possibilidades de que ocorram novos surtos revolucionários na Europa, criam uma situação de relativo equilíbrio de forças.

"No plano político", afirma Lenin, "um certo equilíbrio já foi estabelecido entre as forças que vinham travando uma luta aberta e armada pela hegemonia de uma ou outra classe dominante. É um equilíbrio entre a sociedade burguesa, a burguesia internacional

---

[41] *Ibid.*, p. 535.
[42] Lenin, V. I. *Informe sobre la táctica del PCR* (5 jun. 1921), t. 35, p. 385.
[43] Lenin, V. I. *Mejor poco, pero mejor* (2 mar. 1923), t. 36, p. 536 [Melhor pouco, porém bom. *In: Lenin e a revolução de outubro...*, cit., p. 588].

como um todo, por um lado, e a Rússia soviética, por outro, [...], um equilíbrio relativo e muito instável".[44]

Esta nova situação obriga os bolcheviques a reexaminar sua estratégia. Eles sabem que para construir o socialismo em seu país não podem mais contar – pelo menos naquele momento – com o apoio dos países mais avançados e que as potências capitalistas da Europa Ocidental, "em parte deliberadamente e em parte espontaneamente, fizeram o que estava a seu alcance" para arruinar o país tanto quanto possível, de tal forma que, embora não tenham conseguido derrubar o novo sistema criado pela revolução, também "não permitiram a realização de um avanço tal que justificasse os prognósticos dos socialistas, que permitiria a estes desenvolver com colossal rapidez as forças produtivas e todas as possibilidades que, em suma, configuram o socialismo; não permitiram que se demonstrasse ao mundo inteiro que o socialismo encerra forças gigantescas e que a humanidade entrou numa nova fase de desenvolvimento, cujas perspectivas são extraordinariamente brilhantes".[45]

A Revolução Russa deve então começar a construção do socialismo enfrentando duas situações que não haviam sido previstas por Marx e Engels, nem pelos bolcheviques.

A *primeira, de ordem internacional:* edificar o socialismo sem poder contar, talvez por um período relativamente longo, com o apoio econômico e o desenvolvimento tecnológico dos países mais avançados.

A *segunda, de ordem interna:* começar a construir o socialismo não só em um dos países mais atrasados da Europa, mas também em um país arruinado por sete anos de guerra, cujas forças produtivas foram reduzidas ao mínimo: a maioria de seus melhores trabalhadores mortos na guerra civil, e uma parte importante dos restan-

---

[44] Lenin, V. I. *III Congreso de la Internacional Comunista, op. cit.,* p. 381.
[45] Lenin, V. I. *Mejor poco, pero mejor* (2 mar. 1923), t. 36, *op. cit.,* p. 534 [Melhor pouco, porém bom, cit., p. 585].

REVOLUÇÃO: PECULIARIDADES E CONTEXTO MUNDIAL

tes, deslocados para tarefas do governo; suas fábricas paralisadas por falta de matéria-prima e de homens, devido à guerra e ao bloqueio econômico imperialista; seus campos reduzidos à produtividade mínima devido a uma política errônea, mas compreensível, de requisição de todos os excedentes agrícolas, para fazer frente à fome que assolava a população civil e entre os soldados na frente [*front*]; seu baixíssimo nível cultural com alto grau de analfabetismo.[46]

O que está em jogo agora é estabelecer uma estratégia de "construção do edifício socialista em um país de pequenos camponeses",[47] diria Lenin em vários textos. E em um país de pequenos agricultores que não pode contar, nesse momento, com o apoio de países mais avançados econômica e tecnologicamente.

Neste contexto, o principal é estimular o desenvolvimento agrícola, sem o qual é impossível pensar em qualquer desenvolvimento industrial e, para isso, a primeira coisa a fazer é abandonar a política de requisição de excedentes que desestimulou a produção camponesa e criou um grande mal-estar nesse setor da população, sem cujo apoio é impossível salvar a Revolução Russa.[48]

Essa política é substituída por um imposto em espécie em março de 1921, que na verdade se torna um intercâmbio comercial, como o próprio Lenin reconheceu em outubro do mesmo ano. O dirigente bolchevique fundamenta essa virada estratégica da seguinte maneira:

---

[46] Esses aspectos da situação russa seriam descritos para exemplificar diferentes conceitos que seriam desenvolvidos no livro: *Instrumentos leninistas...* Em todo caso, não é nossa intenção abordar neste livro o complexo problema da construção do socialismo na URSS.

[47] Lenin, V. I. *Ante el IV Aniversario de la revolución de octubre* (18 out. 1921), t. 35, p. 491 [Para o IV aniversário da revolução de outubro. *In: Lenin e a revolução de outubro...*, cit., p. 539].

[48] Este tema será especificamente desenvolvido de forma abrangente no livro *Instrumentos leninistas...*

"Não há dúvida de que, em um país onde a imensa maioria da população é composta por pequenos agricultores, só se pode realizar uma revolução socialista por meio de toda uma série de medidas especiais de transição, que seriam supérfluas em países capitalistas altamente desenvolvidos, onde os trabalhadores assalariados na indústria e na agricultura constituem a grande maioria. Os países capitalistas desenvolvidos têm uma classe de trabalhadores assalariados rurais formada ao longo de muitas décadas. Somente esta classe pode apoiar social, econômica e politicamente uma transição direta para o socialismo. Somente em países onde esta classe está suficientemente desenvolvida é possível passar diretamente do capitalismo ao socialismo, sem necessidade de medidas especiais de transição em todo o país. Em muitos trabalhos escritos, em todas as nossas intervenções públicas e em toda a imprensa, enfatizamos que este não é o caso da Rússia, que aqui os trabalhadores industriais são uma minoria e os pequenos agricultores são uma grande maioria. Em um país assim, a revolução socialista só pode triunfar sob duas condições. Primeiro, *se* for oportunamente apoiada por uma revolução socialista em um ou vários países avançados. Como sabem, fizemos muito mais do que no passado para alcançar esta condição, mas isso não é suficiente para torná-la uma realidade.

"A segunda condição é o acordo entre o proletariado, que exerce sua ditadura, ou seja, tem o poder de Estado em suas mãos, e a maioria da população camponesa [...]. Sabemos que enquanto não ocorrer a revolução em outros países, somente um acordo com o campesinato pode salvar a revolução socialista na Rússia".[49]

Mas não só o Estado proletário deve tornar-se um comerciante atacadista, mas também deve, por sua vez, investir suas reservas em ouro, não em meios de produção, como o afirmava o programa

---

[49] Lenin, V. I. *X Congreso del PC(b)* "Informe sobre la sustitución de la requisa del excedente por un impuesto en especie" (15 mar. 1921), t. 35, p. 57-58.

REVOLUÇÃO: PECULIARIDADES E CONTEXTO MUNDIAL

bolchevique, mas em meios de consumo, para alimentar os trabalhadores e camponeses que estavam tão esgotados e exaustos pela guerra que simplesmente não conseguiam trabalhar. Não havia nada a ganhar comprando máquinas se não existia a força de trabalho para fazê-las funcionar.[50]

"Acreditar que podemos sair deste estado sem muletas" – afirma Lenin contra aqueles que resistem a adotar essas medidas – "é não entender nada. Enquanto não houver revolução em outros países, precisaremos de *décadas* para sair dessa situação".[51]

Não bastava, como inicialmente acreditavam os bolcheviques, a existência de um Estado proletário para organizar "a produção estatal e a distribuição estatal dos produtos à maneira comunista,[52] em país de pequenos camponeses".

Ele diz: a vida mostrou o nosso erro. Foram necessárias diversas etapas transitórias, o capitalismo de Estado e o socialismo, para preparar – com o trabalho de longos anos – a passagem ao comunismo".[53]

Mas, apesar das enormes dificuldades que o poder soviético enfrenta para levar a cabo a revolução em pleno isolamento internacional, o último texto publicado por Lenin, em março de 1923, poucos dias antes de sofrer "um segundo atentado que o abateu brutalmente, privando-o do uso da palavra",[54] reflete otimismo. O máximo dirigente da Revolução Russa diz que "a vitória definitiva" do socialismo em nível mundial "está plena e absolutamente

---

[50] Lenin, V. I. *X Congreso...*, *op. cit.*, p. 67. O autor reconhece que o "programa era teoricamente correto, mas praticamente inconsistente". *Ibid.*, p. 57-58.

[51] *Ibid.*, p. 66-67.

[52] Lembrar da fase do chamado "comunismo de guerra" durante a guerra civil, em que todos os excedentes agrícolas eram requisitados e distribuídos à população faminta.

[53] Lenin, V. I. *Ante el IV Aniversario de la revolución de octubre* (18 out. 1921), t. 35, p. 492 [Para o IV aniversário da revolução de outubro, cit., p. 540].

[54] Gerard Walter, *Lenin, V. I.* Barcelona, Grijalbo, 1967, p. 444.

assegurada" e que, enquanto isso ocorre, o governo soviético deve seguir a seguinte política para se salvar, para impedir que os Estados contrarrevolucionários da Europa Ocidental o esmaguem: "tentar construir um Estado em que os trabalhadores continuem a dirigir os camponeses", em que eles mantenham sua confiança...

Ele afirma: "Se conservarmos a direção da classe operária sobre os camponeses, poderemos, mediante um regime estrito de economias no Estado, conseguir que toda a poupança, por insignificante que seja, se ponha a serviço do desenvolvimento de nossa grande indústria mecanizada, da eletrificação, da extração do carvão, para terminar a construção da hidrelétrica de Volkov etc.

Nossas esperanças podem basear-se apenas nisto. Então estaremos em condições, falando em sentido figurado, de descer de um cavalo para montar em outro, isto é, do cavalo empobrecido do camponês, do cavalo do mujique, do regime de economias calculadas para um país camponês arruinado – para o cavalo do proletariado, que busca e não pode deixar de buscar para si o grande proletariado: o da grande indústria mecanizada, da eletrificação."[55]

Do início da construção do socialismo ao seu pleno desenvolvimento

Resumindo, em agosto de 1915, Lenin levanta a possibilidade de que o socialismo triunfaria apenas em alguns países capitalistas e mesmo em apenas um deles, dado o desenvolvimento desigual do capitalismo. Um ano depois, ele está convencido de que essa possibilidade é uma necessidade: a revolução socialista triunfará primeiro em um ou vários países, enquanto os outros permanecerão burgueses ou pré-burgueses. Nesse momento, ele prevê a luta entre o proletariado triunfante e a burguesia internacional que tentará

---

[55] Lenin, V. I. *Mejor poco, pero mejor* (2 mar. 1923), t. 36 p. 536-537 [Melhor pouco, porém bom, cit., p. 588-589].

esmagá-lo, mas não imagina que a revolução estouraria primeiro em um país atrasado, seu próprio país.

O triunfo da revolução na Rússia faz com que altere sua tese do desenvolvimento desigual do capitalismo, que enfatiza o aspecto econômico: os países mais desenvolvidos são os que estão mais preparados para a revolução socialista; daí a ideia de que a revolução passaria primeiro pelos países capitalistas mais desenvolvidos. Essa abordagem é substituída pela tese do elo mais fraco do imperialismo, que enfatiza o acúmulo de contradições de todo tipo e na combatividade do proletariado.

Esta tese é cada vez mais reafirmada à medida que os anos passam e a tão esperada revolução na Europa não vem. Lenin então percebe que é mais fácil que a revolução ocorra nos países atrasados, já que a classe trabalhadora dos países desenvolvidos está mediada pelas concessões que suas respectivas burguesias puderam fazer, graças aos enormes lucros extraídos dos países por elas explorados.

Lenin, que já defendia desde 1915 a tese de que era possível *iniciar* a construção do socialismo em um só país, esclarece em inúmeros textos que uma coisa é *iniciar* a construção do socialismo e outra coisa é alcançar seu *pleno triunfo ou vitória definitiva ou completa.*

A princípio, ele está convencido de que a Rússia proletária logo receberá ajuda dos países mais avançados, já que a Revolução Russa é apenas o prólogo da revolução socialista mundial. Toda a sua estratégia de desenvolvimento econômico está baseada no apoio que em breve receberá do Ocidente: tanto no terreno econômico como no técnico e cultural.

As coisas acontecem de forma diferente do esperado. A revolução socialista mundial não eclode, e a solitária Rússia revolucionária terá que enfrentar *sozinha* a imensa tarefa de construir o socialismo. Sem contar com a ajuda dos países desenvolvidos, terá que fazer esforços sem precedentes para sair de seu enorme atraso econômico, cultural etc., e somente por meio de uma série de transições, que duraria décadas, alcançará a fase da grande indústria socialista, isto é, alcançará o desenvolvimento das forças produtivas que permite o estabelecimento de relações de produção socialistas no âmbito de toda a sociedade – relações que, aliás, são apenas a primeira fase da sociedade comunista.

Embora desde os últimos anos de Lenin a situação mundial tenha mudado enormemente, salvo raras exceções, a revolução triunfou nos países atrasados e tudo indica que esse será o caminho que a revolução mundial seguirá nas próximas décadas. Por isso, por mais que avance o desenvolvimento econômico dos países socialistas, seus recursos se tornarão insuficientes para as crescentes demandas dos países recém-libertados do imperialismo, que terão de enfrentar em condições difíceis a construção da nova sociedade.

A ajuda econômica e de todo tipo que a União Soviética pôde prestar a Cuba dificilmente poderá se repetir em outro país da América Latina. O desafio é grande, mas o exemplo da primeira revolução proletária mostrou que é possível, mesmo com recursos escassos, iniciar a longa marcha rumo ao comunismo.

Teoria geral e estratégias particulares da revolução

De acordo com a teoria marxista-leninista da revolução, "os princípios revolucionários fundamentais" não podem ser aplicados mecanicamente, mas "devem ser adaptados às condições específicas dos diferentes países".[56]

Existem diferenças de país para país, tanto na forma da transição do capitalismo ao comunismo como na forma por meio da qual se conquista o poder.

O dirigente bolchevique afirma que, embora a construção do socialismo requeira uma transição à grande economia baseada na

---

[56] Lenin, V. I. *III Congreso de la Internacional Comunista* (28 jun. 1921), t. 35, p. 368.

REVOLUÇÃO: PECULIARIDADES E CONTEXTO MUNDIAL

indústria mecanizada, "as condições e formas concretas dessa transição são e devem ser variadas, dependendo das condições em que se inicia o avanço orientado à criação do socialismo". E entre essas condições ele aponta: as diferenças locais, as peculiaridades da estrutura econômica, as formas de vida cotidiana, o grau de preparo da população, as tentativas de realizar um determinado plano.[57]

Mas não fica só em palavras. Quando a revolução húngara triunfa em março de 1919, e Bela Kun[58] passa a ocupar praticamente o cargo de chefe de governo e se estabelece a República Soviética Húngara, Lenin envia a esse dirigente um radiograma em que afirmou em um dos parágrafos:

"É absolutamente fora de dúvida que a mera imitação de nossa tática russa em todos os detalhes, dadas as condições da revolução húngara, seria um erro. Devo alertá-los contra esse erro."[59]

E dois anos mais tarde ele insistirá na mesma ideia, ao enviar uma carta contendo alguns conselhos a Serge Ordzhonikidze, dirigente bolchevique e organizador da luta pelo poder soviético na Geórgia. "É necessário", escreve ele, "adotar uma política especial de concessões a respeito da intelectualidade georgiana e aos pequenos comerciantes georgianos. É preciso entender que não só é imprudente nacionalizá-los, como também é preciso fazer certos sacrifícios para melhorar sua situação e lhes permitir continuar com seu pequeno comércio".[60]

---

[57] Lenin, V. I. *Primera variante del artículo: "Las tareas inmediatas del poder soviético"* (23-28 mar. 1918), t. 28 p. 431.

[58] Bela Kun foi um líder bolchevique húngaro que, uma vez triunfante a revolução em seu país, ocupou os cargos de Comissário do Povo para os Negócios Estrangeiros e membro do Comissariado do Povo para os Assuntos Militares.

[59] Lenin, V. I. (23 mar. 1919), t. 31, p. 93.

[60] Lenin, V. I. *Carta a GK Ordzhonikidze* (2 mar. 1921), t. 34, p. 450. É importante lembrar que nesta data Lenin está fazendo uma análise autocrítica da política promovida pelo poder soviético em relação à pequena burguesia urbana e ao campesinato médio.

Em contrapartida, diz-lhe que devem buscar "um compromisso aceitável" com os mencheviques georgianos que, ao contrário dos russos, aceitam, sob certas condições, "a ideia do regime soviético na Geórgia".[61]

E termina sua carta recomendando-lhe que não copie o modelo russo:

"Peço-lhe", diz-lhe, que se "lembre de que a situação na Geórgia, tanto interna como internacionalmente, exige que os comunistas georgianos não copiem o modelo russo e criem uma tática própria, hábil e flexível, baseada em maiores concessões a todos os elementos pequeno-burgueses".[62]

Também achamos importante esclarecer que o marxismo sempre se opôs à teoria de *"empurrar"*[63] as revoluções em ausência de condições objetivas.

As revoluções não surgem, como vimos repetidamente, dos desejos subjetivos das vanguardas políticas, *mas sim do "acirramento das contradições de classes"*[64] e resultado de crises estruturais. São essas contradições que engendram explosões de "indignação popular" que acabam se transformando em revoluções,[65] e por isso é preciso descartar a possibilidade de realizar revoluções, sejam elas *por encomenda* ou *por acordo*, afirma Lenin.[66]

Há quem acredite que "a revolução pode ser feita por encomenda ou por acordo", diz e acrescenta: "Essas pessoas ou são loucas ou são provocadoras. Nos últimos 12 anos vivemos duas revoluções. Sabemos que as revoluções não podem ser feitas por encomenda, nem por acordo; elas surgem quando dezenas de mi-

---

[61] *Ibid*, p. 450.
[62] *Ibid.*, p. 450.
[63] Lenin, V. I. *Extraño y monstruoso* (28 fev. -7 mar. 1918), t. 28 p. 272-273.
[64] *Ibid.*, p. 273.
[65] Lenin, V. I. *Discurso en el Primer Congreso de la Marina de Guerra* (22 nov. 1917, t. 27, p. 456).
[66] Lenin, V. I. *Carta a los obreros norteamericanos* (20 ago. 1918), t. 29, p. 385.

REVOLUÇÃO: PECULIARIDADES E CONTEXTO MUNDIAL

lhões de pessoas chegam à conclusão de que não podem continuar vivendo da mesma maneira. Conhecemos as dificuldades que acompanharam o nascimento das revoluções de 1905 e 1917, e nunca esperamos que, de repente, por um mero apelo, eclodam revoluções em outros países."[67]

E acrescenta mais adiante:

"Prever quando a revolução amadureceria, prometer que chegará amanhã, seria enganá-los. Lembrem vocês, especialmente aqueles que viveram as duas revoluções russas: ninguém poderia ter garantido em novembro de 1904 que, dois meses depois, 100 mil trabalhadores de Petersburgo marchariam contra o Palácio de Inverno e iniciariam uma grande revolução".[68]

Poucos meses depois, o dirigente bolchevique reafirmará:

"É preciso entender as mudanças e a evolução de cada revolução. Em cada país – nós vimos e vivemos isso, e por isso o conhecemos melhor do que ninguém – a revolução segue um caminho peculiar, e esses caminhos são tão diferentes que ela pode se atrasar [...]. A revolução mundial não é tão sincronizada para que avance da mesma maneira em todos os lugares, em todos os países; se fosse assim há muito tempo teríamos triunfado. Cada país deve passar por determinadas etapas políticas."[69]

E qual é, então, a tarefa da Terceira Internacional Comunista, criada sob a asa da Revolução Russa? Não se trata – afirma Lenin – de propor "normas de luta estereotipadas, mecanicamente igualadas e idênticas. Enquanto subsistam diferenças nacionais e estatais entre povos e países – e subsistirão por muito tempo, mesmo depois da

---

[67] Lenin, V. I. *IV Conferencia de sindicatos y comités de fábricas y talleres de Moscú*, t. 29, p. 245.

[68] *Ibid.*, p. 245.

[69] Lenin, V. I. *Informe en la sesión conjunta del CEC de toda Rusia, el Soviet de Moscú, los Comités de fábricas y talleres y los sindicatos* (22 out. 1918), t. 29, p. 440. O autor, na época, pensa em um atraso de um ou dois anos. A história mostrará que houve muitos mais.

MARTA HARNECKER

instauração mundial da ditadura do proletariado –, a unidade da tática internacional do movimento operário comunista de todos os países exige não a eliminação da variedade ou a supressão das particularidades nacionais (o que, no momento, é uma ilusão)", mas uma aplicação tal dos "princípios fundamentais do comunismo (poder soviético e ditadura do proletariado)" que *modifique acertadamente esses princípios em seus detalhes,* que os *adapte,* que os aplique corretamente às *particularidades nacionais* e nacional-estatais. Investigar, estudar, descobrir, adivinhar, captar o que há de particular e de específico, do ponto de vista nacional, na forma como cada país aborda *concretamente* a solução do problema internacional comum, o problema do triunfo sobre o oportunismo e o doutrinarismo de esquerda no seio do movimento operário, a derrubada da burguesia, a instauração da República Soviética e da ditadura proletária são as principais tarefas do período histórico que atravessam atualmente todos os países avançados (e não apenas os avançados).[70]

As vanguardas marxistas devem levar em conta tanto os objetivos fundamentais, de princípio, quanto as características concretas que a luta deve assumir em cada país, de acordo com o caráter específico de sua economia, sua política, sua cultura, sua composição social, suas colônias, suas divisões religiosas etc. etc.[71]

E por isso devem ser capazes de aplicar "os princípios gerais e fundamentais do comunismo *às relações peculiares* entre as classes e os partidos, às *características peculiares* do desenvolvimento objetivo rumo ao comunismo, que são diferentes em cada país e devemos saber, descobrir, estudar e prever".[72]

---

[70] Lenin, V. I. *El izquierdismo, enfermedad infantil del comunismo* (20 maio 1920), t. 33, p. 199-200 [Ed. bras. cit., p. 139]. Não pudemos continuar com a citação direta até o final porque houve erros de tradução que dificultaram a compreensão do texto.

[71] *Ibid.,* p. 199 [Ed. bras. cit., p. 139].

[72] *Ibid.,* p. 195 [Ed. bras. cit., p. 139].

REVOLUÇÃO: PECULIARIDADES E CONTEXTO MUNDIAL

Ora, justamente porque há certos aspectos que podem ser generalizados a toda revolução e outros que são peculiares a cada país, toda vanguarda revolucionária deve conhecer estes princípios gerais e aplicá-los criativamente ao seu próprio país.

Vejamos o que Lenin diz a respeito:

"Os proletários de cada país precisam da autoridade da luta mundial do proletariado. Nós precisamos da autoridade dos teóricos da social-democracia internacional para compreender corretamente o programa e a tática de nosso partido. Mas, é claro, essa autoridade nada tem em comum com as autoridades oficiais da ciência burguesa e da política policialesca. Esta autoridade a que nos referimos é a autoridade da experiência adquirida na mais diversificada luta que se trava nas fileiras do próprio exército socialista internacional. Mas embora esta autoridade seja importante para alargar o horizonte dos combatentes, *seria inadmissível, em um partido de trabalhadores, a pretensão de receber de fora e de longe a solução para os problemas práticos e concretos da política imediata.* No que diz respeito a todos esses problemas, *a autoridade suprema* será sempre o espírito coletivo dos trabalhadores progressistas e com consciência de classe de cada país, daqueles que realizam diretamente a luta em cada país."[73]

Existem, portanto, características fundamentais a toda revolução, que têm significado mundial, ou seja, são historicamente inevitáveis e que, portanto, se repetem em escala universal. Elas fazem parte do que podíamos denominar *a teoria geral da revolução.* E outras características que são próprias de cada país, que se adaptam a suas características concretas e que configuram o que poderíamos denominar *a estratégia particular da revolução em um determinado país.*

---

[73] Lenin, V. I. *Prólogo a la traducción al ruso del folleto de K. Kautsky;* "Las fuerzas motrices y las perspectivas de la revolución rusa." (dez. 1906), t. 11, p. 452. (O grifo é de M. H.)

As características fundamentais a toda revolução, examinadas ao longo deste livro, são as seguintes:

Primeira: as revoluções não dependem da vontade de determinados indivíduos, partidos ou classes sociais. Se não existem determinadas condições objetivas, a revolução é impossível. A atitude da vanguarda só pode acelerar ou retardar o triunfo da revolução com base nas condições existentes em cada país.

Segunda: para que as revoluções aconteçam, é necessário que com essas condições objetivas haja uma mudança subjetiva nas classes revolucionárias: sua disposição de passar do simples protesto para ações revolucionárias contra o regime.

Terceira: isso só é possível nas revoluções do nosso século se houver uma vanguarda que represente os interesses da classe mais avançada: o proletariado e que, com sua correta condução política, seja capaz de dotar as classes revolucionárias de uma vontade revolucionária única.

Quarta: toda revolução provoca a resistência mais feroz das classes até então dominantes, que usarão todos os meios a seu alcance para recuperar o poder perdido.

Quinta: a resistência dos exploradores exige a ditadura das classes oprimidas.

Sexta: para permanecer no poder, os revolucionários devem conseguir conquistar a maioria do povo para suas posições e contar com o apoio da solidariedade internacional. O internacionalismo contrarrevolucionário só pode ser derrotado com o apoio internacional, tanto dos países socialistas quanto das forças revolucionárias, democráticas e progressistas dos países não socialistas.

Sétima: uma vez destruído o Estado burguês, o novo poder revolucionário deve ir passo a passo construindo a nova sociedade. Quanto mais atrasado e isolado for o país, mais etapas intermediárias existirão entre a situação em que se encontra ao se iniciar a revolução e seu objetivo final.

Agora, como as condições objetivas são gestadas; que fatores determinam o salto qualitativo das classes revolucionárias para ações revolucionárias de massas; como se constitui a vanguarda e como consegue arrastar para suas posições a imensa maioria do povo; por quais caminhos e métodos de luta se chega ao poder; que forma assume a resistência dos exploradores e como se estrutura o poder revolucionário para defender a revolução; como se estruturam as diferentes etapas para avançar na construção da nova sociedade, são *todos* problemas que se referem aos aspectos peculiares da revolução em cada país.

Em relação a esse tema, é interessante observar como as revoluções bem-sucedidas tendem a projetar algumas de suas características peculiares como princípios gerais e, assim, de forma talvez inconsciente, exportem não a revolução – algo impossível de exportar, como vimos –, mas um certo modelo dela.

Lembremos que Lenin incluía entre os *"princípios fundamentais do comunismo"* não apenas a ditadura do proletariado, mas também o poder soviético. A história mostrou que este último foi uma característica específica de algumas revoluções daquela época, mas não pode ser considerado um princípio geral de toda revolução.

Este também foi o caso da guerra popular prolongada de Mao; a guerrilha no campo como fator vinculante e polo de desenvolvimento das condições objetivas e subjetivas para o triunfo da revolução no caso de Cuba; a estratégia insurrecional urbana no caso da Nicarágua.

REFERÊNCIAS

LENIN, V. I. *Obras Completas* em 55 volumes. Buenos Aires: Editorial Cartago, segunda edição corrigida e ampliada, publicada entre 1969 e 1972. (Esta tradução foi publicada originalmente pela Editorial Progresso de Moscou e posteriormente reproduzida por Cartago na Argentina, Ediciones de Cultura Popular no México e Editorial Ayuso e Akal Editor na Espanha).

MARX, K. e ENGELS, F. *Obras Escogidas* em 3 volumes. Moscou: Editorial Progreso, 1973 (tradução da edição russa de 1966).

HARNECKER, M. *Los conceptos elementales del materialismo histórico*. México: Siglo XXI editores, 51ª edição, novamente aumentada e revisada, 1985.

HARNECKER, M. *Pueblos en armas*. México: Ediciones Era, 1984. Esta edição corrige uma série de erros presentes na realizada pela Universidade de Guerrero, México, 1983.

Este livro foi composto em fonte Adobe Garamond Pro e impresso em papel luxcream 70g, no miolo, e ningbo 250g, na capa, pela gráfica Paym para a Expressão Popular como o oitavo livro para o Clube da Expressão em janeiro de 2024.